ROLF NIKEL

FEINDE
FREMDE
FREUNDE

Polen und die Deutschen

LMV

*Für Olivia,
ohne die dieses Buch nie geschrieben worden wäre,
und für Frank und Stefanie,
damit sie in einer besseren Welt leben*

ROLF NIKEL
FEINDE FREMDE FREUNDE

© 2023 LMV, ein Imprint der
Langen Müller Verlag GmbH, München
Alle Rechte vorbehalten

Umschlaggestaltung: Jorge Schmidt, München
Umschlagmotiv: hello Ruby / shutterstock
Innengestaltung und Satz: Sibylle Schug
Druck und Binden:
Friedrich Pustet GmbH & Co. KG, Regensburg
Printed in Germany
ISBN: 978-3-7844-3666-1
www.langenmueller.de

Inhalt

PROLOG
Auf der gleichen Seite der Geschichte 6

I. POLENS STAATLICHER UND GESELLSCHAFTLICHER UMBAU
1. Die konservative Revolution 23
2. Der Konflikt mit Europa 57
3. Außenpolitik als Funktion der Innenpolitik 76

II. DEUTSCH-POLNISCHE BEZIEHUNGEN AM SCHEIDEWEG
4. Gute und schwierige Nachbarn zugleich 97
5. Die deutsch-polnischen Wirtschaftsbeziehungen 124
6. Die Kirchen und die deutsch-polnischen Beziehungen 137

III. POLEN UND DIE DEUTSCHE OSTPOLITIK
7. Die ostpolitische Belastungsprobe 157
8. Polen und das Scheitern deutscher Russlandpolitik 188

IV. ZWISCHEN ERBFEINDSCHAFT UND AUSSÖHNUNG
9. Die Last der deutsch-polnischen Geschichte 219
10. Ort des Erinnerns und der Begegnung mit Polen 245

EPILOG
Empfehlungen für die Zukunft 258

Dank 279
Personenregister 283

Prolog:
Auf der gleichen Seite der Geschichte

Auf der gleichen Seite der Geschichte

Feinde – Fremde – Freunde: Ja, Deutsche und Polen waren in unserer gemeinsamen Geschichte lange Zeit Feinde. Das gilt insbesondere für die 200 Jahre seit den Teilungen Polens in der zweiten Hälfte des 18. Jahrhunderts bis zum Ende des Kalten Kriegs. Aber spätestens mit dem Sieg des polnischen Freiheitskampfs, dem Vollzug der deutschen Einheit und dem Beitritt Polens zur NATO und EU stehen wir auf der gleichen Seite der Geschichte. Das Schicksal unserer Nationen ist im positiven Sinn eng miteinander verwoben.

Dennoch sind wir uns auch heute zuweilen noch fremd. Aber seit der Wende 1989/1990 hat sich ein freundschaftliches Verhältnis zwischen den Menschen entwickelt, das viele nicht für möglich gehalten haben. Daran ändert auch die Tatsache nichts, dass die Beziehungen zwischen den Regierungen beider Staaten heute in der schwersten Krise seit Ende des Kalten Kriegs stecken, während in Europa zum ersten Mal seit 1945 ein großer Krieg, ausgelöst von der Nuklearmacht Russland, tobt. Ich hatte das Glück, den Aufschwung der Beziehungen und ihre Problematik über Jahrzehnte aus der Nähe zu verfolgen. Als ich im April 2014 meine Mission als Botschafter der Bundesrepublik Deutschland in Polen antrat, hoffte ich anfänglich, die Früchte der deutsch-polnischen Aussöhnungspolitik zu ernten, an deren Grundlagen ich Ende der 1980er-/Anfang der 1990er-Jahre im Bundeskanzleramt unter Helmut Kohl selbst aktiv mitgewirkt hatte. Ich wollte vor Ort helfen, den fundamental positiven Wandel im bilateralen Verhältnis zu unserem größten östlichen Nachbarn zu gestalten und irreversibel zu machen. Schnell stellte sich heraus, wie schwierig das würde.

Seit der Machtüberahme durch die deutschlandkritische und europaskeptische Partei Recht und Gerechtigkeit (Prawo i Sprawiedliwość, PiS) unter ihrem unbestrittenen Führer Jarosław Kaczyński im Jahre 2015 entzündeten sich an drei Stellen Konflikte, die das bilaterale Verhältnis tiefgreifend belasteten.

Der Umgang der größten polnischen Regierungspartei mit Demokratie und Rechtsstaat gefährdete erstens die Grundwerte und den europäischen Zusammenhalt. Aus der unbestreitbaren deutschen Verantwortung für die Verbrechen im Zweiten Weltkrieg schmiedete die PiS zweitens ein Schwert zur Diskreditierung aktueller deutscher Politik. Schließlich verursachten der russische Krieg gegen die Ukraine und das damit verbundene Scheitern der deutschen Ostpolitik einen immensen Flurschaden im östlichen Teil unseres Kontinents, vor allem in Polen.

Die aufgebrochenen Konflikte schüren bilateral, europa- und sicherheitspolitisch Misstrauen und gefährden die beträchtlichen Fortschritte in den zivilgesellschaftlichen Kontakten und bei der wirtschaftlichen Kooperation seit der Wende 1989/1990. Es ist vor allem die Sorge um die Konsequenzen der tektonischen Veränderungen im Osten unseres Kontinents auf die deutsch-polnischen Beziehungen, die Pate stand bei der Entstehung dieses Buches.

Verstehen, wie Polen tickt

Im deutsch-polnischen Verhältnis steht heute sehr viel auf dem Spiel. Die größte Errungenschaft seit der Wende 1989/1990, die Aussöhnung zwischen unseren Völkern, droht in einen Abwärtsstrudel mit ungewissem Ausgang hineingezogen zu werden. Das dreifache Scheitern der deutschen Russland-, Ukraine- und Energiepolitik hat die Glaubwürdigkeit deutscher

Außen- und Sicherheitspolitik in der gesamten ostmitteleuropäischen Region massiv untergraben. Polen hatte immer wieder auf den risikoreichen Weg hingewiesen, den Deutschland in allen drei Bereichen gegangen ist. Seine Regierungen haben das Land allerdings auch selbst in energiepolitische Abhängigkeiten geführt und beträchtliche Summen für Energie an Russland gezahlt. Früher als Deutschland hat Polen jedoch vor allem bei Gas auf alternative Lieferanten gesetzt.

Es ist noch nicht tief genug in das kollektive Bewusstsein in Deutschland eingedrungen, wie stark der größte außenpolitische Schaden in einem Kernbereich deutscher Außenpolitik seit Anfang der Bundesrepublik Deutschland 1949 unseren Einfluss jenseits unserer östlichen Grenzen in Mitleidenschaft gezogen hat. Der polnisch-europäische Streit um den Umbau des Rechtsstaats unterminiert zudem die westliche Kohäsion zu einem Zeitpunkt, in dem die westliche Einheit gegenüber dem russischen Aggressor wichtiger denn je ist. Die öffentliche Feststellung sehr hoher finanzieller Wiedergutmachungsforderungen in Höhe von 1,3 Billionen Euro und ihre Präsentation in einer diplomatischen Note an Deutschland blockieren zudem mögliche weitere freiwillige Gesten für die Opfer der deutschen Verbrechen während der Besatzung im Zweiten Weltkrieg.

Vor diesem Hintergrund war es noch nie so wichtig wie heute zu verstehen, wie Polen tickt. Die Wahrnehmung Polens in Deutschland ist zu oft negativ, bisweilen gleichgültig, wo eine differenzierte Betrachtungsweise vonnöten wäre. Die tiefe Traumatisierung der polnischen Gesellschaft durch die deutsche Besatzung im Zweiten Weltkrieg ist in Deutschland nicht ausreichend bekannt oder wird verdrängt. Die starke Polarisierung von Politik und Gesellschaft bei unseren Nachbarn, die bedeutsame Rolle Deutschlands in der polnischen Innenpolitik und die Auswirkungen vermeintlich rein innenpolitischer Entscheidungen in Deutschland auf unsere Partner werden hierzulande nicht ausreichend reflektiert.

Die außenpolitischen Eliten in Deutschland schwanken zwischen dem Wunsch, Polen in eine deutsche Agenda einzubinden, harscher Kritik an der von PiS-Parteichef Kaczyński ausgerufenen »konservativen Revolution« und einer gewissen Gleichgültigkeit gegenüber unserem größten östlichen Nachbarn, die einige als Arroganz auslegen. Die polnische Regierung wiederum macht Deutschland für die eigenen Schwierigkeiten mit dem verfassten Europa verantwortlich und sieht im Scheitern der deutschen Ostpolitik eine günstige Gelegenheit, den deutschen Einfluss in EU und NATO zu schwächen. Die staatlichen polnischen Medien zeichnen ein Zerrbild der deutschen Gesellschaft. Die polnische Regierung wirft der deutschen Presse allzu kritische Berichterstattung über Polen vor und übt sich in Medienschelte.

Die große Mehrheit der Polinnen und Polen fühlt sich durch den russischen Krieg gegen die Ukraine direkt vor der eigenen Haustür stark verunsichert. Das Land hat schwierige Nachbarn jenseits der Außengrenzen von EU und NATO. Die russische Aufrüstung und die aus polnischer Sicht nicht adäquate westliche Reaktion auf den russischen Imperialismus haben die sicherheitspolitischen Unsicherheiten verstärkt. Regierung und weite Teile der Gesellschaft in Polen begreifen die von Bundeskanzler Scholz verkündete »Zeitenwende« als nicht nachhaltig genug. Im rechten Teil des politischen Systems überwiegen gar Zweifel, dass eine Wende überhaupt stattgefunden hat. Unterschiedliche Wertvorstellungen und Weltsichten in Teilen des Meinungsspektrums erschweren die Verständigung.

Der »Polnische Moment«

Beide Seiten sind zur Reflexion aufgerufen. Die Verantwortlichen hierzulande müssen zur Kenntnis nehmen, dass der deutsche Einfluss in Ostmitteleuropa und den angrenzenden Regionen von einer nachhaltigen Gestaltung der Zeitenwende abhängt. Nach dem Scheitern der deutschen Ostpolitik steht

Deutschlands gesamte Außen-, Sicherheits-, Europa- und Energiepolitik auf dem Prüfstand. Der immer wieder zu hörende Egoismusverdacht wiegt schwer für das größte und mächtigste Land in der EU.

Die polnische Regierung wiederum sollte sich mit dem Gedanken anfreunden, dass öffentlicher Druck auf Deutschland eher zu einer Verhärtung denn zu einer Polen genehmeren Politik führen wird. Der Missbrauch Deutschlands als Projektionsfläche für polnische Urängste oder als Sündenbock, wenn Warschau sich in EU oder NATO nicht durchsetzen kann, mag sich innenpolitisch auszahlen. Er droht indessen das Verhältnis nachhaltig zu vergiften. Paradoxerweise böte das außenpolitische Scheitern Deutschlands in einer Kernfrage gerade jetzt Gelegenheit für einen strategischen Dialog auf Augenhöhe. Noch nie war die Gesprächsbereitschaft so groß; noch nie hat sich Deutschland in einem wichtigen Teilbereich deutscher Politik so weit in Richtung Polen bewegt wie jetzt. Es besteht indes die reale Gefahr, dass die PiS-Regierung diesen »polnischen Moment« vorüberziehen lässt.

Der zivilgesellschaftliche Austausch und die wirtschaftliche Kooperation entwickeln sich weiterhin stürmisch. Und Polen würde sich ins eigene Fleisch schneiden, wollte es die engen wirtschaftlichen Beziehungen einschränken oder behindern. Auch die großartige Entwicklung des zivilgesellschaftlichen Austauschs ließe sich kaum per Warschauer Anweisung zurückdrehen. Dennoch droht der dreifache Konflikt mit Polen um Europa, die Erinnerungskultur und den russischen Krieg gegen die Ukraine die beträchtlichen Fortschritte im deutsch-polnischen Verhältnis in den letzten 30 Jahren ernsthaft zu gefährden.

Die national-konservative Regierung und in seltener Eintracht weite Teile der öffentlichen Meinung in Polen messen das Verhältnis zum westlichen Nachbarn derzeit vor allem an der deutschen Haltung zum russischen Krieg gegen die Ukraine. Warschau setzt alle Hebel in Bewegung, um die Ukraine zu unterstützen. Man glaubt in Anlehnung an historische Analogien, dass ein unabhängiges Polen ohne eine unabhängige Ukraine nicht existieren könne. Und man befürchtet, in einem möglichen direkten Konflikt mit Russland nicht die notwendige Unterstützung aus dem Westen, insbesondere nicht aus Deutschland zu erhalten.

Formal betrachtet hat sich der Westen zu einer harten gemeinsamen Linie gegenüber Russland durchgerungen. Die NATO stockt ihre Truppenpräsenz auf der östlichen Flanke auf. Die EU und andere westlich orientierte Staaten haben präzedenzlose Sanktionen gegen Russland beschlossen. Die Aufstockung der Verteidigungshaushalte schreitet voran. Auch in der Bereitschaft, die Ukraine in die EU aufzunehmen, besteht inzwischen Konsens. Die Ukraine erhält zu ihrer Verteidigung schwere Waffen, auch aus Deutschland.

Der Ukraine-Konflikt

Unterhalb dieser Ebene allerdings liegen Deutschland und Polen derzeit in vielen Fragen der Ukrainepolitik auseinander. Während Warschau sich selbst uneingeschränkt als Anwalt ukrainischer Interessen versteht, hält man Berlin für den Bremser bei der Unterstützung der Ukraine. In Wahrheit unterstützt Deutschland in absoluten Zahlen die Ukraine finanziell, humanitär und militärisch zusammengenommen mehr als Polen. Lediglich im militärischen Bereich tut Warschau mehr als Berlin.

Unterschiede bestehen darüber hinaus im Hinblick auf das strategische Ziel der westlichen Unterstützung für die Ukraine. Während Polen eine strategische Niederlage Russlands mit möglichst weitgehenden Konsequenzen für die russische Innenpolitik anstrebt, konzentriert sich die Bundesregierung darauf, Putins Aggression in der Ukraine zu stoppen, um Kiew in eine günstige Verhandlungsposition zu bringen. Sowohl die polnische Regierung wie die Bundesregierung wollen eine Ausweitung des Krieges und eine Auseinandersetzung Russlands mit der NATO vermeiden. Sie differieren allerdings hinsichtlich ihrer Risikobereitschaft. Warschau will Russland und seine Menschen in einer zukünftigen euro-atlantischen Sicherheitsarchitektur isolieren, Berlin will Russland eindämmen.

Bei aller Kritik an der polnischen Regierung ist es an der Zeit, Polen ernst zu nehmen. Das gilt bilateral, aber mehr noch im europäischen und im NATO-Kontext. Ein breiter Dialog ohne Scheuklappen und vorgefertigte Meinungen ist notwendig. Das Schicksal Europas hängt davon ab. Im Gefolge des russischen Kriegs gegen die Ukraine wird es zu einer strategischen Neuorientierung der euro-atlantischen Sicherheitsarchitektur kommen.

Der russische Krieg gegen die Ukraine wird das Gravitationszentrum der NATO nach Osten – und, wenn man so will, wegen des geplanten Beitritts Schwedens und Finnlands zur NATO – auch nach Norden verschieben. Als Frontstaat in einem neuen machtpolitischen Konflikt zwischen Russland und der NATO wird Polen eine größere Bedeutung, auch im Verhältnis zu den USA erlangen. Die USA werden in der Region bis auf weiteres stärker präsent sein, sofern die für Washington prioritäre Auseinandersetzung mit China hierfür Raum lässt. Polens Bedeutung als Stationierungsland von US-Truppen wird erhöhte Aufmerksamkeit in Washington für Polen erzeugen. Polens Einflussgewinn wird nicht ohne Auswirkungen auf das interne Gefüge der NATO bleiben, schon gar nicht, falls 2024 ein Präsident, der Donald Trump heißt oder sich auf dessen Erbe beruft, ins Weiße Haus einzieht.

Gefahr eines Auseinanderdriftens

Auch im Hinblick auf die notwendige neue geostrategische Ausrichtung der EU möchte Polen ein wichtiges Wort mitsprechen. Die Weiterentwicklung der Machtverhältnisse in der EU ist allerdings schwerer vorherzusehen. Deutschland hat an

Einfluss und Soft Power verloren. An den wirtschaftlichen Kräfteverhältnissen, der starken wirtschaftlichen Stellung Deutschlands und der Abhängigkeit vieler Volkswirtschaften von Deutschland wird sich zwar zunächst wenig ändern. Allerdings könnte das deutsche Wirtschaftsmodell, das auf preiswerter Energie aus Russland und stark globalisierten Wertschöpfungsketten fußt, Schaden nehmen.

Die bereits jetzt erkennbaren Bemühungen um Steigerung der Resilienz, Diversifizierung der Lieferketten und eine mögliche Entwicklung hin zu getrennten Wirtschaftsräumen im Gefolge von Sanktionen, nicht nur gegen Russland, sondern möglicherweise später auch gegen China, könnten mit Wachstumseinbußen für die stark arbeitsteilig ausgerichtete deutsche Wirtschaft einhergehen. Aufgrund der engen wirtschaftlichen Verflechtung würde Polen von den notwendigen Anpassungen nicht unberührt bleiben. Ob EU-Mitgliedsstaaten, insbesondere Polen, aus der Rückverlagerung von Lieferketten Vorteile ziehen können, ist nicht ausgemacht.

Die politische Führungsrolle in der EU, die die Bundesregierung lautstark propagiert, muss im Osten des Kontinents neu verdient werden. Viele fragen, warum man einem Staat folgen soll, der sich hinsichtlich seiner Russland-, Ukraine- und Energiepolitik so verkalkuliert hat wie Deutschland. Noch ist es nicht zu spät; aber Deutschland muss handeln, wenn es seinen Führungsanspruch in Europa nicht aufs Spiel setzen will. Das deutsch-französische Tandem allein wird Europa kaum voranbringen können. Das Weimarer Dreieck mit Polen könnte an Bedeutung gewinnen, vorausgesetzt Warschau übernimmt mehr Verantwortung für das Ganze.

Diese Gefahr eines Auseinanderdriftens in Europa besteht auch deswegen, weil eine Lösung der Streitthemen Polens mit den europäischen Institutionen derzeit wenig wahrscheinlich erscheint. Die EU-Kommission ist Polen zwar im Streit um den Umbau der Justiz verbal entgegengekommen, eine Auszahlung von Geldern aus den europäischen Fonds ist einstweilen aber noch in weiter Ferne. Zwar spielt Warschau eine wichtige Rolle bei der Aufnahme und Versorgung ukrainischer Kriegsflüchtlinge; ein geopolitischer Rabatt in Form einer Lösung aller Streitthemen mit Brüssel ist aber wegen des Widerstands des Europäischen Parlaments, der Urteile des Europäischen Gerichtshofs und der ablehnenden Haltung einiger Mitgliedsstaaten kaum zu erwarten.

Tiefste Krise seit der Wende

Die Differenzen in der Ukrainepolitik haben das deutschpolnische Verhältnis in die tiefste Krise seit der Wende 1989/1990 gestürzt. Neu sind die Schwierigkeiten indessen keineswegs. Die national-konservative Regierung in Polen war von Anfang an mit dem Ziel angetreten, den europa- und russlandpolitischen Gegenspieler Deutschland zu schwächen. Innerhalb der EU will Warschau den Einfluss Deutschlands (und Frankreichs) auf den Fortgang der Integration einschränken. Deutschland wird als liberaler Gegenpol der von Warschau ins Werk gesetzten konservativen Revolution wahrgenommen. Seine integrationistischen Vorstellungen zur Weiterentwicklung der EU kollidieren mit dem polnischen Souveränitätsverständnis.

Wichtige Vertreter der Regierung verdächtigen Berlin nahezu permanent, gemeinsam mit der Warschauer Opposition die Strippen hinter den Brüsseler Kulissen zu ziehen, um der polnischen Regierung zu schaden. Geopolitisch strebt die PiS nach einer Schwächung des deutschen Einflusses auf die westliche Russlandpolitik und die gesamte euro-atlantische Sicherheitsarchitektur.

Im bilateralen Verhältnis im engeren Sinne sieht sich die polnische Regierung durch die deutschen Medien und deren Ableger in Polen mit ungerechtfertigter Kritik überzogen. Der grundlegende deutsch-polnische Nachbarschaftsvertrag von

1991 wird als eine ungleiche Vereinbarung interpretiert, die in den für Warschau wichtigen Teilen nicht ausreichend umgesetzt werde. Die zentralen Teile des Regierungslagers reden die unbestreitbaren Fortschritte bei der deutsch-polnischen Aussöhnung, die in den letzten Jahrzehnten erreicht wurden, systematisch klein.

Trotz klarer Positionierungen deutscher Politiker insinuieren polnische Regierungsvertreter noch immer, Deutschland wolle sich aus seiner Verantwortung für die deutschen Verbrechen während der Besatzung in Polen 1939 bis 1945 zurückziehen. Mit der offiziellen Präsentation sehr hoher finanzieller Wiedergutmachungsforderungen stellt Warschau der innenpolitischen Opposition und Deutschland eine Falle. Gegenüber Deutschland riskiert sie, damit Gegenreaktionen zu provozieren, die ihrerseits wieder innenpolitisch instrumentalisiert werden können.

Unabhängig davon müssen wir uns auf einen polarisierten Wahlkampf für die polnischen Parlamentswahlen 2023 mit harten deutschland- und europakritischen Parolen einstellen. Dabei gilt es zu berücksichtigen, dass die Leiden der gesamten Bevölkerung Polens während des Zweiten Weltkriegs in Deutschland noch immer nicht ausreichend präsent sind. Der vom Deutschen Bundestag im Oktober 2020 mandatierte »Ort des Erinnerns und der Begegnung«, den die Expertenkommission unter meiner Leitung im September 2021 durch die Vorlage eines Konzeptes vorangebracht hat, stellt ein wichtiges Zeichen an die polnische Adresse dar. Das Projekt sollte jetzt möglich schnell umgesetzt werden, damit die Grundsteinlegung noch in dieser Legislaturperiode erfolgen kann.

Die polnische Außenpolitik ist in weiten Teilen Funktion der Innenpolitik. Es geht um Machtabsicherung gegenüber dem aggressiven russischen Imperialismus durch enge Anbindung an die westlichen Sicherheitsstrukturen, insbesondere die USA. Gleichzeitig möchte sich Warschau als führende Macht in Ostmitteleuropa in Konkurrenz zu Deutschland etablieren. Dabei versucht man, lose Zusammenschlüsse im östlichen Teil des Kontinents für die eigenen Zwecke zu nutzen, stößt dabei jedoch an seine Grenzen. In seiner Abwehrhaltung gegenüber Europa scheut die polnische Regierung auch nicht vor taktischen Spielereien mit anderen rechtspopulistischen und rechtsextremen Parteien zurück.

In der Bundesregierung gilt immer noch die Maßregel, mit Polen so weit wie möglich zu kooperieren, auch wenn sich zunehmend Zweifel einschleichen, wie weit das mit der derzeitigen Regierung noch möglich ist. Aus Berliner Sicht soll Polen europa- und sicherheitspolitisch in den Mainstream eingebunden werden. Die Aussöhnung und die Begegnungen der Menschen sollen weiterhin gefördert werden. Wenn die Einbindung nicht gelingt – und das passiert immer öfter –, tritt in Berlin eine gewisse Gleichgültigkeit zutage. Sehr negativ wirkt sich die öffentliche Kritik seitens der PiS aus, die Berlin zu Recht als kontraproduktiv, da die westliche Einmütigkeit gegenüber dem russischen Angriffskrieg unterminierend, wahrnimmt. Kopfschütteln erzeugt in Berlin die offizielle polnische Forderung nach Wiedergutmachung für die deutschen Verbrechen während der Besatzung 1939 bis 1945 in Höhe von 1,3 Billionen Euro.

Für ein freundschaftliches Verhältnis

Vor dem Hintergrund dieser vielfältigen Herausforderungen reflektiert das vorliegende Buch Analysen und persönliche Erlebnisse aus über vierzig Dienstjahren im Auswärtigen Amt. Seine Empfehlungen speisen sich aus diesen Erfahrungen. Ich hatte das Glück, zu verschiedenen Zeiten an zentralen Orten an der Gestaltung der Politik gegenüber Polen mitzuwirken und meine Schlüsse zu ziehen. Das Buch ist weder eine streng wissenschaftliche Analyse, noch möchte es sich in einer Aneinanderreihung von Anekdoten verlieren, obwohl das Leben in und mit Polen gewollt oder ungewollt auch seine humorvollen Seiten hat.

Mein Zugang zu Polen ist persönlich. Auch wenn Diplomaten vor allen Dingen rational denkende und handelnde Menschen sein sollen und in der Regel auch sind, so erschließt ein persönlicher Zugang doch weitere Dimensionen der Beobachtung und hoffentlich auch größeres Verständnis für das Gastland. So haben meine Frau und ich während unserer sechsjährigen Zeit in Warschau viele wunderbare Freunde unterschiedlichster Herkunft finden können, mit denen wir auch heute noch Kontakt pflegen. Und sicher hat auch geholfen, dass über meinen Großvater familiäre Verbindungen zu Polen bestehen.

Mein dienstlicher Beobachtungszeitraum beginnt mit der Gründung der Gewerkschaft Solidarität und der Tragödie des Kriegsrechts Anfang der 1980er-Jahre samt deren Auswirkungen auf die internationale Politik, die ich im damaligen Sowjetunionreferat des Auswärtigen Amtes und ab 1983 an der Deutschen Botschaft in Moskau erleben konnte.

Unterbrochen von einem kurzen Zwischenspiel in Afrika markierte der Wechsel in das Bundeskanzleramt im Sommer 1989 den Beginn einer insgesamt vierzehnjährigen faszinierenden – von Auslandsaufenthalten unterbrochenen – Tätigkeit in der Schaltzentrale der Macht der Bundesrepublik Deutschland. Als junger Diplomat in der Außenpolitischen Abteilung unter Bundeskanzler Helmut Kohl war ich für die Beziehungen zu Polen, den anderen Staaten des Warschauer Pakts und der Sowjetunion zuständig. In dieser Funktion konnte ich die völlige Neugestaltung der Beziehungen zu unseren östlichen Nachbarn, die mit der Wende von 1989 einhergingen, gewissermaßen im Auge des Sturms verfolgen beziehungsweise sie sogar mitformulieren.

Bei zwei weiteren Aufenthalten im Bundeskanzleramt von 1998 bis 2001 und als stellvertretender Leiter der außen- und sicherheitspolitischen Abteilung von 2005 bis 2011 war ich immer wieder mit polenpolitischen Fragen befasst. 2014 wurde ich zum Botschafter der Bundesrepublik Deutschland in Polen berufen, wo ich Zeuge des Übergangs auf die neue nationalkonservative Regierung und der deutsch-polnischen Verwerfungen wurde. Auf Bitten des damaligen Außenministers Heiko Maas übernahm ich 2021 den Vorsitz der Expertenkommission zur Schaffung des sogenannten »Ortes des Erinnerns und der Begegnung mit Polen«. Seitdem besuche ich regelmäßig Polen und stehe in engem Kontakt mit vielen Handlungsträgern und der Zivilgesellschaft.

Es ist Sinn und Zweck dieses Buches, den Leser für unser größtes Nachbarland im Osten zu sensibilisieren, ihm die Vielgestaltigkeit der Beziehungen nahezubringen und jenseits der schlechten Nachrichten, mit denen wir täglich überhäuft werden, für ein freundschaftliches Verhältnis zu Polen zu werben. Gerade wegen des Konflikts mit Brüssel um den Rechtsstaat, der geschichtlichen Kontroversen und des Streits über die richtige Haltung gegenüber Russland ist es notwendig, sich um das Verhältnis zu Polen zu kümmern. Auch die Führungsrolle Deutschlands in Europa hängt davon ab.

Es ist und bleibt richtig und wichtig, in das deutsch-polnische Verhältnis weiter zu investieren, politisch, emotional und finanziell. Ich bin zutiefst davon überzeugt, dass die räumliche Nähe beider Staaten notwendigerweise zu vielfältigen Begegnungen und enger Kooperation führt. Die Geographie, die Zugehörigkeit zum Westen und das Streben der Menschen zueinander verbinden Deutschland und Polen. Berlin ist nur 90 Kilometer von der polnischen Grenze entfernt. Die deutsche Hauptstadt liegt näher an Warschau als an Paris. Die Zugehörigkeit zu EU und NATO und das Gefühl, auf der gleichen Seite der Geschichte zu stehen, stellen eine wichtige Klammer dar. Seit 1989/1990 sind sich Deutsche und Polen in einer Weise konkret nähergekommen, wie kaum jemand dies zur Wendezeit zu hoffen gewagt hätte.

Trotz vielfältiger Begegnungen, gegenseitiger wirtschaftlicher Durchdringung und klarer geopolitischer Verortung im Westen meinen viele in Deutschland, wir seien einander fremd. Und tatsächlich hat die Geschichte Deutsche und Polen in den letzten 230 Jahren zumeist scharf getrennt. Was aber in den letzten 30 Jahren im bilateralen Verhältnis entstanden ist, grenzt an ein Wunder. Bei allen Streitereien sind Diskussionen über die europäischen Wertegrundlagen dem ehrlichen deutsch-polnischen Dialog durchaus zugänglich. Nicht alle Fragen, in denen Deutsche und Polen differieren, sind grundlegende Wertfragen, in denen es keine Kompromisse geben kann. Auch die klimapolitische und digitale Transformation bieten lohnende Möglichkeiten für einen fruchtbaren Dialog, von den diesbezüglichen wirtschaftlichen Kooperationsmöglichkeiten ganz zu schweigen.

Die Medien auf beiden Seiten der Oder haben eine verantwortungsvolle Aufgabe. Wenn Polen es in die deutschen Medien schafft, dann zumeist mit negativen Nachrichten. Umgekehrt nimmt die rechte Presse in Polen die deutsche Politik nur allzu häufig und gern aufs Korn. Positive Nachrichten sowie die enge zivilgesellschaftliche und wirtschaftliche Verflechtung werden demgegenüber oft ausgeblendet. Umfragen zur Stimmung in beiden Ländern bestätigen immer wieder, dass die Menschen den deutsch-polnischen Austausch besser bewerten, als das Medienbild oder die öffentlichen Auseinandersetzungen nahelegen. Das muss stärker ins Bewusstsein eindringen, und dieses Buch will seinen Teil dazu beitragen.

Polens staatlicher und gesellschaftlicher Umbau

Blick von der Botschafterresidenz: Neubauten und der 1955 erbaute Kulturpalast bestimmen das Bild einer Stadt, die von den Deutschen im 2. Weltkrieg dem Erdboden gleichgemacht wurde.

1.
Die konservative Revolution

Es war bitterkalt an diesem denkwürdigen Samstagabend Anfang Januar 2016. Meine Frau und ich saßen gemütlich bei einem Glas Rotwein in einem Restaurant in Sopot an der polnischen Ostseeküste. Unsere angeregte Diskussion über die Frage, wie das neue Jahr mit der kurz zuvor ins Amt gekommenen PiS-Regierung wohl werden würde, wurde jäh durch eine Kurznachricht des neuen polnischen Außenministers Witold Waszczykowski auf meinem Mobiltelefon unterbrochen.

Die Botschaft klang verwirrend: »Herr Botschafter, leben Sie in einem Land wie unter Putin? Wir müssen reden. Können Sie am Montag früh in mein Büro kommen?« Es dauerte einige Minuten, bis ich den Hintergrund der Frage verstand. Was war geschehen? Ein Blick in die Nachrichten half bei der Aufklärung: Der damalige Präsident des Europäischen Parlaments Martin Schulz hatte in einem Interview die polnische Regierung mit der russischen verglichen.

Ich war konsterniert. Es war zwar unbestreitbar, dass Martin Schulz auch während seiner Zeit als Präsident des Europäischen Parlaments weiterhin deutscher Staatsbürger blieb. Warum aber ich als der offizielle Vertreter Deutschlands in Polen Äußerungen der Spitze des Europäischen Parlaments gegenüber einem Vertreter eines anderen Mitgliedstaats erläutern sollte, erschloss sich mir nicht direkt. Andererseits schien es mir auch nicht unbedingt angeraten, dem Außenminister eines engen Partners und Alliierten einen Korb zu geben, zumal die neue polnische

Regierung mit ihrer kritischen Einstellung gegenüber Deutschland nicht hinter dem Berg gehalten hatte.

Also antwortete ich dem Minister, ich würde gerade an der wunderbaren polnischen Ostseeküste Urlaub machen und die Zeit hier sehr genießen. Wenn er mich aber schnell sehen wolle, würde ich selbstverständlich meinen Urlaub abkürzen und rechtzeitig am Montag zu einem Gespräch in Warschau im Ministerium sein. Die Antwort kam postwendend: »Lieber Herr Botschafter, genießen Sie Ihren Urlaub. Wir können die Dinge notfalls auch mit Ihrem Vertreter besprechen.« Ich glaube an nichts Böses, wollte höflich sein und bot daher an, dennoch schnell nach Warschau zu kommen und für das von ihm gewünschte Gespräch bereit zu stehen. Damit war zwar die Gemütlichkeit des Abends dahin. Ich hatte aber das Gefühl, höflich und freundlich gewesen zu sein, etwas Positives für das persönliche Verhältnis zum Außenminister getan und Vertrauen aufgebaut zu haben.

Eine kalte Dusche

Umso rüder war das Erwachen am nächsten Morgen. Ein Blick in die Nachrichten zeigte, dass das polnische Außenministerium offiziell angekündigt hatte, dass ich ins Ministerium gebeten worden sei. Eine solche öffentlich angekündigte dringende Bitte zum Gespräch ist in der Skala der Maßnahmen, den Unwillen gegenüber einem ausländischen Vertreter auszudrücken, relativ hoch angesiedelt. Ich war perplex. Hier wurde eine als vertrauensbildende Maßnahme gedachte Geste in eine unfreundliche Situation umgedeutet. Auf verschiedenen Kanälen versuchte ich das polnische Außenministerium auf der Reise von Sopot nach Warschau dazu zu bringen, die Ankündigung von der Website zu nehmen. Erst nach mehreren Stunden, als die Nachricht bereits im hintersten Winkel Polens bekannt war, fanden sich die Verantwortlichen dazu bereit.

Am Montagmorgen um kurz vor zehn Uhr machte ich mich auf den kurzen Weg von der Botschafterresidenz zum nahe gelegenen Außenministerium. Dort wartete schon eine größere Anzahl von Journalisten und Kamerateams, die sich von der Einladung zum Gespräch tiefere Einblicke in den Zustand der deutsch-polnischen Beziehungen erhofften. Auf der Eingangstreppe des Ministeriums wartete ein polnischer Protokollmitarbeiter, der mich in den persönlichen, karg eingerichteten Besprechungsraum des Ministers führte.

In der kurzen Zeit bis zu seinem Erscheinen malte ich mir die Antwort aus, sollte der Minister auf die Vorwürfe gegenüber Martin Schulz zurückkommen. Zu meiner Überraschung spielten die polenkritischen Äußerungen des EP-Präsidenten, die eigentlich Anlass des Gespräches gewesen waren, dann aber nahezu keine Rolle mehr. Nachdem die pressemäßigen Begleitumstände den Anschein einer kleinen Krise erweckt hatten, war Minister Waszczykowski selbst bei bester Laune, bot mir überaus höflich Kaffee an und eröffnete das Gespräch mit der Frage, wie die deutsch-polnischen Beziehungen angesichts »unglücklicher« Pressekommentare auf beiden Seiten vorangebracht werden könnten. Hierzu präsentierte er eine neuere Ausgabe einer dem Regierungslager nahestehenden Zeitschrift mit einem deutschlandkritischen Titelbild.

In meiner Erwiderung wünschte ich dem Minister zunächst ein gutes neues Jahr und übergab ihm ein Exemplar der christlichen *Herrnhuter Losungen* für jeden Tag. Er quittierte dies mit einem freundlichen Blick, ließ aber die für einen deutschen Botschafter eher ungewöhnliche Geste unkommentiert.

In Antwort auf seine Frage verwies ich auf die Unabhängigkeit der Medien und die Verantwortung der Politik, die Dinge präzise darzustellen. Ich käme nicht umhin festzustellen, dass die ungewöhnliche Art der Öffentlichkeitsarbeit des Ministeriums über unser heutiges Gespräch sicherlich nicht dazu beitragen werde, die Beziehungen zwischen unseren Staaten im positiven Licht erscheinen zu lassen. Der Gesprächspartner ließ auch dies unkommentiert.

Nachdem dieses Thema abgeräumt war, konzentrierten wir uns auf konkrete Überlegungen, wie beide Seiten positive Botschaften setzen könnten. Wir waren uns einig, dass hochrangige Besuche in beide Richtungen eine wichtige Rolle spielen könnten. Auch der im Jahr 2016 anstehende 25. Jahrestag des deutsch-polnischen Nachbarschaftsvertrags von 1991 böte vielfältige Möglichkeiten der Begegnung, gerade auch für die Zivilgesellschaften.

Das Gespräch verlief angesichts der Umstände und der niedrigen Erwartungen meinerseits überaus harmonisch. Das war auch die Botschaft, die wir den wartenden, leicht verdutzten deutschen und polnischen Journalisten vermittelten, witterten sie doch nach der medialen Vorarbeit des polnischen Außenministeriums einen waschechten Konflikt im bilateralen Verhältnis. Ich fügte noch hinzu, dass die deutsch-polnische Aussöhnung für uns einen Schatz darstelle, den es unbedingt zu erhalten gelte. Die Tagesschau sendete es am Abend.

Minister Waszczykowski entpuppte sich bei anderer Gelegenheit durchaus als geistreich und humorvoll. Dennoch zog ich aus diesem Gespräch und seinen Umständen die Schlussfolgerung, dass es schwierig werden würde, mit dem für die polnische Außenpolitik zentralen Minister ein belastbares Vertrauensverhältnis aufzubauen.

Ich hatte den damaligen Außenminister schon vor einigen Monaten kennengelernt, als mein französischer Kollege und ich ihn noch zu PiS-Oppositionszeiten zusammen mit dem damaligen Präsidentschaftskandidaten Andrzej Duda trafen, um mehr über dessen außenpolitische Prioritäten zu erfahren.

Schon damals war mir der spätere Außenminister im Vergleich zu dem eher zurückhaltenden Duda als ein Politiker aufgefallen, der kein Blatt vor den Mund nahm. Auch in seiner späteren Rolle als Europaparlamentarier der PiS sollte er immer wieder mit sehr deutschlandkritischen Bemerkungen und persönlicher Kritik gegenüber der Polen sehr freundlich gesinnten früheren Bundeskanzlerin Angela Merkel auffallen.

Allgemeiner offenbarten die Umstände des Gesprächs ein Charakteristikum des Umgangs hoher PiS-Vertreter mit Deutschland, wie ich es auch bei anderen Gelegenheiten beobachten konnte. Man war aus innenpolitischen Gründen sehr schnell bereit, öffentlich auf den Baum zu klettern, nicht immer wissend, wie man wieder herunterkommen würde. Auch die Diskrepanz zwischen öffentlicher konfliktbereiter Darstellung und tatsächlichem, eher konsensualen Ablauf war frappierend.

Je länger die Herrschaft der PiS andauerte, desto klarer zeichnete sich ab, dass die polnische Außenpolitik unter der neuen Führung eine lineare Funktion der Innenpolitik war und ist. Derartige Zusammenhänge sind in der internationalen Politik die Regel. Auch in anderen Staaten wirkt sich die Innenpolitik auf die Außenpolitik aus. In Polen sind diese Bezüge aber doch viel ausgeprägter als etwa in Deutschland. Wenn diese Abhängigkeiten dann nur noch den tagesaktuellen Notwendigkeiten der Innenpolitik folgen, kann man eine derartige Politik als tendenziell populistisch beschreiben.

Auch der Anlass des Gesprächs und die Aufregung, die das Thema offenbar in Kreisen des Regierungslagers gefunden hatte, sind bemerkenswert. Ein hochrangiger europäischer Politiker mit deutschem Pass äußert sich kritisch zu Polen. Die erste polnische Reaktion, den nationalen Botschafter zum Gespräch zu bitten, offenbart ein eher merkwürdig anmutendes Verständnis der europäischen Institutionen und ihrer Entscheidungsträger. Kann der deutsche Botschafter wirklich etwas zu Interpretationen von Positionen hochrangiger europäischer Politiker, die sich in dieser Funktion äußern, beitragen?

Der Blick aus dem Warschauer Regierungslager auf Europa ist, von wenigen Ausnahmen abgesehen, ein nationaler. Das europapolitische Konzept beruht auf einem Europa der Vaterländer mit gaullistischem Einschlag. Hinter Mehrheitsentscheidungen gegen den Willen Polens vermutet man in Warschau häufig Kungeleien seitens der älteren EU-Mitglieder, zumeist Deutschlands. Nicht selten hielt man mir explizit vor, unsichtbare deutsche Hände steckten hinter für Polen negativen Entscheidungen in Brüssel oder Straßburg.

Der gesamte Vorgang demonstrierte frühzeitig, dass Polen gedachte, vom normalen Prozedere zwischen Nachbarn, Partnern und engen Verbündeten abzuweichen. Mit der alten Regierung hatten wir selbstverständlich auch schwierige Themen zu behandeln. Man tat dies indes mit dem Ziel, öffentliche Kontroversen so weit wie möglich zu vermeiden, was auch dem Verhandlungsstil in Europa insgesamt entsprach.

Nicht so die neue PiS-Regierung. Auch wenn das direkte Gespräch durchaus harmonisch verlaufen war, suchte sie im Zweifel die öffentliche Konfrontation, um dem eigenen Lager zu demonstrieren, dass man Deutschland die Stirn geboten hatte. Wie sich an den harschen öffentlichen Reaktionen prominenter Vertreter des Regierungslagers an der Haltung der Bundesregierung zum russischen Krieg gegen die Ukraine zeigte, war die Bitte zum Gespräch Anfang 2016 also keineswegs ein Ausrutscher, sondern ein frühes Zeichen eines neuen Stils, der eine wohldurchdachte Politik reflektierte.

Die von Jarosław Kaczyński initiierte konservative Revolution steht auf der Kippe. Die polnischen Wählerinnen und Wähler werden in den Parlamentswahlen gegen Ende 2023 darüber entscheiden, ob der Weg in die illiberale Demokratie à la Orbán fortgesetzt oder ob Polen nach einem Sieg der Opposition wieder in die europäische Mitte zurückkehren wird. Die Regierung führt den Wahlkampf in polarisierter Form mit einem gestärkten radikalen Flügel und starker antideutscher und antieuropäischer Stoßrichtung. Die Energiekrise und die sehr hohe Inflation machen dem Regierungslager zunehmend Schwierigkeiten. Sollte die Opposition den Sieg davontragen, wird es nicht einfach werden, die Entwicklungen zurückzudrehen, wenn nicht ähnliche Methoden wie bei der PiS zur Anwendung gelangen sollen.

Die Eroberung der Macht

Als ich knapp zwei Jahre zuvor am 8. April 2014, in Warschau zur Amtsübernahme eingetroffen und von einem Protokollbeamten freundlich empfangen worden war, hatte ich nicht geahnt, welche politischen Veränderungen mein Leben in Polen in den nächsten Jahren erfahren würde.

Zunächst lief alles wie am Schnürchen. Ich konnte mein Beglaubigungsschreiben schnell beim Staatspräsidenten übergeben. Mitglieder der Regierung erschienen gern auf meinen ersten Empfängen – so sagten sie jedenfalls. Kurzum, ich hatte den deutlichen Eindruck, ein willkommener Gesprächspartner in einem befreundeten Nachbar- und Partnerland zu sein. Die erste Ukrainekrise von Anfang 2014, in der Russland die Krim annektiert und einen militärischen Konflikt in der Ost-Ukraine angezettelt hatte, war nicht etwa Anlass für bilateralen Streit, sondern schien enge Beziehungen zwischen Deutschland und Polen in der Abwehr der russischen Gefahr notwendiger denn je zu machen.

So dachten jedenfalls die damalige liberal-konservative Regierung unter Ministerpräsident Donald Tusk, der später Vorsitzender des Europäischen Rates werden sollte, und der ebenfalls diesem Lager entstammende Staatspräsident Bronisław Komorowski. Etwas mehr als ein Jahr später begann sich jedoch das Blatt zu wenden. Mit dem unerwarteten Sieg des PiS-Kandidaten Andrzej Duda in den Präsidentschaftswahlen am 6. Mai 2015 begann eine neue Ära, die am 25. Oktober in den Sieg der Partei Jarosław Kaczyńskis bei den Parlamentswahlen mündete.

Vor dem Hintergrund der Erfahrungen mit der ersten Regierung unter Führung der PiS 2005 bis 2007 drohte aus der engen, vertrauensvollen Zusammenarbeit auf allen Ebenen Misstrauen im Verhältnis zueinander und Skepsis auf europäischer Ebene zu werden.

Während der ersten sechs Monate änderten sich die Dinge kaum merklich. Polen trat in eine Kohabitationsphase zwischen einem national-konservativen Präsidenten und einer liberal-konservativen Parlamentsmehrheit ein. Solche Zeiten sind in demokratischen Gesellschaften nicht ungewöhnlich. Auch Polen hatte einen solchen Übergang schon erlebt.

Die Verfassung der Republik Polen vom 17. Oktober 1997 weist der von der Parlamentsmehrheit getragenen Regierung die Hauptverantwortung für die Gestaltung der Politik zu. Folglich zielte der PiS-Vorsitzende Jarosław Kaczyński auf einen Sieg bei den Parlamentswahlen; der Triumph im Präsidentschaftswahlkampf erwies sich als erster notwendiger Schritt zur Macht. Entscheidend für den geplanten fundamentalen Umbau von Staat und Gesellschaft war es, die Mehrheit in den beiden Kammern des polnischen Parlaments, also in Sejm und Senat, zu erringen. Niemand sollte daher vor den entscheidenden Parlamentswahlen verschreckt werden.

Die unerwartete Niederlage des populären Amtsinhabers Bronisław Komorowski im zweiten Wahlgang schürte regelrecht Angst im Lager der damaligen liberal-konservativen Regierungskoalition, die Polen seit acht Jahren regiert hatte. Dass ein weitgehend unbekannter Kandidat, vom PiS-Vorsitzenden Kaczyński erst kurz zuvor aus dem Ärmel gezaubert, gesiegt hatte, elektrisierte und motivierte die PiS-Basis vor allem im ländlichen Raum.

Die seit zwei Legislaturperioden herrschende Bürgerplattform Donald Tusks, die zusammen mit der Bauernpartei PSL eine Koalitionsregierung gebildet hatte, war schockiert, hatte sie doch fest mit einem Sieg ihres populären Kandidaten gerechnet. Der aus ihren Reihen stammende Amtsinhaber Bronisław Komorowski hatte lange in den Umfragen vorne gelegen. Er und die ihn tragenden liberalen, christdemokratischen und gemäßigt konservativen Kräfte fühlten sich siegesgewiss und begnügten sich mit einem Wahlkampf aus der Präsidialkanzlei heraus.

Komorowskis Strategie setzte auf Kontinuität und Fortsetzung der wirtschaftlich erfolgreichen Entwicklung, die Polen innerhalb von 15 Jahren zu einer wirtschaftlichen Lokomotive in Europa gemacht hatte. Tatsächlich hatte Polen 2019 bereits zwei Drittel des EU-Durchschnittseinkommens erreicht und selbst in den Jahren der Finanzkrise 2008/2009, als die Volkswirtschaften in den anderen Mitgliedstaaten der Europäischen Union geradezu abstürzten, immer noch ein leicht positives Wirtschaftswachstum erzielt.

Doch deutete sich eine steigende Unzufriedenheit von Teilen der polnischen Gesellschaft mit der schnellen politischen und wirtschaftlichen Umgestaltung Polens nach dem Beitritt zur Europäischen Union an, die die weniger dynamischen Kräfte zu überfordern drohte. Insbesondere die ärmeren Schichten und die Bewohner eher ländlich geprägter Regionen fühlten sich trotz erheblicher Nettozuflüsse aus den Agrar- und Strukturfonds der Europäischen Union abgehängt. Hinzu kam das diffuse Gefühl, politisch-gesellschaftlich nicht ausreichend respektiert zu werden. Diese subjektive Unzufriedenheit weiter Teile der Bevölkerung mit einer liberalen, auf Globalisierung setzenden Wirtschaftspolitik führte zu einem Vertrauensverlust in die politischen Eliten.

Berichte über Skandale, die offenbar aus dem Apparat durchgestochen waren, trugen dazu wesentlich bei. Anfang 2015 wurden abgehörte Gespräche hochrangiger polnischer Politiker aus dem damaligen Regierungslager öffentlich bekannt. Mit den Mitschnitten über die zum Teil in deftiger Sprache geführten Gespräche konnten interessierte Kreise erfolgreich Misstrauen gegenüber einem angeblich arroganten, abgehobenen Führungspersonal säen.

Der vergleichsweise junge Herausforderer Andrzej Duda führte zudem einen sehr engagierten Wahlkampf. Mit seinem allgegenwärtigen Bus durchstreifte er das Land, sprach die Wählerinnen und Wähler direkt an und kam damit gerade in den ärmeren Landesteilen sehr gut an. So verwunderte es letzten Endes wenig, dass der PiS-Kandidat die Wahl knapp für sich entscheiden konnte. Die entscheidenden Stimmen zum Wahlsieg holte Duda in den ländlich geprägten Regionen des Ostens und Südens, in der die PiS traditionell stark war und ist.

Die direkte Volkswahl verleiht dem Präsidenten eine eigene politische Legitimität. Im Unterschied zum deutschen Bundespräsidenten verfügt er vor allem in der Außen- und Sicherheitspolitik über mehr Kompetenzen als sein Berliner Pendant. Als Oberbefehlshaber der Streitkräfte vertritt der polnische Präsident sein Land auf den NATO-Gipfeln, während der vom Sejm gewählte Ministerpräsident auf den EU-Gipfeln erscheint, selbst wenn dort Sicherheitsfragen diskutiert werden.

In der Innenpolitik liegt seine Hauptmacht in einer realen Blockademöglichkeit. So kann er zum Beispiel das Verfassungsgericht anrufen oder Einspruch (»Veto«) gegen Gesetzentwürfe einlegen, der jedoch mit qualifizierter Mehrheit (3/5 aller Abgeordneten) im Sejm überstimmt werden kann. Duda hat von der scharfen Waffe des Vetos zunächst kaum Gebrauch gemacht, weil er es sich mit Kaczyński und der PiS, der er entstammte, nicht verderben wollte.

In einigen wichtigen Fällen hingegen ist er, vor allem in seiner zweiten Amtszeit, auf Distanz zur Regierungsmehrheit gegangen. So hat er mit seinem Veto vom 27. Dezember 2021 den Regierungsentwurf zur Kontrolle des regierungskritischen privaten Fernsehsenders TVN blockiert. Dieser war zwar nicht expressis verbis gegen diese größte US-Investition in Polen gerichtet, hätte aber den Verlust der Sendelizenz für Discovery Channel, den Eigner von TVN, bedeutet. Da die PiS im Sejm nicht über die erforderliche Mehrheit verfügt, um das präsidentielle Veto zu überstimmen, war damit ein wichtiges PiS-Vorhaben zunächst zu Fall gebracht.

Mit einem weiteren Veto gegen den Regierungsentwurf von Bildungsminister Czarnek zur stärkeren Kontrolle des Erziehungssystems hat der Präsident ein umstrittenes zweites Reformvorhaben zunächst zurückgewiesen. Schließlich hat er versucht, im Streit zwischen der Regierungsmehrheit und der Europäischen Union um die Rechtsstaatlichkeit zu vermitteln, indem er einen Kompromissvorschlag unterbreitete, auf den sich die Regierungskoalition zwar einigte, der aber Brüssel nicht weit genug ging.

In allen drei Fällen hat sich der Präsident auf einen begrenzten Kollisionskurs mit der Regierung begeben. Hierzu mag beigetragen haben, dass Andrzej Duda nach zwei Amtszeiten nicht mehr wiedergewählt werden kann, von Parteichef Kaczyński weniger abhängig ist und er auf der Suche nach einer eigenen Bilanz ist. Dazu eignet sich die Beerdigung der Lex TVN und die damit verbundene Begradigung des Verhältnisses zur Biden-Administration nach den Trump-Jahren ausgezeichnet. Mit deutschlandkritischen Äußerungen auch des Präsidenten im Wahlkampf 2023 muss aber weiter gerechnet werden.

Präsident Duda hatte bei Amtsantritt kaum außenpolitische Erfahrung. Der promovierte Krakauer Jurist war mit 36 Jahren Unterstaatssekretär im Justizministerium, sodann Mitarbeiter im gleichen Rang in der Präsidialkanzlei des beim Flugzeugabsturz in Smolensk 2010 ums Leben gekommenen früheren polnischen Präsidenten Lech Kaczyński gewesen. Unmittelbar vor seiner Wahl zum Präsidenten saß er einige Monate für die PiS im Europaparlament. Er verkörperte nahezu perfekt einen politischen Neuanfang für diejenigen, die sich als Verlierer der Transformation in Polen verstanden. Und das waren mehr, als viele glaubten.

Die PiS-Führung muss wohl selbst das Manko außenpolitischer Unerfahrenheit gespürt haben. Daher lud sie meinen französischen Kollegen Pierre Bühler, einen großen Kenner Polens, der schon zum zweiten Mal als Diplomat im Land weilte, und mich zum Gespräch mit dem Kandidaten Duda. Pierre und ich überlegten einen Moment, ob ein solches als vertraulich angekündigtes Gespräch als unstatthafte Einmischung in den Wahlkampf hätte interpretiert werden können. Unabhängig voneinander kamen wir zu dem Ergebnis, dass unsere Pflicht, uns über die außenpolitischen Ansichten eines chancenreichen Präsidentschaftskandidaten zu informieren, die Gefahr von Missdeutungen überwog. Das sah auch Jaromir Sokołowski, der außenpolitische Berater des amtierenden polnischen Präsidenten Bronisław Komorowski so, den wir anschließend über das Gespräch informierten.

Das Gespräch sollte in einem Bürogebäude des Sejm, des Unterhauses des polnischen Parlaments, stattfinden. Der PiS-Präsidentschaftskandidat Andrzej Duda wurde durch den außenpolitischen Fachmann der PiS und späteren Außenminister Witold Waszczykowski begleitet. Der bärtige, leicht korpulente frühere Diplomat Waszczykowski hatte sich seine Meriten als polnischer Botschafter im Iran verdient. Er sprach hervorragend Englisch, hatte er doch während des Studiums Zeit an einer Universität im US-Bundesstaat Oregon verbracht.

Inhaltlich galt er innerhalb der PiS als Hardliner. Kurz vor Beginn des Termins erfuhr ich über meinen ausgezeichnet vernetzten Protokollmitarbeiter Harald Kabsa, einen mit allen Wassern gewaschenen Tausendsassa, dass sich eine Traube von Journalisten vor dem Eingang zum besagten Sejm-Büro gebildet hatte. Unter Verweis auf die vereinbarte Vertraulichkeit forderten mein französischer Kollege und ich die Verlegung in eine andere Räumlichkeit, was auch zugesagt wurde.

Der Inhalt des Gesprächs selbst war banal. Das Wort führte im Wesentlichen Witold Waszczykowski. Der Kandidat selbst blieb merkwürdig still und beschränkte sich auf das Zuhören, was nicht nur an seinen zu diesem Zeitpunkt noch ziemlich begrenzten Englischkenntnissen zu liegen schien. An manchen Momenten hatten mein französischer Kollege und ich gar den Eindruck, dass dem freundlich lächelnden Duda die nassforsche Kritik Waszczykowskis an der Europapolitik Deutschlands und Frankreichs zu weit ging.

Wie zu befürchten, säumten trotz des Bürowechsels eine Vielzahl von Journalisten, die sich absprachewidrig eingefunden hatten, unseren Abgang. Sie wollten von Duda eine Bewertung des Gesprächs und von beiden Botschaftern eine Einschätzung zur Person und den außenpolitischen Ansichten des PiS-Kandidaten erheischen. Selbstredend standen mein Kollege und ich für ein derartiges Medienspektakel nicht zur Verfügung. Vielmehr suchten wir unter Blitzlichtgewitter und nachgerufenen Fragen schnell und schweigend das Weite.

Hauptzweck der Initiatoren des Gesprächs auf polnischer Seite war es offenkundig, Duda als international glaubwürdigen Kandidaten und besonders gegenüber den europäischen Schwergewichten Frankreich und Deutschland zu präsentieren. Auch wenn die Außenpolitik in Wahlkämpfen in Deutschland und Polen selten eine bedeutsame Rolle spielt, schien es doch bezeichnend, dass die Führung der europa- und deutschlandskeptischen PiS an einem Unbedenklichkeitsstempel aus Berlin und Paris interessiert war. Wie schon bei anderer Gelegenheit erlebt, konnte man sich auch in diesem Fall auf vorherige protokollarische Absprachen nicht verlassen. Vertrauen wächst so nicht.

Präsident Duda gab sich vom Zeitpunkt seiner Amtseinführung Anfang August 2015 bis zu den Parlamentswahlen Ende Oktober eher zurückhaltend. Auch die Besetzung der Spitzenpositionen in seiner Kanzlei gab keinen Anlass für negative Spekulationen. Die Kolleginnen und Kollegen in der außenpolitischen Abteilung vom außenpolitischen Berater Krzysztof Szczerski abwärts und im Büro für nationale Sicherheit im Präsidialamt waren hochprofessionelle Pragmatiker, von denen ich einige von früheren Auslandsposten kannte. Sie standen in der

Regel auch kurzfristig für Gespräche zur Verfügung. Jenseits inhaltlicher Unterschiede konnten meine Mitarbeiter und ich mit den Angehörigen der Präsidialkanzlei stets vernünftig und vertrauensvoll zusammenarbeiten, gerade auch bei der Organisation hochrangiger Besuche.

Einige meiner Botschafterkollegen und auch ich interpretierten die inhaltliche Zurückhaltung des Präsidenten und die Zusammensetzung seines Beraterstabs so, dass die PiS aus ihrem kurzlebigen Zwischenspiel als Regierungspartei 2005 bis 2007 den Schluss gezogen hatte, jetzt etwas vorsichtiger vorzugehen und die Macht nicht so schnell wieder zu verspielen.

Mit dieser vorläufigen Analyse sollten wir uns heftig irren. Der unbestrittene Führer der PiS, Jarosław Kaczyński, hatte im Gegenteil aus den Fehlern der Vergangenheit die Lehre gezogen, schneller, radikaler und kompromissloser als beim letzten Mal vorzugehen. Und wen bekümmerte es dabei schon, dass für eine absolute Mehrheit der Sitze im Sejm nur 37,6 Prozent der abgegebenen Stimmen genügten und dass circa 50 Prozent der Bevölkerung den Wahlen gänzlich ferngeblieben waren.

Möglich geworden war dieses Ergebnis vor allem deshalb, weil das polnische Wahlrecht die großen Parteien bevorzugt und eine Sperrklausel von 5 Prozent für einzelne Parteien und von 8 Prozent für Parteienbündnisse vorsieht. Die polnische Linke war in einer denkwürdigen Fehlkalkulation ein Bündnis mit kleineren Parteien eingegangen und scheiterte knapp an der Sperrklausel. Somit war nicht nur diese politische Kraft im neuen Sejm nicht mehr vertreten, sondern die Stimmen für die Linke fielen insgesamt unter den Tisch.

Im Bewusstsein seiner begrenzten Popularität in der polnischen Gesellschaft war Kaczyński als Spitzenkandidat seiner Partei erst gar nicht angetreten und beanspruchte auch nach den Wahlen nicht das Amt des Premierministers. Vielmehr führte er die Regierung zunächst aus dem Hintergrund als formal einfacher Abgeordneter des Sejm. Wer schon einmal in einem Regierungsapparat gearbeitet hat, mag ermessen, welche gewaltigen logistischen und administrativen Probleme eine solche Struktur mit sich bringt.

Es dauerte indes eine gesamte Legislaturperiode, bis Jarosław Kaczyński die Konsequenzen zog und vor dem Hintergrund sich verschärfender Meinungsverschiedenheiten in der Regierungskoalition als Vizepremier in eine Regierung unter Leitung von Ministerpräsident Morawiecki eintrat. Inzwischen hat er die Regierung wieder verlassen und konzentriert sich auf den Wahlkampf für die Parlamentswahlen 2023.

Jenseits aller struktureller Probleme ist und bleibt Jarosław Kaczyński die bestimmende Persönlichkeit im PiS-Lager. Auch wenn er die Wirtschaftspolitik nahezu komplett an Ministerpräsident Morawiecki delegiert hat, trifft er alle wichtigen Entscheidungen selbst. Kaczyński ist ein begnadeter Taktiker, dem selbst seine Kritiker hohe Intelligenz und enzyklopädisches Wissen zubilligen.

Seine Biographie weist ihn als hingebungsvollen Sohn aus, der seiner Mutter, mit der er bis zu ihrem Tod eine innige Beziehung pflegte, die Wahrheit über den tragischen Tod seines Zwillingsbruders nur scheibchenweise zumutete. Der Tod des Zwillingsbruders ist auch ihm selbst sehr nahe gegangen. So hat er nicht geruht, bis auf dem zentralen Piłsudski-Platz in Warschau ein Denkmal für die beim Absturz der Präsidentenmaschine ums Leben gekommenen Insassen und eine Statue von Lech Kaczyński entstanden sind.

Im politischen Gespräch tritt er hart und gelegentlich auch schroff auf, was auch die damalige Bundeskanzlerin Angela Merkel in ihren Gesprächen mit ihm zu spüren bekam. Sie hat daher in der Zeit der ersten PiS-Regierung 2005 bis 2007 eher auf den Kontakt mit dem gemäßigteren der beiden Kaczyński-Zwillinge, Staatspräsident Lech Kaczyński, denn auf seinen Bruder gesetzt. Er, der jetzige starke Mann der PiS, Jarosław Kaczyński, hegt sowohl gegenüber Deutschland als auch gegenüber Russland großes Misstrauen. Die EU hält er in weiten Teilen für ein Instrument zur Durchsetzung deutscher Interessen. Taktisch vermag er durchaus zwischen den verschiedenen Strömungen innerhalb seiner Parteienfamilie zu lavieren. Mal trägt der eher gemäßigte Flügel, mal der radikalere den Sieg davon. Kaczyński brilliert nicht durch glänzende Reden, sondern gibt sich gern geheimnisvoll. Seine Stärke liegt in seiner Kompromisslosigkeit, mit der er Positionen nach außen vertritt. Seine Integrität hat durch Berichte über undurchsichtige Immobiliengeschäfte einige Schrammen abbekommen.

Ob Kaczyński auch ein guter Stratege ist, daran scheiden sich die Geister. Selbst hochrangige Funktionäre der eigenen Partei zweifeln daran. Zwar ist er unbestreitbar der Architekt von mittlerweile sechs hintereinander gewonnenen Wahlen. Mit seinem sehr stark national gefärbten und auf Polen konzentrierten Weltbild bleibt er jedoch in ideologisch geprägten Feindbildern und Stereotypen verhaftet. Diese sind zwar in bestimmten Teilen der polnischen Gesellschaft jederzeit abruf- und mobilisierbar. Aber sie können kaum etwas zur Lösung vieler Probleme der modernen Welt beitragen.

Ob ein von Kaczyński herbeigesehntes nationalstaatlich-souveränistisch geprägtes Europa der Vaterländer die Antwort auf die Herausforderungen von Pandemien, Klimawandel und Großmächtekonkurrenz sein kann, steht doch sehr dahin. Auch das sehr kritische Deutschlandbild, das stark von negativen geschichtlichen Erfahrungen, auch in der eigenen Familie, geprägt ist, verstellt den Blick auf die heutigen Realitäten. Ich habe mich immer wieder gefragt, ob Kaczyński und mit ihm einem beträchtlichen Teil des polnischen Regierungslagers eigentlich bewusst ist, wie wichtig die Achse Berlin-Warschau für Europa sein könnte und wie wenig hilfreich es mittel- und längerfristig ist, immer wieder auf Deutschland einzudreschen.

Nach der gewonnenen Parlamentswahl Ende 2015 besetzte die PiS die wichtigsten staatlichen Positionen in Polen vom

Präsidenten abwärts. Die gemeinsame Liste der Vereinigten Rechten, bestehend aus der PiS und zwei kleineren Parteien, einer gemäßigteren und einer radikalen, hatte die Mehrheit der Sitze in beiden Kammern des polnischen Parlaments – also im Sejm und im Senat – errungen. Dadurch konnte sie nach Belieben die Tagesordnung des Parlaments sowie alle Ausschussvorsitzenden bestimmen und die Opposition in eine Außenseiterrolle drängen.

Mehrfach nutzte sie diese für sie günstige Situation, um umstrittene Gesetzesvorhaben schnell durchzupauken, bevor die Opposition überhaupt die veränderte Tagesordnung des Parlaments bemerkte. Diese Taktik war vor allem am Anfang erfolgreich, als die Mehrheit im Sejm und im Senat noch in der Hand des Regierungslagers lag. Nachdem die Opposition bei den Parlamentswahlen 2019 – wenn auch knapp – die Mehrheit im Senat errungen hatte, war die Regierung gezwungen, in Formfragen etwas mehr Rücksicht auf die Opposition zu nehmen. Aufgrund der schwachen Stellung des Senats im Gesetzgebungsprozess konnte dieser aber strittige Inhalte der Gesetzgebung allenfalls verzögern, sie jedoch letztlich nicht verhindern.

Premierministerin wurde nach den ersten gewonnenen Wahlen 2015 die PiS-Spitzenkandidatin Beata Szydło, die zuvor Präsident Dudas erfolgreichen Wahlkampf für das Präsidentenamt organisiert hatte. Szydło stammt aus der Gemeinde Oświęcim im Süden Polens, nahe dem früheren deutschen Konzentrationslager Auschwitz. Sie hatte Ethnografie und Kulturmanagement in Krakau studiert. Jetzt stand sie vor der schwierigen Aufgabe, nicht nur die umfangreichen Wahlversprechen der PiS umzusetzen, sondern auch die unterschiedlichen Strömungen innerhalb der Vereinigten Rechten zusammenzuhalten. Zudem musste sie sich jeden wichtigen Schritt von Parteichef Kaczyński absegnen lassen – ein Albtraum.

Die neue Regierung setzte zunächst in der Sozialpolitik Akzente. Flaggschiff der neuen Politik war das sogenannte »Kindergeld 500 plus«, mit dem jede Familie ab dem zweiten Kind 500 Zloty, d.h. umgerechnet circa 110 Euro pro Kind, beantragen konnte. Setzt man diesen Betrag in Bezug zum landesweiten Durchschnittslohn der damals bei 5100 Zloty oder ungefähr 1100 Euro brutto monatlich lag, so kann man ermessen, wie populär die Einführung dieser Maßnahme bei der großen Mehrheit der Bevölkerung war und ist. Die monatliche Finanzspritze wurde vor allem in den Hochburgen der PiS in den ländlichen Regionen geschätzt, wo der Durchschnittslohn niedriger, in der Wojewodschaft Vorkarpaten im Südosten gar um 20 Prozent niedriger, ausfällt.

Mit dieser und einigen weiteren sozialen Maßnahmen, mit denen vor allem der sinkenden Geburtenrate in Polen entgegengewirkt werden sollte, hat die PiS einen Nerv in der Bevölkerung getroffen, der ursächlich dafür sein dürfte, dass die Partei seit 2015 alle Wahlen mit Ausnahme der Senatswahlen 2019 gewonnen hat. Die Einführung des Kindergelds war zwar sehr teuer, blieb aber bezahlbar. Der durch diese Maßnahme induzierte Nachfragestimulus und entsprechend höhere Steuereinnahmen haben das Budget nicht übermäßig belastet, offenbar aber mit zu einer höheren Inflationsrate in Polen beigetragen, die im Sommer 2022 doppelt so hoch wie im Euroraum lag. Die sozialen Maßnahmen haben indes die Aufmerksamkeit vieler im Land von anderen problematischeren Umgestaltungsmaßnahmen abgelenkt.

Auch die Kriminalitätsrate ist nach offiziellen Statistiken in den letzten Jahren zurückgegangen. Die polnischen Städte sind sicher. Der prozentuale Anteil von Gefangenen in den Gefängnissen liegt in Polen höher als in Deutschland. Von den berüchtigten Autoschiebereien durch polnische Banden der organisierten Kriminalität ist kaum noch etwas zu spüren. Vielmehr bekämpfen heute die deutsche und die polnische Polizei gemeinsam und erfolgreich, unter anderem durch eine gemeinsame Dienststelle an der deutsch-polnischen Grenze bei Świecko, internationale Netzwerke, die vom freien Personen- und Warenverkehr in der EU profitieren.

Ein weiterer wichtiger Punkt für den Erfolg der PiS und ihrer Bündnispartner lag darin begründet, dass Forderungen nach mehr Respekt für die Leistung einfacher Menschen aus dem In- und Ausland breite Unterstützung in der PiS-Wählerschaft fanden. Just in diesem letzten Kontext kam Deutschland ins Spiel, dem man vorwarf, Polen in wichtigen Fragen zu übergehen. Selbst die polnische Opposition warf uns lange vor, die Migrationsdebatte von 2015 sei ein Sargnagel zum Verlust der Regierungsmehrheit der alten Koalition gewesen. Unsicherheiten im Zusammenhang mit der deutschen Zeitenwende in der Russlandpolitik haben diese Debatte erneut beflügelt.

»The winner takes it all«

Die neue Regierungsmehrheit war mit dem Versprechen ins Amt gekommen, die sozio-ökonomische Lage breiter Kreise der polnischen Gesellschaft zu verbessern, Polens internationale Position zu stärken und die »konservative Revolution« durchzusetzen, wie Kaczyński es selbst einmal formuliert hat. Wichtigster Punkt dabei war, den aus PiS-Sicht unvollständigen Systemwechsel von 1989 zu vollenden. Dazu gehörte es, sowohl gegen »postkommunistische Seilschaften« im Inneren als auch gegen liberale Einflüsse aus dem Westen hart vorzugehen. Das Regierungsprogramm war auf einen längeren Zeitraum als nur eine Legislaturperiode angelegt und verlangte eine strukturelle Absicherung der Mehrheitsverhältnisse über mehrere Legislaturperioden. Vorbild war Viktor Orbáns Ungarn, das sich allerdings in zweifacher Hinsicht von den Verhältnissen in Polen unterschied.

Zum einen ist Kaczyński stärker ideologisch geprägt als der flexiblere, wenn man so will, opportunistischere Orbán. Das macht ihn abhängig von den radikalen Vorfeldtruppen in den rechten Medien, die gelegentlich sogar den PiS-Vorsitzenden selbst als gemäßigt erscheinen lassen. Zum anderen verfügt Kaczyński nicht wie Orbán über die verfassungsändernde Mehrheit im Parlament. Seit den Parlamentswahlen 2019 muss er zudem mit dem von der Opposition dominierten Senat zurechtkommen. Dieser kann zwar die Annahme von Gesetzen durch Einspruch verzögern, nicht aber verhindern.

Selbst der Staatspräsident, der nach der Verfassung theoretisch jeden Gesetzentwurf stoppen kann, ist keine sichere Bank mehr. Das hat Konsequenzen für die Schnelligkeit und die politischen Kosten des Umbaus. Nacht- und Nebelaktionen, in denen die Gesellschaft vor vollendete Tatsachen gestellt wurde, sind seit 2019 wesentlich erschwert.

Jarosław Kaczyński ist der unbestrittene Architekt des staatlichen und gesellschaftlichen Umbaus in Polen. Aus den Erfahrungen der ersten PiS-Regierungszeit 2005 bis 2007 und des frühen Machtverlusts leitete der PiS-Vorsitzende den Auftrag zu einer fundamentalen Umgestaltung der polnischen Gesellschaft ab.

Kaczyński und seine Mitstreiter sahen in dem evolutionären Verlauf der Wende von 1989/1990 einen Verrat an der polnischen Nation, weil man sich der alten kommunistischen Eliten nicht vollständig entledigt hatte. Da damals keine systematische Überprüfung der politischen Zuverlässigkeit dieser Gruppen stattgefunden habe, seien diese auch in der neuen 3. Republik in den Ministerien, im Rechtswesen und in großen Teilen der Medien weiter bestimmend geblieben. So jedenfalls das Narrativ, mit dem man den personellen Austausch in Staat und Gesellschaft kompromisslos vorantrieb.

Richtig an dieser Erzählung ist, dass ein Gesetz über die Lustration, also über die systematische Überprüfung der Gesinnung von Vertretern wichtiger politischer Gruppen, 2007 am Verfassungsgerichtshof gescheitert war. Und richtig ist auch, dass geläuterte frühere kommunistische Führer wieder einflussreiche Positionen im Staatsapparat bekleideten. Auch gingen die damaligen Führer der Solidarność, wie Lech Wałęsa oder der damalige Ministerpräsident Tadeusz Mazowiecki, die die Wende steuerten, in den damaligen Gesprächen am Runden Tisch aus naheliegenden Gründen vorsichtig vor, um niemanden zu provozieren. Schließlich waren noch mehrere Hunderttausend russische Truppen bis 1993/1994 auf dem Territorium der früheren DDR und Polens stationiert. Auch der Putsch gegen Gorbatschow 1990 und Jelzins Beschuss des Parlamentsgebäudes 1993 machten deutlich, wie instabil die Lage in der Sowjetunion beziehungsweise in Russland war.

Die Kräfte um Kaczyński sahen das anders. In ihren Augen hatten Wałęsa und Co. die Revolution gestohlen und einer Restaurierung linker Kräfte Vorschub geleistet. Sie waren Verräter und mussten als solche gebrandmarkt werden. So warf man beispielsweise dem Friedensnobelpreisträger Lech Wałęsa vor, ein Mitarbeiter des früheren Geheimdienstes im kommunistischen Polen gewesen zu sein.

Ein hochrangiger Vertreter des Verteidigungsministeriums diskreditierte anlässlich einer Festveranstaltung zum NATO-Beitritt Polens namentlich einen früheren Verteidigungsminister vor den Augen der in Polen akkreditierten Botschafter der NATO-Mitgliedsstaaten. Einige meiner Kollegen und ich waren schockiert, wie eine feierliche Veranstaltung aus Anlass einer historischen Entscheidung für die innenpolitische Auseinandersetzung instrumentalisiert wurde. Diese Art der Politik, die man wohl nicht anders als populistisch bezeichnen kann, sollte mir bei anderen Gelegenheiten immer wieder begegnen. Ja sie ist geradezu ein Stilmerkmal für eine zumindest in Teilen populistische Partei an der Macht.

Kaczyńskis Partei schuf schnell, kompromisslos und unwiderruflich Fakten, um den Widerstand der freiheitsliebenden und kämpferischen polnischen Gesellschaft zu brechen. Mittel hierzu waren der fundamentale Umbau des polnischen Rechtssystems, die politische Kontrolle über die elektronischen Staatsmedien, ein massiver Elitenaustausch in der Verwaltung und den Staatsbetrieben sowie ein Kulturkampf gegen sogenannte antipolnische Einflüsse. Demgegenüber sind Bemühungen, die immer noch höchst lebendigen privaten Medien einzuschränken, vorerst gescheitert.

Das Ergebnis ist eine gesellschaftliche Polarisierung, wie sie Polen seit langem nicht mehr gesehen hat. Insgesamt bewegt sich Polen weg von der liberalen pluralistischen Ordnung, die noch Grundlage des Beitritts des Landes zur EU im Jahre 2004 war, hin zu einer illiberalen Demokratie.

Das Grundprinzip des PiS-Vorgehens nach 2015 lautete schlicht: »The winner takes it all«. Die PiS und ihre Alliierten hatten die Wahlen in einem demokratischen Verfahren gewonnen und daher aus ihrer Sicht das Recht erworben, alle machtrelevanten Institutionen so weit wie möglich unter ihre Kontrolle zu bringen. Diejenigen, die sich der beabsichtigten fundamentalen Umgestaltung von Staat und Gesellschaft entgegenstellen könnten, wie die Justiz, die Medien oder die Bürokratie, mussten konsequenterweise mit politischen Loyalisten besetzt werden oder – wie die liberalen privaten Medien – bekämpft werden.

Der Anspruch ist umfassend, bei der Durchsetzung haperte es indes. Die polnische Gesellschaft hat in ihrer Geschichte immer wieder ihre Freiheitsliebe und Unbeugsamkeit unter Beweis gestellt. So haben zum Beispiel Massendemonstrationen die Verschärfung des Abtreibungsrechts mehrfach zum Scheitern gebracht. Unerwartete Querschüsse seitens des Präsidenten, der sich weigerte, bestimmte Gesetzesvorhaben zu unterzeichnen, haben Reformvorhaben verzögert oder sogar vereitelt. Die Kritik seitens der Europäischen Kommission und mehrere Urteile des Europäischen Gerichtshofs haben immerhin kleinere Teile der Justizreform gestoppt. Die liberalen Medien geben sich weiterhin sehr kritisch und bleiben daher ein konstanter Dorn im Auge der Regierungsmehrheit.

Systematischer Umbau des Rechtsstaats

Die systematische Transformation des Justizwesens war das erste Ziel, das die neue polnische Regierung in Angriff nahm. Trotz erbitterten Widerstands seitens der betroffenen Richterschaft und der parlamentarischen Opposition ist die Regierung hier am weitesten gekommen. Ziel ist es, die Unabhängigkeit der Justiz über strukturelle Maßnahmen wie politisierte Nominierungsverfahren und Disziplinierungsmechanismen zu schwächen und sie über personelle Veränderungen in der Richterschaft unter die Kontrolle des Regierungslagers zu bringen. Damit wurde das Machtgefüge der Dritten Polnischen Republik aus den Angeln gehoben, ohne dass die Verfassung formal geändert wurde. Profiteur war die Regierung und die sie tragende Parlamentsmehrheit.

Der Umbau des polnischen Justizwesens ist national und international höchst umstritten. Die Opposition lief anfänglich Sturm dagegen und erreichte auch eine gewisse Mobilisierung ihrer Anhänger auf der Straße. Inzwischen sind diese Demonstrationen abgeflaut. Die Europäische Kommission, das Büro für Wahlen und Menschenrechte der OSZE, die Venedig-Kommission des Europarates und andere haben die verschiedenen Vorhaben massiv kritisiert.

Im Rat für allgemeine Angelegenheiten der EU sieht sich Polen seit mehreren Jahren einem Verfahren wegen systematischer Verletzung der Rechtsstaatlichkeit nach Artikel 7 des EU-Vertrags gegenüber. Der Europäische Gerichtshof hat Polen in mehreren Vertragsverletzungsverfahren verurteilt und bestimmte Teile der Reform gestoppt. Die Europäische Kommission blockierte nach einigem Zögern und unter Druck des Europäischen Parlaments wichtige Finanzhilfen für Polen.

Kaum jemand in Polen würde bestreiten, dass das Justizsystem in Polen reformbedürftig ist. Das System leidet an langen

Verfahrensdauern und anderen »Pathologien« – wie sich die Regierung ausdrückt. Viele Polinnen und Polen würden Veränderungen, die die Effizienz des Systems steigern, ohne Weiteres akzeptieren. Ein Umbau gegen den Willen der Richterschaft und mit dem Ziel der politischen Kontrolle des Justizwesens steht aber auf einem anderen Blatt.

Aus dem Widerstand der Richterschaft gegen die Reform leitet die Regierung die Behauptung ab, das Justizsystem sei noch immer von alten Kadern aus der kommunistischen Zeit durchsetzt. Diese alten Kader – so die Argumentation – hätten ein korporatives System aufgebaut, in dem einer den anderen schütze und selbst Straftaten unter den Teppich gekehrt würden. Zudem habe sich die überwiegend liberale Richterschaft gegen die Umgestaltung verschworen und wolle die Regierung zu Fall bringen. Allerdings waren zum Zeitpunkt des Beginns der Reform knapp 95 Prozent der Richter erst nach 1990 ins Amt gekommen, konnten also kaum für die Sünden ihrer Vorgänger in Haftung genommen werden.

Das Vorgehen gegen die Richter war auf allen Ebenen der Rechtsprechung tendenziell das gleiche. Das Regierungslager erlangte die Kontrolle über die Gerichte und die Standesstrukturen durch die Umgestaltung der Nominierungs- und Disziplinierungsmechanismen zum ausschließlich eigenen Vorteil. Kernstück der Reform war und ist die Umgestaltung des Landesjustizrates, einer richterlichen Standesorganisation, die ursprünglich neue Richter kooptierte. Die Reform unterwarf nun diese Nominierungsprozeduren einer Entscheidung durch den Sejm mit einfacher Mehrheit, wodurch sichergestellt wurde, dass nur dem Regierungslager genehme Richter ins Amt kamen.

In diesem Zusammenhang ist von polnischer Seite immer wieder ins Feld geführt worden, dass auch in anderen Staaten, etwa in Deutschland, politische Instanzen an der Nominierung der Richter mitwirken. Das ist im Prinzip nicht falsch. Allerdings existieren vielfältige Mechanismen, die einer einseitigen Politisierung der Richterschaft in Deutschland entgegenwirken.

Die hohen Kompetenzanforderungen an die Richter stellen hierzulande insgesamt eine professionelle Besetzung der Richterämter sicher. Der Lebenszeitstatus sichert die Unabhängigkeit der Richter nachhaltig ab. Da das Justizwesen in Deutschland Ländersache ist, wird durch die unterschiedlichen politischen Konstellationen in den Ländern insgesamt eine pluralistische Besetzung der hohen Richterämter erreicht. Die erforderlichen qualifizierten Mehrheiten bei der Wahl der Bundesrichter garantieren zudem eine pluralistische Besetzung der Obersten Bundesgerichte.

Erster großer Streitpunkt nach Amtsantritt der PiS-Regierung war die Zusammensetzung des Verfassungstribunals und des Obersten Gerichts. In zweifelhaften Verfahren wurden Richter unter Verletzung von Verfassungsnormen aus den Ämtern gedrängt und durch PiS-Getreue ersetzt.

Ein von der PiS ernannter Richter des Verfassungstribunals war Staatsanwalt vor der Wende und Mitglied der Kommunistischen Partei, was angesichts der deklarierten Absicht, das Justizsystem von alten Kadern zu säubern, doch merkwürdig anmutet. Im Ergebnis hat das Verfassungstribunal bisher in nahezu keiner wichtigen Frage gegen die Regierung entschieden. Viele Fälle wurden ihm hingegen nicht mehr vorgelegt, weil seine Urteile vorhersehbar waren. Wohl aber haben einige seiner Urteile die gesellschaftliche Polarisierung in Polen weiter vorangetrieben.

Als besonders problematisch erwies sich die Einrichtung der sogenannten Disziplinarkammer beim Obersten Gericht, mit der unliebsame Richter und Staatsanwälte aus dem Amt entfernt werden konnten und wurden. Der Europäische Gerichtshof hatte bereits 2018 geurteilt, dass die Kammer nicht alle Garantien für Unparteilichkeit und Unabhängigkeit biete und daher gegen europäisches Recht verstoße. Die EU-Kommission verknüpfte daraufhin die Auszahlung europäischer Finanzhilfen an die Abschaffung der Kammer. Präsident Duda unterbreitete einen Kompromissvorschlag, der zwar die Disziplinarkammer durch eine sogenannte »Kammer zur beruflichen Verantwortung« ersetzte, die Regierung stellte sich aber quer bei der Wiedereinsetzung entlassener Richter, so dass die Auszahlung der Mittel einstweilen blockiert bleibt.

Wie politisch das Regierungslager den Justizumbau in Polen nimmt, mag man auch daran ablesen, dass mich der Justizminister höchstpersönlich zu einem memorablen zweieinhalbstündigen Gespräch in sein Ministerium einlud, in dem er mir zunächst die Vorzüge des neuen polnischen Justizsystems erläuterte. Da ich hierzu eine skeptische Haltung durchblicken ließ, warb er anschließend in schmeichelhafter Überschätzung meiner Möglichkeiten und in völliger Verkennung der Brüsseler Verfahren, meinen Einfluss in Berlin geltend zu machen, damit die Europäische Kommission eine weniger negative Haltung zum Justizumbau einnähme. Da ich ihm auch hierzu aus naheliegenden Gründen keine positive Antwort zuteilwerden lassen konnte, verlegte er sich auf Einschüchterungsversuche, die ich zurückwies.

Kontrolle des staatlichen Rundfunks und Fernsehens

Neben dem Umbau des Rechtsstaats machte sich die PiS-Regierung an die Umgestaltung der elektronischen Staatsmedien. Da in den ländlichen Regionen der staatliche Rundfunk und das staatliche Fernsehen die Hauptinformationsquellen darstellen, wurde diese Strategie mit großer Akribie ins Werk gesetzt. Nach der Reform des Hohen Rats für audiovisuelle Medien, in dem sie über die Mehrheit verfügt, wurde die Spitze des staatlichen Fernsehsenders TVP einschließlich fast aller bekannten Gesichter in der Politikredaktion ausgetauscht.

Das Ergebnis war eine massive Zunahme von Propagandaelementen in den politischen Sendungen. Zuweilen fühlte ich mich bei der Betrachtung der täglichen Abendnachrichten an meinen ersten Posten an der deutschen Botschaft Moskau in der damaligen Sowjetunion Mitte der 80er-Jahre erinnert. Die Hauptnachrichtensendung von TVP jeden Tag um 19.30 Uhr ist einseitig pro Regierung. Das Ausland, insbesondere Deutschland und Frankreich sowie die Brüsseler EU-Institutionen kommen, zumeist schlecht weg.

Das Programm ist insgesamt so einseitig, dass selbst Präsident Duda und andere den Kopf des damaligen Intendanten des staatlichen Fernsehsenders TVP, Jacek Kurski, forderten. Die Regierungskoalition sah sich sogar gezwungen, den TVP-Chef zeitweise aus der Schusslinie zu nehmen, um ihn bei nächster Gelegenheit aber wieder einzusetzen. Zu wichtig war TVP als Transmissionsriemen für die politische Botschaft der PiS in den abgelegenen Regionen. Inzwischen wurde Kurski wieder entlassen und arbeitet für die Weltbank.

Jenseits der staatlichen elektronischen Medien ist der Medienmarkt in Polen vielgestaltig und relativ frei von administrativen Gängelungen. Mit TVN existiert zumindest ein populärer privater Sender, der kein Blatt vor den Mund nimmt und der Opposition eine kritische Bühne bietet. Folglich zieht der im Besitz des US-Senders Discovery befindliche Sender immer wieder den Zorn der Regierenden auf sich. Indes ist ein Versuch, die US-Investoren herauszudrängen, zumindest vorläufig am Widerstand von Präsident Duda gescheitert.

Auch die Schriftpresse berichtet und kommentiert frei. Eine Vielzahl unterschiedlicher Zeitungen und Zeitschriften von ganz links bis ganz rechts mit teilweise sehr geringen Auflagen konkurriert um die Gunst der Leser. Die regierungskritischen Zeitungen hatten jedoch im Zuge des Regierungswechsels den Wegfall staatlicher Abonnements und Werbeeinahmen zu verkraften. Einnahmerückgänge und Entlassungen waren die Folge.

Auch sorgt das vom teilstaatlichen Energiekonzern Orlen kontrollierte Presseverteilungssystem Ruch dafür, dass kritische Medien nicht immer überall verfügbar sind. Meine systematischen Fragen an Tankstellen bei Reisen durch das Land, warum denn die liberale, regierungskritische *Gazeta Wyborcza* nicht vorhanden sei, trafen nicht immer auf überzeugende Antworten.

So sehr diese Vielgestaltigkeit und Lebendigkeit des polnischen Medienmarkts den ausländischen Beobachter beeindruckt, so sehr sind die regierungskritischen Medien dem Regierungslager ein stetiger Dorn im Auge. Als besonders störend, ja provokativ empfanden es die Verantwortlichen, dass einige wichtige und teilweise auch kritische Medien deutschen Verlagshäusern gehören oder gehörten. Das sehr kritische Boulevardblatt *Fakt*, der *Bild*-Zeitung durchaus vergleichbar, ist Teil eines deutsch-schweizerischen Verlagshauses. Eine bayerische Verlagsgruppe hielt bis zum Verkauf ihrer Anteile rund 80 Prozent der Presseerzeugnisse auf dem regionalen Medienmarkt in Polen.

So gab es immer wieder Überlegungen, ausländische, vor allem deutsche Verlagshäuser durch gesetzgeberische Maßnahmen aus dem polnischen Medienmarkt herauszudrängen. Mir wurde immer wieder signalisiert, dass diesbezügliche Gesetzentwürfe in der Schublade lägen und man auf das politische grüne Licht zu ihrer Umsetzung warte. Passiert ist bisher gegenüber deutschen Unternehmen von der gesetzgeberischen Seite her nichts, zumal bei Eigentümern innerhalb der Europäischen Union das Diskriminierungsverbot im Weg steht. Wohl aber hat die bayerische Verlagsgruppe aus wirtschaftlichen Erwägungen ihre Anteile an einen polnischen Energiekonzern verkauft, an dem der polnische Staat 27 Prozent der Anteile hält. Anzeichen für Änderungen der redaktionellen Linie sind bereits erkennbar. Andere deutsche Verlagshäuser halten demgegenüber an ihrem Engagement auf dem polnischen Medienmarkt fest.

Wie dünnhäutig die Verantwortlichen auf die als ungerecht empfundene Pressekritik reagierten, konnte ich am eigenen Leib spüren. So wurde ich zweimal ins Ministerpräsidentenamt gebeten, um mir von hoher Stelle eine »Philippika« zu regierungskritischen Artikeln polnischer Medien in deutsch-schweizerischem Besitz anzuhören, wobei das deutsche Mutterhaus fast zur Hälfte weiteren ausländischen Beteiligungsgesellschaften gehört. Meine ungläubige Frage, was denn eine solche Angelegenheit mit dem deutschen Botschafter zu tun habe, erfuhr nur eine unzureichende Antwort.

Beide Gespräche offenbarten ein recht merkwürdiges Verständnis von Pressefreiheit. Es wird insinuiert, der offizielle Vertreter Deutschlands in Polen sei dafür verantwortlich, was polnische Medien in teilweise deutschem Besitz über die Regierung schreiben. Zum anderen vermutet man geheime regierungsnahe Netzwerke aus Deutschland hinter kritischer Medienberichterstattung über die polnische Regierung. Wie sehr man sich dabei auf Deutschland eingeschossen hat, zeigt sich auch daran, dass der inkriminierte deutsch-schweizerische Verlag seinen Sitz in der Schweiz hat, der eidgenössische Kollege aber selbstredend nicht zum Gespräch gebeten wurde.

Massiver Elitenaustausch

Wie in den elektronischen Staatsmedien, so wurden auch die Mitarbeiterinnen und Mitarbeiter in den Ministerien und die hohe Ebene in den Staatsbetrieben ausgewechselt. Hauptkriterium für diese massiven Personalveränderungen war und ist nicht die Kompetenz oder die Loyalität zum Staat, sondern zur derzeitigen Regierung. Auch viele Kolleginnen und Kollegen im Außenministerium waren betroffen. Einige wurden auf eher unbedeutende Auslandsposten abgeschoben, andere, unter anderem hoch qualifizierte Diplomaten, wurden mit geradezu demütigenden Aufgaben betraut. So mancher warf entnervt das Handtuch und quittierte den Dienst. Diejenigen, die keine Alternative hatten, fügten sich in ihr Schicksal. Schon allein ein Studium an einer sowjetischen Hochschule vor dem Eintritt in den diplomatischen Dienst konnte Zweifel an der politischen Loyalität begründen und trotz langjähriger erfolgreicher Karriere tragisch enden.

Inzwischen ist ein Gesetz in Kraft getreten, dass auch anderen als professionell ausgebildeten Diplomaten den Zugang zum Auswärtigen Dienst erleichtern soll. In einigen Staatsbetrieben wechselte die Führung gleich mehrfach hintereinander, weil sich schnell herausstellte, dass die Loyalität zur Politik allein nicht unbedingt zur Leitung eines großen Unternehmens befähigt.

Nun ist der Elitenaustausch nach Regierungswechseln auch in anderen Ländern kein unbekanntes Phänomen. In den USA kommt es nach der Machteroberung durch die eine oder andere Partei regelmäßig zu starken personellen Veränderungen, die bis in die dritte oder vierte Hierarchie-Ebene hineinreichen können. Im zentral regierten Polen war der Austausch indes viel ausgeprägter. Und die Betroffenen in Polen verfügen nicht über die Auffangbecken, die zum Beispiel die politischen Denkfabriken in den USA hochrangigen Beamten abgewählter Administrationen bieten.

Kulturkampf gegen liberale Einflüsse

Für den ideologischen Umbau hat Jarosław Kaczyński die konservative Revolution verkündet. Ob das als Ziel oder als Mittel zum Zweck gemeint ist, ist nicht ganz klar. Faktisch definiert sich die konservative Revolution zunächst negativ in einer Art Kulturkampf gegen »schädliche liberale Einflüsse« von innen und außen. Mit Einschränkungen der Gesetze zur Abtreibung, Widerstand gegen die Einwanderung aus kulturferneren Kreisen und die EU-Migrationspolitik sowie Stimmungsmache gegen die »LGBTQ-Ideologie« strebt die Regierungsmehrheit an, die angebliche westlich liberale Hegemonie zurückzudrängen und eine national-konservative Ideologie durchzusetzen.

Kaczyński hat sich öffentlich als Bewunderer Machiavellis und des NS-Staatsrechtlers Carl Schmitt zu erkennen gegeben. Bei einer Veranstaltung auf dem Wirtschaftsforum im polnischen Karpacz im September 2022 bezeichnete sich der PiS-Vorsitzende als effizienten Realisten, der Polen vor einem falschen Idealismus europäischer Prägung schützen wolle. Konkret müsse Polen in der Hierarchie der Nationen gestärkt werden. Die polnischen zivilisatorischen Werte, vor allem die christliche Tradition und die nationale Souveränität, seien gegen Attacken von außen, insbesondere seitens der EU und des »deutschen Imperialismus«, zu verteidigen.

Es mag kurios erscheinen, dass sich der Chef der Mehrheitspartei inmitten der größten außenpolitischen Krise seit Ende des Kalten Kriegs öffentlich als politischer Philosoph betätigt. Die Episode unterstreicht indes, wie wichtig dem PiS-Vorsitzenden die ideologische Ausrichtung seiner Politik ist. Für die konsequente und effiziente Umsetzung nach innen und außen werden Methoden benutzt, die dem Florentiner Macht-Apologeten Niccolò Machiavelli das Herz hätten höher schlagen lassen. In seinem Hauptwerk »Der Fürst« huldigt Machiavelli dem Prinzip, wonach jedes Mittel erlaubt sei, auch ein Verstoß gegen rechtliche und moralische Kategorien, solange damit die politische Macht erlangt oder erhalten werden könne.

Das gilt auch für die Migrationspolitik. Während des großen Zustroms von Kriegsflüchtlingen aus dem Nahen Osten und Afghanistan 2015/2016 wandte sich die polnische Regierung innenpolitisch, im europäischen Rahmen und international gegen eine »Überfremdung« durch die Einwanderung nicht-christlicher Minderheiten. In ihrer Ablehnung griffen einzelne Politiker tief in die Mottenkiste rassistischer Vorurteile. Jarosław Kaczyński selbst sprach in diesem Zusammenhang von Krankheiten und Parasiten, die Flüchtlinge angeblich nach Europa einschleppten.

Das Regierungslager nutzte die beschlossene Zwangsverteilung von Flüchtlingen in der EU zudem als Beweis für die Richtigkeit ihrer Europaskepsis und als Pfeil im antideutschen Köcher. Die polnische Opposition hat uns lange vorgehalten, das Bestehen auf den Zwangsquoten habe einen entscheidenden Beitrag zu ihrem Machtverlust 2015 geleistet. Die mit qualifizierter Mehrheit und Zustimmung der (alten) polnischen Regierung beschlossene Zwangsquotenregelung hat die PiS-Regierung aus rein politischen Gründen nie umgesetzt.

Demgegenüber hatte Polen schon von jeher kein Problem mit Migranten aus der Ukraine, die seit Jahren aktiv angeworben werden und ohne die die polnische Wirtschaft kaum florieren würde. Die ukrainischen Einwanderer lernen die verwandte polnische Sprache sehr schnell und verrichten Arbeiten, für die polnische Arbeitskräfte kaum zu finden sind. Einige ziehen als Werksvertrags-Arbeitnehmer polnischer Firmen direkt weiter in andere europäische Länder, zumeist nach Deutschland.

Schon vor dem russischen Krieg gegen die Ukraine 2022 waren die Zahlen über die ukrainische Wirtschaftsmigration nach Polen schwer zu verifizieren. Selbst mein ukrainischer Kollege hatte keinen genauen Überblick. Schätzungen gingen von circa einer bis 1,5 Millionen Menschen aus. Mit den Fluchtbewegungen durch den Krieg in der Ukraine sind die Zahlen auf zwei bis drei Millionen angestiegen. Einige der bei der Einreise Registrierten waren im Herbst 2022 allerdings schon wieder zurückgekehrt oder in andere Länder weitergereist; Deutschland hatte gegen Ende 2022 knapp 1 Million Flüchtlinge aus der Ukraine aufgenommen und stand damit unter den Aufnahmeländern knapp hinter Polen an zweiter Stelle. Die polnische Gesellschaft versorgt die in Polen verbliebenen Flüchtlinge, vor allem Frauen und Kinder, in bewundernswerter Weise. Die Regierung hat durch unbürokratische Verfahren dafür gesorgt, dass die Menschen schnell arbeiten und in die Krankenversicherung aufgenommen werden können.

Auch in der Abtreibungsfrage positioniert sich Polen unter der PiS deutlich ablehnend. Schon vor Machtantritt der PiS hatte Polen eines der strengsten Abtreibungsregime in Europa. Nach polnischem Recht durften Frauen abtreiben, wenn das Leben oder die Gesundheit der Frau gefährdet war, nach einer Vergewaltigung oder Inzest beziehungsweise bei Föten mit angeborenen Fehlbildungen. Unter dem Druck konservativer kirchlicher Kreise versuchte das Regierungslager die Abtreibungsgesetze weiter zu verschärfen. Nach wütenden Frauenprotesten nahm Kaczyński zumindest vorläufig von einer weiteren Verschärfung des Gesetzes Abstand.

Das Verfassungstribunal hingegen erklärte 2020 die Möglichkeit der Abtreibung bei Fehlbildungen der Föten für verfassungswidrig. Im Juni 2022 erließ die Regierung zudem eine Verordnung, in der Schwangerschaften in ein Medizindaten-Informationsregister aufgenommen werden müssen. Die Regierung argumentiert mit dem Schutz von Schwangeren. Frauenrechtsorganisationen befürchten, dass die Daten in die Hände der Strafverfolgungsbehörden gelangen können, weil die Daten nicht ausreichend vor Missbrauch geschützt sind.

Und man kämpft gegen die aus PiS-Sicht dem christlichen Menschenbild widersprechende »LGBTQ-Ideologie«. Der Genauigkeit halber sollte nicht unerwähnt bleiben, dass LGBTQ-Personen in Polen keiner unmittelbaren gesetzlichen Diskriminierung unterliegen. Der Kampf des Regierungslagers gegen die »LGBTQ-Ideologie« öffnet aber der alltäglichen Ächtung dieser Gruppen bis hin zu Gewaltaktionen Tür und Tor. So haben sich bereits einige Gemeinden zu »LGBTQ-Ideologie-freien Zonen« erklärt. Einige, nicht alle, sind unter der Drohung der EU-Kommission, Finanzzuwendungen zu sperren, eingeknickt. Einige westliche, darunter alle EU-Botschafter unterzeichnen jedes Jahr eine Petition, mit der Übergriffe gegen LGBTQ-Aktivisten kritisiert werden.

Die aus der Sicht der PiS erstrebenswerten ideologischen Zielvorstellungen bleiben letztlich im Ungefähren. Gefördert werden sollen Heimatliebe im Sinne von »Polen zuerst«, Patriotismus, die polnische Opferbereitschaft und Heldentum, wie sie sich in den großen historischen Auseinandersetzungen, insbesondere den Weltkriegen, zeigten. Dies soll auch Gegenstand neuer Lehrpläne sein, die das Bildungsministerium durchsetzen will. Propagiert wird ein traditionelles Familienbild mit den Lehren der Katholischen Kirche im Zentrum.

Im Rahmen einer aktiven Geschichtspolitik soll die polnische historische Erfahrung verstärkt ins Ausland getragen werden. So wurde Ende 2019 in zentraler Lage am Pariser Platz in Berlin das Pilecki-Institut eröffnet. Das nach einem polnischen Widerstandskämpfer, der die Welt über die Nazi-Verbrechen informierte, benannte Institut dient als Sprachrohr für die polnische Geschichts- und Außenpolitik. Auch die größte außenpolitische Denkfabrik, das Polnische Institut für internationale Angelegenheiten (PISM), hat vor kurzem ein Büro in Berlin eröffnet.

2.
Der Konflikt mit Europa

Polen hat die höchsten Zustimmungswerte für die EU in der Bevölkerung und ist der größte Nettoempfänger von Zahlungen aus dem EU-Budget. Wie kann es da sein, dass die polnische Regierung in einem Dauerstreit mit den europäischen Institutionen liegt? Warum ist die größte Regierungspartei PiS so kritisch gegenüber Brüssel eingestellt?

Polens Europaskepsis unter der PiS fußt auf einer zivilisatorischen Ablehnung wesentlicher Teile der liberalen Gesellschaft westlicher Prägung und einer fundamentalen Deutschlandkritik. Das offizielle Warschau sieht im Gebaren der europäischen Institutionen einen Transmissionsriemen für angebliche deutsche Großmachtambitionen zulasten Polens. Die Formulierungen eigener Vorstellungen, um Europa als Ganzes voranzubringen, sind selten. In den täglichen Brüsseler Abstimmungsgremien wirkt Polen eigentümlich passiv, wenn es nicht um die Ukraine, Russland oder das östliche Vorfeld geht.

Auch die Opposition wirft dem westlichen Nachbarn – wenngleich in weit weniger aggressiver Form – vor, Europa allzu oft als Werkzeug zur Durchsetzung seiner eigenen Ziele zu nutzen. Das mächtige Deutschland verwechsle oftmals seine nationalen Interessen mit denen Europas und setze sie kraftvoll durch. Das erzeugt Widerstand, der mit dem Scheitern der deutschen Ostpolitik einen Kristallisationspunkt erreicht hat. Die deutsche Europapolitik steht daher vor einem schwierigen Balanceakt zwischen der Sicherung europäischer Handlungsfähigkeit in einem zunehmend unsicheren Umfeld und der Wiedergewinnung verloren gegangenen Vertrauens und damit der Ausübung einer Führungsrolle in Europa. Mit der polnischen Opposition kann dieser Akt gelingen, mit der derzeitigen Regierung kaum.

Polen ist 2004 der EU beigetreten. Die Bevölkerung hat diesen Schritt zuvor in einem Referendum mit Dreiviertel-Mehrheit bestätigt. Die derzeitige polnische Regierungspartei hatte damals nach heftigen internen Debatten für Zustimmung geworben. Heute ist die Zugehörigkeit zur EU objektiv betrachtet eine phantastische Erfolgsgeschichte, auch wenn der Zwist zwischen Warschau und den europäischen Institutionen, vor allem um den Umbau des Rechtsstaats in Polen, im Vorfeld der Parlamentswahlen 2023 zu eskalieren droht.

Der Beitritt zur EU 2004 hat die geopolitische Verankerung Polens im politischen Westen (zusammen mit der Aufnahme in die NATO fünf Jahre zuvor) konsolidiert. Die Handelsvorteile des gemeinsamen Binnenmarkts und die beträchtlichen europäischen Finanzhilfen, die Warschau gut genutzt hat, haben zudem den enormen wirtschaftlichen Aufschwung des Landes begleitet und teilweise auch bewirkt.

Deutschland hat den polnischen Beitritt zur EU von Anfang an konsequent positiv begleitet. Im »Vertrag über gute Nachbarschaft und freundschaftliche Zusammenarbeit« vom 17. Juni 1991 hat Deutschland seine Unterstützung für den polnischen Beitritt zur EU erklärt, »wenn Polen die dafür notwendigen Voraussetzungen« erfüllt. Nach achtjährigen Verhandlungen, der Übernahme von circa 100 000 Seiten gemeinschaftlicher Rechtstexte und der Abhaltung eines Referendums trat Polen tatsächlich am 1. Mai 2004 – zusammen mit weiteren neun mittelosteuropäischen und südeuropäischen Staaten – der EU bei. Übergangsregelungen begrenzten zunächst den freien Zugang von polnischen Bürgern zum EU-Arbeitsmarkt, weil vor allem Deutschland wie auch Österreich den unkontrollierten

Zustrom von (billigen) Arbeitskräften auf ihren Arbeitsmarkt verhindern wollten. Polen schränkte im Gegenzug den Landerwerb für EU-Ausländer ein, um den Ausverkauf landwirtschaftlicher Nutzflächen zu verhindern. Die Übergangsfristen wurden 2011 endgültig aufgehoben.

Materiell kreist der Konflikt mit den europäischen Institutionen im Wesentlichen um deren Kritik am Umbau des polnischen Rechtsstaats, was aus der Sicht der Warschauer Regierung als Einmischung in die Souveränität Polens begriffen wird. Die Europäische Kommission, der Europäische Gerichtshof und das Europäische Parlament wiederum sehen in der Umgestaltung einen schwerwiegenden Verstoß gegen die europäischen Grundwerte. Hinzu kommt ein Konflikt um den Vorrang des europäischen Rechts, den Warschau in wichtigen Teilen bestreitet.

Trotz aller Probleme mit den europäischen Institutionen steht ein sogenannter »Polexit«, also ein Austritt Polens aus der Europäischen Union nach dem Beispiel des Brexits, derzeit nicht zur Debatte. Zu schwer wiegen die überwältigend positive Einstellung der Polinnen und Polen zur EU und die komfortable Empfängerposition von Brüsseler Finanzzuweisungen. Für die Finanzperiode 2021 bis 2027 stehen Polen im Rahmen des EU-Haushalts circa 140 Milliarden Euro in Zuschüssen und günstigen Krediten, einschließlich der Gelder aus dem EU-Wiederaufbaufonds zur Bewältigung der Pandemiefolgen zur Verfügung, sofern diese freigegeben werden.

Skeptisch stimmt allerdings, dass zwar 80 Prozent der Polinnen und Polen für die EU sind, die europa-skeptische PiS nach Meinungsumfragen jedoch zwischen 30 und 35 Prozent Zustimmung liegt. Hier mag es je nach Verlauf des Wahlkampfes 2023 zu Anpassungen in die eine oder andere Richtung kommen.

Obwohl sie eigentlich nach dem Lissabonner Vertrag dazu verpflichtet wäre, erwägt die Regierung gegenwärtig nicht, dem Euro beizutreten. Der russische Angriffskrieg gegen die Ukraine wird nicht etwa als Weckruf zu noch engerer europapolitischer Koordinierung und Einheit verstanden, sondern als Gelegenheit, die durchaus berechtigte Kritik an der deutschen Ostpolitik auch europapolitisch auszuschlachten.

Auseinandersetzung um den Rechtsstaat

Polens Wahrnehmung in der deutschen und europäischen Öffentlichkeit wird weitgehend vom Konflikt der Regierung mit der Europäischen Kommission, dem Europäischen Gerichtshof und dem Europäischen Parlament um den Rechtsstaat bestimmt.

Polen wiederum verdächtigt eine bürgerferne Brüsseler Bürokratie, sie wolle die Souveränität der europäischen Nationalstaaten untergraben und ein Zentrum der Fremdbestimmung nach Moskauer Vorbild während des Kalten Kriegs etablieren. Zum anderen vermutet der radikale Teil der Regierung hinter dem Agieren der europäischen Institutionen eine deutsch-dominierte Verschwörung zulasten Polens. Äußerungen europäischer Politiker mit deutschem Pass werden daher stets Deutschland zugerechnet. Der deutsche Botschafter in Warschau ist oftmals der Sündenbock für jedwede Brüsseler Entscheidung zulasten Polens.

Richtig an der polnischen Argumentation ist die Tatsache, dass die Organisation des Rechtssystems in der EU der einzelstaatlichen Kompetenz unterliegt. Das gilt aber nur insoweit, als die in Artikel 2 des Vertrags über die Europäische Union niedergelegten Grundsätze nicht verletzt werden. Zu diesen Grundprinzipien gehören die Achtung der Menschenwürde, Freiheit, Demokratie, Gleichheit, Rechtsstaatlichkeit und die Wahrung der Menschenrechte, einschließlich der Minderheitenrechte.

Die Debatte berührt die Glaubwürdigkeit der Europäischen Union nach innen und nach außen. Wie kann die EU nach außen für ihre Werte werben, wenn es im Inneren Zweifel an ihrer

Umsetzung gibt? Der Einsatz aller Beteiligten ist dementsprechend hoch.

Kommission und Parlament monieren eine systematische Verletzung der richterlichen Unabhängigkeit. Ohne ein unabhängiges Justizsystem, ohne unabhängige Medien könne ein demokratischer Staat nicht existieren. Die polnische Regierung habe die rechtsstaatlichen Kontrollmechanismen seit der Machtübernahme 2015 massiv eingeschränkt. Mit den politisierten Nominierungsprozeduren, der frühzeitigen Versetzung von Richtern in den Ruhestand und der Einrichtung der sogenannten Disziplinarkammer wurden in den Augen der Europäischen Kommission fundamentale rechtsstaatliche Grundsätze der Europäischen Union massiv und systematisch infrage gestellt.

Polnische Richter müssen auch europäisches Recht anwenden. Alle Mitgliedsstaaten müssen darauf vertrauen können, dass im Verkehr untereinander rechtsstaatliche Garantien eingehalten werden. Das gilt in besonderem Maße für die Rechtssicherheit für Handel und Investitionen im Binnenmarkt, auf den Warschau selbst großen Wert legt. Schon haben einige nationale Gerichte die Auslieferung von Beschuldigten in strafrechtlichen Verfahren unter Bezug auf die rechtsstaatlichen Defizite in Polen abgelehnt.

Die europäischen Institutionen sind also im Recht, wenn sie die Einhaltung der rechtlichen Grundlagen einfordern. Die Bundesregierung hat diese Bemühungen unterstützt, ohne es immer an die große Glocke zu hängen. Berlin wollte im Wesentlichen aus historischen Gründen nicht zu denjenigen gehören, die in dieser Frage in der ersten Reihe kämpfen.

Mit dem Fortgang des rechtsstaatlichen Umbaus erwies sich eine konkrete Reaktion seitens der europäischen Institutionen als unausweichlich. Sie erfolgte allerdings sehr spät, zu spät, wie manche Beobachter meinen, weil Warschau in der Zwischenzeit Fakten schuf, die nur schwer wieder rückgängig zu machen waren.

Gemäß den Verträgen obliegt es der Europäischen Kommission, die Initiative zu ergreifen. Angetrieben vom Europäischen Parlament ging die Brüsseler Behörde nacheinander verschiedene Wege. Zunächst sollte Warschau über den Mechanismus des Artikels 7 des Vertrags über die Europäische Union zum Einlenken veranlasst werden.

Artikel 7 sieht in einem ersten Schritt vor, dass der Ministerrat der EU auf Antrag der Kommission mit Vierfünftel-Mehrheit beschließen kann, dass »eine eindeutige Gefahr einer schwerwiegenden Verletzung« der grundlegenden Prinzipien des Artikels 2, also auch der Rechtsstaatlichkeit, durch einen Mitgliedsstaat vorliegt. Wenn der Europäische Rat im zweiten Schritt im Konsens (minus des betroffenen Staats) feststellt, dass eine »schwerwiegende und anhaltende Verletzung« von Artikel 2 vorliegt, können Maßnahmen gegen den betroffenen Mitgliedsstaat bis hin zum Entzug der Stimmrechte beschlossen werden.

De facto ist der Mechanismus nach Artikel 7 ein zahnloser Tiger, weil die Abstimmungshürden sehr hoch sind. Die Ultima Ratio des Stimmentzugs setzt voraus, dass kein anderer Staat im Europäischen Rat, dem Gremium der europäischen Staats- und Regierungschefs, den betroffenen Mitgliedsstaat unterstützt. Das war und ist unrealistisch. Angesichts der ungarischen Unterstützung für Polen war früh klar, dass dieser Weg gegen Polen nicht zum Erfolg führen würde. Es war sogar zweifelhaft, ob in einem ersten Schritt überhaupt die notwendige qualifizierte Mehrheit von vier Fünfteln im EU-Ministerrat, dem Gremium der Außen- und Europaminister der Mitgliedsstaaten, zustande kommen würde, da einige Mitgliedsstaaten fürchteten, einen Präzedenzfall zu schaffen, der sie selbst in der Zukunft treffen könnte.

Das Dossier wird seit 2017 im EU-Ministerrat behandelt. Weder hat Warschau in der Zwischenzeit eingelenkt noch hat das Verfahren zu einem konkreten Ergebnis in der einen oder anderen Richtung geführt. Das Thema bleibt jedoch auf der

Tagesordnung, um den Druck auf die polnische Regierung aufrechtzuerhalten und Möglichkeiten eines politischen Kompromisses auszuloten. Als absehbar wurde, dass das Verfahren nach Artikel 7 folgenlos bleiben würde, rief die Europäische Kommission zusätzlich den Europäischen Gerichtshof (EuGH) im Rahmen eines Vertragsverletzungsverfahrens an. Letzterer verurteilte Polen mehrfach und setzte zuletzt sogar Strafzahlungen fest, um Polen zur Umsetzung seiner Entscheidungen zu zwingen – bisher ohne nachhaltigen Erfolg.

Nachdem Polen anfänglich die Urteile des EuGH noch ganz oder teilweise umgesetzt hatte, schaltete Warschau beim Herzstück der Justizreform, der Disziplinarkammer, deren Abschaffung der EuGH gefordert hatte, zunächst auf stur und verweigerte die verhängten Strafzahlungen in Höhe von einer Million Euro täglich. Die Kommission hat daraufhin entschieden, die aufgelaufenen Schulden Polens von den Zuweisungen abzuziehen, und die Auszahlung europäischer Hilfsgelder aus von einer befriedigenden Lösung des Streits um die Disziplinarkammer abhängig gemacht. Im Gegenzug drohte Warschau zunächst mit der Blockade wesentlicher EU-Gesetzentwürfe, die Einstimmigkeit erfordern.

Die Voraussetzungen für die Zurückhaltung von Geldern aus den EU-Finanzfonds hatten die Staats- und Regierungschefs der Europäischen Union (mit Zustimmung Polens und Ungarns) mit dem sogenannten Konditionalitätsmechanismus für den mehrjährigen Finanzrahmen 2021 bis 2027 und den EU-Wiederaufbaufonds nach der COVID-19-Pandemie geschaffen.

Der Beschluss sah vor, dass Verstöße gegen die Rechtsstaatlichkeit mit Kürzungen der EU-Fördergelder bestraft werden können, falls der Haushalt oder die finanziellen Interessen der EU »hinreichend unmittelbar beeinträchtigt« werden. Polen hätte bei einer Anwendung des Mechanismus empfindliche finanzielle Einbußen zu befürchten. Daraufhin beschloss das polnische Parlament auf eine in der polnischen Regierungskoalition strittige Initiative von Präsident Duda hin, die Disziplinarkammer durch eine andere Kammer zu ersetzen, ohne jedoch die Forderung des Europäischen Gerichtshofs nach automatischer Wiedereinsetzung der suspendierten Richter zu erfüllen. Die EU-Kommission hat aber eine effektive Auszahlung von EU-Mitteln an die vollständige Umsetzung des EuGH-Urteils geknüpft.

Ob die Zurückhaltung von Mitteln aus den Unterstützungsfonds Polen tatsächlich zum Einlenken bringt oder ob die Regierung wirklich wichtige EU-Gesetzesprojekte blockiert, ist einstweilen noch nicht klar. Angesichts der Verhärtung der innenpolitischen Lage im Zulauf auf die Parlamentswahlen 2023 ist eine Fortsetzung der Konfrontation mit Warschau durchaus möglich. Der Ausgang der Angelegenheit wird wegen seiner grundsätzlichen Bedeutung auch andernorts in der EU mit großem Interesse beobachtet. Selbst wenn die Brüsseler Politik zum Erfolg führt, bezieht sie sich nur auf ein, wenn auch zentrales Element des polnischen Justizumbaus. Das polnische Parlament hat eine Vielzahl von Gesetzen beschlossen, die schon aus praktischen Gründen nicht alle angefochten werden können. Eine fundamentale Veränderung der Politik einer zu allem entschlossenen Regierung ist seitens Europas kaum zu erreichen. Dennoch sind alle derartigen Bemühungen wichtig.

Im Zusammenhang mit der Ukraine-Krise 2022 hat die polnische Regierung in Brüssel eruiert, ob aufgrund der hohen Ausgaben für die ukrainischen Flüchtlinge Teile der wegen der Rechtsstaatlichkeit blockierten, aber Polen zustehenden Mittel nicht vorzeitig ausgezahlt werden können. Die Europäische Kommission hat sich auf einen derartigen »Ukrainerabatt« nicht eingelassen. Sie hat indessen vorhandene EU-Mittel umprogrammiert und Polen damit unbürokratisch Geldmittel für die höheren Aufwendungen für die Flüchtlinge zur Verfügung gestellt.

Vorrang des europäischen Rechts?

Neben dem Streit um die Disziplinarkammer hat Polen einen weiteren schweren institutionellen Konflikt mit dem Europäischen Gerichtshof provoziert. Auf Antrag der Regierung hat das polnische Verfassungstribunal in einem aufsehenerregenden Urteil am 7. Oktober 2021 den Vorrang des nationalen Rechts vor EU-Recht betont und wichtige Passagen der europäischen Verträge als nicht vereinbar mit der polnischen Verfassung erklärt. Zudem erklärte das Tribunal, dass eine Einmischung in die Organisation des nationalen Justizwesens durch EU-Organe nicht von der polnischen Verfassung gedeckt sei.

Konkret wendet sich das Tribunal gegen Artikel 1 des EU-Vertrags, wo von einer immer enger werdenden Union der Völker Europas die Rede ist, gegen Artikel 2 des Vertrags über die fundamentalen Prinzipien der Union, insoweit ihre Anwendung eine Abweichung vom polnischen Verfassungsrecht erlaubt, und gegen Artikel 19 des Vertrags über die Zuständigkeit des EuGH, dem man Kompetenzüberschreitungen vorwirft. In einer weiteren Entscheidung vom 24. November 2021 hat das Verfassungstribunal zudem einzelne Passagen der Europäischen Menschenrechtskonvention, einer vertraglichen Vereinbarung im Rahmen des Europarates, für verfassungswidrig erklärt und damit den Konflikt mit einer anderen europäischen Organisation, die den Umbau des polnischen Justizsystems kritisiert hatte, eröffnet.

Wie eine Veranstaltung mit dem Bundesverfassungsrichter Professor Peter Huber, dem früheren polnischen Verfassungsrichter Professor Mirosław Wyrzykowski und dem Chefredakteur des *Verfassungsblogs* Maximilian Steinbeis in der Deutschen Gesellschaft für Auswärtige Politik deutlich machte, ist die Entscheidung des Verfassungstribunals national und auf europäischer Ebene auf heftige Kritik gestoßen. Zum einen wird die

Legitimität des Tribunals wegen seiner strittigen Zusammensetzung, die im Wesentlichen aus PiS-Loyalisten besteht, die 2015 in einem fragwürdigen Verfahren bestellt wurden, in Zweifel gezogen. Des Weiteren hatte das Verfassungstribunal bereits 2005 den EU-Vertrag geprüft und keinen Verstoß gegen die Verfassung festgestellt. Weder die Verfassung noch der Vertragstext hatten sich seitdem verändert. Schließlich stellt das Urteil eine juristisch fragwürdige verfassungsrechtliche Ermächtigung dar, bestimmte Urteile des EuGH nicht auszuführen. Genau das war jedoch der Grund, warum der polnische Regierungschef das Verfassungstribunal angerufen hatte.

Europarechtlich betrachtet hat Polen mit dem Urteil als erstes Land in der EU Teile der Verträge für verfassungswidrig erklärt. Polnische Versuche, die Entscheidungen des Verfassungstribunals mit Urteilen des Bundesverfassungsrechts zu rechtfertigen, laufen ins Leere. Das Bundesverfassungsgericht hat zwar mit seinem Urteil vom 5. Mai 2020 zu einem Ankaufprogramm der Europäischen Zentralbank eine Entscheidung einer europäischen Behörde für teilweise verfassungswidrig erklärt, aber eben nicht europäisches Primärrecht selbst.

Das Urteil des Bundesverfassungsgerichts gilt nur für ein spezielles Programm; das polnische Verfassungstribunal erklärt den umfassenden Vorrang des nationalen Rechts, ohne dies im Übrigen auch nur ansatzweise zu begründen. Das deutsche Gericht moniert nur, dass der EuGH sich nicht ausreichend mit der Begründung für das Ankaufprogramm auseinandergesetzt habe, und weist einen einfachen Weg aus dem Dilemma. Mit seiner Entscheidung beschwört das polnische Verfassungstribunal einen fundamentalen institutionellen Konflikt herauf, der die Funktionsfähigkeit der europäischen Institutionen gefährdet. Wenn diese Praxis der vertraglichen Beliebigkeit Schule macht, besteht die Gefahr, dass die EU als Rechtsgemeinschaft auseinanderbricht.

Ein Europa der Vaterländer

Der bisherige Verlauf des Konflikts mit den EU-Institutionen macht deutlich, wie schwer es ist, eine entschlossene Regierung davon abzuhalten, grundlegende Normen der EU-Integration zu verletzen beziehungsweise sie zur Rücknahme europarechtswidriger Entscheidungen zu zwingen. Er zeigt auch, wie stark die Unterschiede in dieser Frage bereits geworden sind und welche Sprengkraft für Europa in ihnen steckt.

Polen liegt nämlich mit Europa nicht nur in rechtlichen Fragen über Kreuz, sondern auch in einer Reihe von anderen Fragen. Letztlich vertritt Warschau ein europapolitisches Konzept, das man salopp mit »Europa der Vaterländer à la carte« simplifizierend darstellen könnte. Gemäß einem souveränistischen Verständnis geht es vor allem darum, eine Weiterentwicklung zu einem europäischen Bundesstaat, wie ihn etwa die Ampelkoalition in ihrem Koalitionsvertrag anstrebt, zu vermeiden.

Die Essenz supranationaler Prozesse, Entscheidungen mit qualifizierter Mehrheit, bei denen Polen überstimmt werden könnte, bekämpft die Regierung mit Nachdruck. Da in der EU jedoch mittlerweile in der Mehrzahl der Fälle mit qualifizierter Mehrheit entschieden wird, steckt die polnische Regierung in einem Dilemma. Da, wo noch einstimmig entschieden wird, etwa in der Außen- und Sicherheitspolitik, wehrt sich Polen vehement gegen eine Einführung von Entscheidungen mit Mehrheit. Die polnische Regierung hält die vertraglich vereinbarten Mehrheitsverhältnisse bei Entscheidungen mit qualifizierter Mehrheit für unfair.

Schon 2007 hatte die erste PiS-Regierung mit dem Schlachtruf »Die Quadratwurzel oder der Tod« erfolglos für eine geringere Stimmengewichtung der großen EU-Mitgliedsstaaten gekämpft. Laut den EU-Verträgen gilt bei Abstimmungen mit qualifizierter Mehrheit eine doppelte Mehrheit von 55 Prozent der Mitgliedsstaaten und 65 Prozent der Gesamtbevölkerung. In den Augen Polens sind dadurch große EU-Mitgliedsstaaten wie Deutschland und Frankreich im Vorteil. Sie könnten mit einer Anzahl kleinerer Staaten die Ostmitteleuropäer jederzeit überstimmen.

Im Zusammenhang mit der Diskussion der Ergebnisse der Europäischen Zukunftskonferenz und von Äußerungen von Bundeskanzler Olaf Scholz ist die Frage von Entscheidungen mit qualifizierter Mehrheit im EU-Ministerrat erneut auf die europapolitische Tagesordnung gerückt. Um in der Außen- und Sicherheitspolitik das Veto eines Staates auszuhebeln, ist die »konstruktive Enthaltung« des betroffenen Staates, ein einstimmiger Beschluss, zukünftige Entscheidungen per Mehrheitsbeschluss zu treffen (»Brückenklausel«), oder eine Änderung der Verträge notwendig. Für die Vertragsänderung ist nicht nur die Zustimmung aller Mitgliedsstaaten, sondern zusätzlich die Ratifizierung gemäß den jeweils notwendigen innerstaatlichen Prozeduren erforderlich, was im Regelfall eine Beteiligung der nationalen Parlamente bedeutet. In den Verfassungsordnungen einiger Mitgliedsstaaten sind sogar Volksbefragungen vorgeschrieben. Die Hürden sind also sehr hoch.

Sollte sich Polen – wie zu erwarten – dem Konsens oder einer Vertragsänderung verweigern, wäre nicht auszuschließen, dass andere Mitgliedsstaaten der Europäischen Union außerhalb der Verträge vorangehen würden. Eine solche Entwicklung hätte indes eine enorme europapolitische Sprengwirkung. Es ist daher keineswegs sicher, dass es tatsächlich so kommt. Und Timing ist wichtig. Der frühere polnische Außenminister Radek Sikorski hat in einer Rede vor der Deutschen Gesellschaft für Auswärtige Beziehungen in Berlin am 11. Oktober 2022 zu Recht darauf hingewiesen, dass der geforderte Verzicht auf ein Veto in außen- und sicherheitspolitischen Fragen zu einem Zeitpunkt, in dem sich die deutsche Russland-, Ukraine- und Energiepolitik diskreditiert hat, keine Chancen hat – nicht nur in Polen.

Unabhängig von diesen institutionellen Erwägungen besteht Polens primärer Reflex gegenüber unerwünschten Ereignissen von außen zunächst einmal in einer Abwehr und der Konzentration auf die eigenen Möglichkeiten. Dabei ist es unerheblich, ob die Gefahr von außerhalb oder von innerhalb der EU ausgeht.

Deutlich wurde dies besonders in der anfänglichen Reaktion auf die Covid-19-Pandemie. Zwar haben alle EU-Mitgliedsstaaten zunächst mit Grenzschließungen reagiert. Kein anderer Staat hat dies aber so weit wie Polen getrieben. Hier kam es im Gefolge nicht abgestimmter nationaler Maßnahmen an den polnischen Landgrenzen zu sehr langen Staus mit bedenklichen hygienischen Bedingungen für die Betroffenen.

Meine Mitarbeiter an der Botschaft und ich mussten damals mithelfen, die Durchfahrt gestrandeter deutscher Autofahrer aus der Ukraine durch Polen nach Deutschland zu organisieren. Das polnische Innenministerium bestand auf einem Konvoi mit Polizeieskorte. Pausen waren nur an ganz bestimmten, wenig frequentierten Stellen autorisiert. Wer zu spät an die Grenze kam, hatte Pech. Immerhin konnten einige deutsche Ferntouristen mit Flügen der nationalen polnischen Fluggesellschaft Lot über Warschau evakuiert werden, allerdings ohne dass der Botschaft aus Angst vor Ansteckung die notwendigen Betreuungsmaßnahmen für unsere Staatsangehörigen am Warschauer Flughafen erlaubt worden wären. Nicht alle deutschen Touristen waren davon begeistert.

Bollwerk gegen unerwünschte Flüchtlinge?

Die polnische Migrationspolitik ist komplex und sollte nicht ohne Weiteres in Bausch und Bogen verdammt werden. Von außen betrachtet hat sich Polen in den Flüchtlingskrisen 2015, 2021 und 2022 sehr unterschiedlich verhalten. Aus polnischer Sicht betrachtet, ist man sich in allen drei Fällen treu geblieben.

Allerdings behandelt die polnische Regierung Flüchtlinge nach wie vor je nach Herkunftsland unterschiedlich.

Während des Ansturms der Flüchtlinge aus dem Nahen Osten und aus Afghanistan 2015 weigerte sich die neue polnische Regierung, eine mit qualifizierter Mehrheit getroffene Entscheidung des EU-Ministerrats zu Zwangsquoten für die Aufnahme von Bürgerkriegsflüchtlingen umzusetzen, obwohl die Entscheidung noch mit Zustimmung der polnischen Vorgängerregierung getroffen worden war.

Die Polen zugewiesene Quote von knapp 7000 Flüchtlingen war sehr niedrig und stand in keinem Verhältnis zu den Zahlen, die andere EU-Mitgliedsstaaten, insbesondere Deutschland, geschultert haben. Dennoch entschied die neue polnische Regierung – wie die Tschechische Republik und Ungarn –, ihre Verpflichtungen nicht zu erfüllen. Europapolitische Konsequenzen blieben aus, auch wenn der Europäische Gerichtshofs 2020 Polen für die Nichtumsetzung der Quote verurteilte. Mehr als Symbolik war das nicht. Das Urteil fand in Polen kaum Beachtung. Im Gegenteil wird nunmehr bei den europäischen Ministerräten der Innen- und Justizminister über Modelle einer freiwilligen Verteilung diskutiert.

Die Zahl der Flüchtlinge als solche, die Polen nach den europäischen Zwangsquoten hätte aufnehmen müssen, stellte kein unüberwindbares Hindernis dar. Ein Vertreter einer polnischen Hilfsorganisation vertraute mir damals an, dass polnische Gemeinden ohne Schwierigkeiten 20 000 bis 30 000 Flüchtlinge hätten aufnehmen können. Selbst die in dieser Frage sehr engagierte Katholische Kirche konnte sich jedoch gegen den staatlichen Widerstand nicht durchsetzen. Letztlich war der Widerstand politisch begründet: nach innen, weil sich das Thema für den Wahlkampf eignete, nach außen, weil man eine zwangsweise Aufoktroyierung einer Brüsseler Entscheidung ablehnte.

In der zweiten Jahreshälfte 2021 wiederholte sich ein ähnliches Spektakel, diesmal allerdings unter anderen Rahmenbedingungen. Im Zusammenhang mit Wahlfälschungen bei der belarussischen Präsidentenwahl im August 2020, der blutigen Niederschlagung von Protesten sowie einer »Flugzeugentführung« durch die belarussischen Dienste hatte die EU Sanktionen gegen Belarus und hochrangige Vertreter des Regimes verhängt. In Reaktion auf diese Maßnahmen lockte Minsk Flüchtlinge aus Afghanistan, Nordafrika und dem Nahen Osten an. Die in Belarus angekommenen Menschen verfrachteten Sicherheitskräfte an die polnische, lettische und litauische Grenze und versuchten, sie mit Gewalt gen Westen abzudrängen.

Nachdem diese Form der hybriden Kriegsführung ein größeres Ausmaß angenommen hatte, entschied die polnische Regierung, die offiziellen Grenzübergangsstellen zu schließen, in der Grenzregion zu Belarus Sperrzonen einzurichten und einen Grenzzaun zu bauen. Flüchtlingsgruppen, die es bis an den Grenzzaun geschafft hatten, strandeten teilweise unter katastrophalen sanitären Bedingungen im polnisch-belarussischen Niemandsland. Mit Einbruch des Winters waren auch Tote zu beklagen. Menschenrechts- und Hilfsorganisationen warfen der polnischen Regierung Mitverantwortung für die entstandene Lage vor. Sie beschwerten sich, dass ihnen Hilfsmaßnahmen im Grenzgebiet untersagt wurden. Journalisten hatten nur sehr eingeschränkt Zugang. Ebenso lehnte Polen den Einsatz der EU-Grenzschutzagentur Frontex ab.

Es ist unklar, in welchem Ausmaß es zu sogenannten »push-backs«, also zu rechtswidrigen Zurückweisungen von Flüchtlingen, die bereits polnisches Territorium erreicht hatten, gekommen ist. Nach einem Beschluss des polnischen Parlaments sind »push-backs« unter bestimmten Bedingungen erlaubt. Nach der Genfer Flüchtlingskonvention sind sie illegal, wenn sie darauf abzielen, einen Antrag auf Asyl zu verhindern. Die polnische Regierung beruft sich indes auf ein Urteil des Europäischen Gerichtshofs für Menschenrechte vom Februar 2020, der Zurückweisungen nach Überwindung eines

Grenzzauns (in diesem Fall zwischen der spanischen Exklave Ceuta und Marokko) unter bestimmten Umständen für rechtens erklärt hat. Menschenrechtsorganisationen laufen Sturm gegen das Urteil.

Zu einer völlig anderen Situation führte Anfang 2022 die Flucht von Millionen von Ukrainerinnen und Ukrainern im Gefolge des russischen Angriffskriegs. In einer Aktion bewundernswerter Solidarität nahm die polnische Zivilgesellschaft unbürokratisch Millionen von Flüchtlingen aus der Ukraine auf. Nach polnischen Zahlen vom Spätsommer 2022 sind von den über 7 Millionen registrierten Flüchtlingen circa 1,3 Millionen im Land verblieben.

Den Menschen aus der Ukraine wurde in Polen großzügig Zugang zum Arbeitsmarkt und zu kostenloser Krankenversorgung gewährt. Im Gegensatz zu den Flüchtlingen 2015 und 2021 handelte es sich indes fast ausschließlich um Frauen und minderjährige Kinder, weil die ukrainischen Behörden Männern im wehrfähigen Alter die Ausreise aus der Ukraine verwehrten.

Es steht zu erwarten, dass die meisten Flüchtlinge nach Ende der Kampfhandlungen wieder in ihr Heimatland zurückkehren werden. Viele der Geflüchteten haben zudem bereits Familienangehörige oder Freunde in Polen, da schon vorher circa eine Million bis 1,5 Millionen Ukrainer vor allem als Arbeitsmigrantinnen und -migranten in Polen lebten. Als geographische Nachbarn mit einer ähnlichen Sprache fallen die ukrainischen Flüchtlinge im Bild der polnischen Städte kaum auf. Und nicht zu vergessen: Sie sind begehrte Arbeitskräfte, die Arbeiten verrichten, bei denen ein Mangel auf dem polnischen Arbeitsmarkt herrscht.

Trotz der hohen Flüchtlingszahl ist Polen konsequent geblieben und hat seinerseits lediglich EU-Finanzmittel zur Versorgung der Flüchtlinge, aber kein Quotensystem für Flüchtlinge aus der Ukraine gefordert. Dennoch haben viele andere

EU-Mitgliedsstaaten auf freiwilliger Basis Flüchtlinge übernommen. Deutschland hat inzwischen fast ebenso viele Flüchtlinge aufgenommen wie Polen, wenn man die steigenden Zahlen von Flüchtlingen, die über die Balkanroute einreisen, mitrechnet. Erleichtert wurde diese Haltung durch die sogenannte EU-Massenzustrom-Richtlinie, die nach den Jugoslawienkriegen das Licht der Welt erblickte und Flüchtlingen ein aufwändiges Asylverfahren erspart.

Ein EU-Austritt Polens?

Trotz aller Probleme steht ein Austritt Polens aus der Europäischen Union auf absehbare Zeit nicht zur Debatte. Die EU kann niemanden zwingen, sie zu verlassen, wenn dieser Staat es nicht selbst will. Artikel 50 des EU-Vertrags gibt umgekehrt austrittswilligen Mitgliedsstaaten das Recht, die EU zu verlassen. Großbritannien ist diesen Weg gegangen. Dass dieser Präzedenzfall auch für Polen attraktiv wäre, ist eher zweifelhaft. Polen ist wirtschaftlich mit dem Kontinent viel stärker verbunden als Großbritannien. Die Zustimmungsrate zur EU in der Bevölkerung erreicht mit um die 80 Prozent einen der höchsten Werte in Europa. Und nicht zu vergessen: Polen ist derzeit noch der größte Nettoempfänger der europäischen Unterstützungsfonds. Ob der ansteigende Kritikpegel gegenüber Brüssel und Berlin mittelfristig etwas an den hohen Zustimmungsraten ändern könnte, ist derzeit spekulativ. Polen wird wegen seines starken Wirtschaftswachstums in absehbarer Zukunft EU-Nettozahler werden – mit ungewissen Konsequenzen für den Europa-Enthusiasmus der Bevölkerung.

Polen ist europapolitisch vor allem an einem funktionierenden EU-Binnenmarkt interessiert, in dem das Land die komparativen Vorteile seiner wettbewerbsfähigen Wirtschaft voll ausspielen kann. Alle tendenziellen Beeinträchtigungen des freien Flusses von Waren und Dienstleistungen, wie etwa der europäische Mindestlohn, insbesondere für das leistungsfähige polnische Transportgewerbe, werden argwöhnisch beobachtet und bekämpft.

Hartnäckig hat man auch lange den Brüsseler Bemühungen widerstanden, den Kampf gegen den Klimawandel durch den europäischen »Green Deal« voranzubringen, weil Warschau die Auswirkungen auf die polnische Kohleindustrie mit ihrer gewerkschaftlichen Lobby fürchtete.

Unter dem Eindruck einer verheerenden Umweltbelastung praktisch aller polnischen Großstädte durch Luftschadstoffe hat die polnische Regierung inzwischen die Notwendigkeit eines Ausstiegs aus den fossilen Brennstoffen erkannt und trägt die diesbezüglichen europäischen Bemühungen im Prinzip mit. Im Zusammenhang mit den hohen Energiepreisen im Gefolge des russischen Kriegs gegen die Ukraine setzt sie sich allerdings für eine Reduzierung des Preises der Kohlendioxid-Emissionszertifikate ein und positioniert sich damit gegen die EU-Kommission, die über eine Verteuerung der Zertifikate einen Ausbau der Erneuerbaren Energien anstrebt. Zudem möchte Warschau nicht nur die Erneuerbaren Energien entwickeln, sondern auch in die Kernenergie einsteigen. Unter diesen Umständen sind in beiden Bereichen weitere Auseinandersetzungen mit Deutschland vorprogrammiert.

Das gilt auch für die Frage europäischer Solidarität im Falle einer europäischen Gaskrise, wie sie wegen der Einschränkungen russischer Gaslieferungen ab Sommer 2022 im Winter 2022/23 entstehen könnte. In einer ersten europäischen Entscheidung haben sich die EU-Mitgliedsstaaten zwar auf eine 15-prozentige freiwillige Reduzierung des Gasverbrauchs verständigt und sich der gegenseitigen Solidarität versichert. Wie viel eine solche Erklärung im Falle einer echten Gaskrise wert ist, wird sich zeigen. Die polnische Regierung hat bereits angekündigt, sich an einer Solidaritätsaktion, die in besonderem Maße auch Deutschland zugutekäme, nicht beteiligen zu wollen. Dabei spielt der Ankündigungseffekt, es »der deutschen Seite einmal zu zeigen«, eine wichtigere Rolle als die Konsequenzen einer wirtschaftlichen Krise in Deutschland, die auch andere, insbesondere Polen selbst, treffen würde.

Obwohl im Maastrichter Vertrag im Prinzip verankert, steht ein polnischer Beitritt zum Euro derzeit nicht zur Debatte. Offiziell heißt es, dass Polen so lange nicht dazu in der Lage sein wird, bis man das wirtschaftliche Niveau der großen EU-Mitgliedsstaaten erreicht habe. In der Realität dürfte die Begründung mehr in der Zurückhaltung liegen, die Kontrolle über die Geldpolitik an die Europäische Zentralbank abzugeben. Vor dem Hintergrund des russischen Kriegs gegen die Ukraine und der gegenüber dem Euro fast doppelt so hohen Inflationsrate in Polen zeigen Meinungsumfragen bisweilen positive Einstellungen der Polinnen und Polen zum Euro-Beitritt.

Dass die Regierung auf diesen Zug aufspringt, ist derzeit jedoch kaum zu erwarten. Aus deutscher Perspektive wäre ein Beitritt Polens zum Euro wünschenswert. Polen erfüllte vor der Ukrainekrise 2022 alle Maastrichtkriterien und wäre theoretisch ein Bundesgenosse Deutschlands für eine stabilitätsorientierte Ausrichtung der Eurozone.

3.
Außenpolitik als Funktion der Innenpolitik

Ziel der Außenpolitik aller polnischen Regierungen seit der Wende 1989/1990 war es, das nach der kommunistischen Periode wieder entstandene polnische Staatswesen unwiderruflich im westlichen Lager zu verankern, um dem russischen Imperialismus ein für alle Mal zu entkommen. Wichtigster Anker war dabei der Beitritt zu NATO und Europäischer Union, die Deutschland beide enthusiastisch unterstützte, sowie ein enges direktes Verhältnis zu den USA. Hinzu kam unter PiS-Führung der in den letzten Jahren zunehmende Anspruch, zentrale Macht in Ostmitteleuropa und den angrenzenden Regionen des Baltikums beziehungsweise Südosteuropas zu sein und auf die Gestaltung der Politik von EU und NATO einen größeren Einfluss auszuüben als bisher. Die Regierung knüpfte damit an historische Vorbilder der polnischen Großmacht in Ostmitteleuropa im 17. Jahrhundert an und versuchte zugleich, die geschmeidigere Außenpolitik ihrer Vorgängerin zu diskreditieren.

Insofern ist die derzeitige polnische Außenpolitik eine direkte Funktion der Innenpolitik. Dem hohen Anspruch steht die Realität einer Mittelmacht in Ostmitteleuropa gegenüber, die zwar wirtschaftlich beachtlich aufgeholt hat und als Frontstaat in dem zu erwartenden systemischen Konflikt zwischen dem Westen und Russland eine größere Rolle spielen wird.

Ob dieser Machtzuwachs indessen in einen realen Einflussgewinn umgemünzt werden kann, muss sich erst noch erweisen, zumal wenn er mit robusten Methoden durchgesetzt werden soll. Insgesamt fehlt es vor allem an »Soft Power«, also der Bereitschaft anderer, Führung aufgrund von kultureller oder ideologischer Attraktivität freiwillig zu folgen. In diese Kategorie gehören auch die taktischen Spielereien mit rechtspopulistischen und rechtsextremen Parteien in einigen europäischen Staaten.

Einbindung in die westliche Sicherheitsgemeinschaft

Aufgrund seiner tragischen geschichtlichen Erfahrungen mit seinen Nachbarn war es Polens Hauptsorge nach Ende des Kalten Kriegs, nicht dauerhaft in einem sicherheitspolitischen Vakuum zwischen der NATO und Russland zu landen. In der Erwartung einer erneuten Stärkung Russlands nach dem Zusammenbruch der Sowjetunion erwies es sich deshalb für Polen als essentiell wichtig, möglichst schnell nach der Wiedererlangung der Souveränität der NATO beizutreten und unter den US-Schutzschirm zu schlüpfen.

Deutschland unterstützte den polnischen Beitrittswunsch früh, in der Hoffnung, sein eigenes strategisches Vorfeld zu vergrößern. Die Osterweiterung der NATO nach 1989/1990 war allerdings anfangs keineswegs vorgezeichnet oder unausweichlich. Die US-Administration unter George H.W. Bush hatte an ihr kein Interesse. Auch unter Präsident Bill Clinton ab 1993 ging das Projekt zunächst zaghaft voran. Insbesondere im Pentagon regte sich Widerstand gegen die Ausdehnung der militärischen Sicherheitsgarantie des NATO-Vertrags. In Deutschland war es der frühere Verteidigungsminister Volker Rühe, der die Debatte vorantrieb.

Für Polens damaligen Außenminister Bronisław Geremek stellte der Beitritt seines Landes zur NATO 1999 »das wichtigste Ereignis seit der Christianisierung Polens« dar. Mit dem

Beitritt hatte das Land die Teilung unseres Kontinents, die die Kriegsalliierten auf der Konferenz in Jalta im Februar 1945 festgelegt hatten, überwunden.

Anfänglich musste Warschau vorsichtig taktieren. Vor allem zählte Polen auf Moskaus Unterstützung für die endgültige Regelung seiner Westgrenze. Diese war zwar im deutsch-polnischen Grenzvertrag vom 8. September 1990 festgelegt, wurde vom Deutschen Bundestag jedoch erst nach Vollzug der deutschen Einheit am 26. November 1991 ratifiziert. Zudem existierte der Warschauer Pakt noch bis Mitte 1991 und die in Polen und der früheren DDR stationierten sowjetischen Streitkräfte, deren Umfang einmal 450 000 Soldaten ohne Familienangehörige umfasst hatte, wurden erst 1993/1994 endgültig aus Polen beziehungsweise aus Deutschland abgezogen.

Moskau stellte sich zunächst gegen jede Erweiterung der NATO nach Osten, war aber letzten Endes nicht stark genug, sie zu verhindern. So akzeptierte der sowjetische Präsident Michail Gorbatschow schließlich ohne weitere Einwände die Zugehörigkeit des vereinten Deutschlands zur NATO im Rahmen der Bemühungen um die deutsche Einheit.

Im Ergebnis des Besuches von Bundeskanzler Helmut Kohl in Moskau Mitte Februar 1990 konzedierte die sowjetische Führung, dass die Zugehörigkeit zu einem Bündnissystem eine Frage beider deutscher Staaten sei. Der »Zwei-plus-Vier-Vertrag« bestätigte dann, dass auf dem Territorium des Beitrittsgebiets deutsche Streitkräfte stationiert werden können, die Bündnissen zugeordnet sind. Die Vereinbarung legte einschränkend lediglich das Verbot fest, Atomwaffen und Truppen fremder Staaten, also auch solche von NATO-Staaten, auf dem Gebiet der früheren DDR zu stationieren.

Das war es dann aber auch. Spätere russische Behauptungen, die Westmächte oder die Bundesrepublik Deutschland hätten der Sowjetunion weitergehende mündliche Garantien über die Nichterweiterung der NATO über das vereinte Deutschland hinaus gegeben, entbehren der Grundlage. Ich habe die damaligen Verhandlungen als junger Diplomat im Bundeskanzleramt unter Helmut Kohl aus der Nähe miterlebt.

Die in diesem Zusammenhang immer wieder erwähnte Rede des früheren Außenministers Genscher in Tutzing Ende Januar und die Äußerungen Genschers und des amerikanischen Secretary of State James Baker Anfang Februar 1990 in Moskau (»Not one inch«), die auch gegenüber Gorbatschow wiederholt wurden, waren nicht mehr als Versuchsballons, um Moskau den Beitritt des vereinten Deutschlands zur NATO schmackhaft zu machen. Beide Politiker handelten indes ohne Absicherung ihrer Chefs.

Weder Bundeskanzler Kohl noch US-Präsident George H.W. Bush haben diese Überlegungen je gebilligt, geschweige denn sind sie irgendwo schriftlich fixiert. Der frühere sowjetische Präsident Michail Gorbatschow selbst hat 2014 öffentlich eingeräumt, dass 1990 nur die Zugehörigkeit des vereinten Deutschlands zur Debatte stand, nicht mehr und nicht weniger.

Im weiteren Verlauf der Bemühungen um die NATO-Erweiterung um andere Staaten hat Russland unter Präsident Boris Jelzin zwar sein Unbehagen zu Protokoll gegeben, sie aber in der NATO-Russland-Grundakte von 1997 letztlich akzeptiert. In der Formulierung des Verzichts der NATO auf die permanente Verlegung von Atomwaffen und substanzieller Kampftruppen in die neuen NATO-Mitgliedsländer kommt dies deutlich zum Ausdruck. Boris Jelzin hielt die NATO-Osterweiterung zwar weiterhin für einen Fehler, aber er akzeptierte, dass die NATO mit dieser Formulierung den Interessen Russlands Rechnung getragen hatte.

Zudem verzichtete die NATO darauf, alle früheren Warschauer-Pakt-Staaten und die baltischen Republiken auf einmal in die NATO aufzunehmen. Die damalige polnische Regierung war zwar mit der Formulierung nicht restlos zufrieden, schien sie doch den Reformstaaten Ostmitteleuropas einen minderen Status zuzuweisen. Am Ende akzeptierte aber auch Warschau. Die NATO-Russland-Grundakte blieb der polnischen Regierung wegen der militärischen Einschränkungen auf dem Gebiet der neuen Mitglieder jedoch immer suspekt, auch wenn ihre Dispositionen eine rotierende Präsenz von NATO-Truppen, auf die das Bündnis in seiner Abschreckungspolitik nach der Krimkrise 2014 setzte, nicht verhinderten.

Seit dem russischen Krieg gegen die Ukraine 2014 hat sich die polnische Regierung massiv dafür eingesetzt, die östliche Flanke der NATO durch weiteres NATO-Personal und Ausrüstung zu stärken. Deutschland hat diese Aufrüstung des östlichen Teils des Bündnisgebiets nicht nur akzeptiert, sondern aktiv mitgestaltet. Berlin führt einen NATO-Kampfverband in Litauen, der im Gefolge des russischen Angriffs auf die Ukraine aufgestockt werden soll. Die Bundeswehr beteiligt sich an der Sicherung des NATO-Luftraums über der Ostsee mit eigenen Kampfjets und hat sein Personal im Multinationalen Korps Nord-Ost der NATO in Stettin verdoppelt.

Im Gefolge des russischen Angriffs auf die Ukraine 2022 gibt es jetzt starke Bestrebungen, die Präsenz im Gegensatz zur NATO-Russland-Grundakte nicht nur mehr rotierend, sondern permanent auszugestalten. Der NATO-Gipfel in Madrid Ende Juli 2022 hat eine Änderung der NATO-Strategie von der Abschreckung zur Vorneverteidigung, die diesen Überlegungen Rechnung trägt, angestoßen. Der PiS-Vorsitzende Jarosław Kaczyński hat in diesem Kontext die Idee ventiliert, taktische Atomwaffen auf polnischem Territorium zu stationieren, ein Vorschlag, der erneut Sprengstoff für die deutsch-polnischen Beziehungen bietet. Präsident Duda hat allgemeiner eine Beteiligung an den Entscheidungsprozeduren der sogenannten nuklearen Teilhabe, also der Staaten, auf deren Staatsgebiet amerikanische taktische Atomwaffen gelagert sind, gefordert.

Mittelmacht in Ostmitteleuropa

In seiner Selbstwahrnehmung sieht sich Polen unter PiS-Vorzeichen als die zentrale Macht in Ostmitteleuropa, die den Anspruch erhebt, dort und in den angrenzenden Regionen des Baltikums und Südosteuropas eine führende Rolle zu spielen. Damit soll den polnischen Interessen in EU und NATO größere Geltung verschafft werden. In der Konsequenz ergibt sich daraus eine Konkurrenz zu Deutschland, das vor allem aufgrund seiner wirtschaftlichen Stärke Einfluss in der Region ausübt. Das Scheitern der deutschen Russland-, Ukraine- und Energiepolitik hat die polnischen Bemühungen begünstigt.

Damit einher geht eine relativ blasse Rolle Warschaus in Brüssel in allen Themen, die nicht die Ukraine- oder Russlandpolitik beziehungsweise das östliche Vorfeld betreffen. Polen beklagt selbst, dass man sich häufig mit seinen Vorstellungen in EU und NATO nicht ausreichend durchsetzen könne. Dafür werden vor allem Deutschland und Frankreich verantwortlich gemacht.

Die deutsche Einheit 1990, die Osterweiterung der EU (2004) und die Finanz-/Eurokrise 2008/2009 haben Deutschland in Europa einen deutlichen Machtzuwachs beschert. Nicht überall stieß dieser deutsche Einflussgewinn auf ungeteilten Enthusiasmus. Während einige in der Einbindung deutscher Wirtschaftskraft in EU und NATO Vorteile auch für sich erkannten, fürchteten andere eine deutsche Vormachtstellung in Europa. Für die PiS-Regierung ist letzteres ein Ärgernis. Sie will von einer starken deutschen Führungsrolle nichts wissen. Der polnische Außenminister Rau forderte im Sommer 2022 öffentlich eine Selbstbeschränkung deutscher Macht.

Die polnische Opposition hält demgegenüber in weiten Teilen an dem Konzept fest, das der damalige polnische Außenminister Radek Sikorski in seiner berühmten Berliner Rede am

28. November 2011 vorgetragen hatte. Unter dem Eindruck der Auswirkungen der Finanz- und Eurokrise, die einen Zusammenbruch des Euros hätten auslösen können, forderte Sikorski damals eine stärkere europäische Führungsrolle für Deutschland: »Ich fürchte deutsche Macht weniger als ich beginne, die deutsche Inaktivität zu fürchten. Ihr (Deutschland) seid Europas unverzichtbare Nation.« Weiter bat er Deutschland, Europa nicht zu dominieren, sondern den Reformprozess zu führen. Er fuhr fort: »Wenn Ihr uns in den Entscheidungsprozess einbindet, wird Polen Euch unterstützen.«

Wie der frühere polnische Außenminister im Oktober 2022 anlässlich einer Rede vor der Deutschen Gesellschaft für Auswärtige Politik (DGAP) in Berlin bestätigte, hält er noch immer an diesem Konzept fest – in der Erwartung, dass Deutschland nunmehr polnische Interessen und Wünsche stärker berücksichtigt. Wie viele andere Politiker der Opposition glaubt auch er, die deutsch-polnischen Streitigkeiten nach gewonnener Wahl im Herbst 2023 schnell lösen zu können.

Die deutsche Debatte kreist demgegenüber um die Frage, wie Deutschland stärker seiner gewachsenen internationalen Verantwortung gerecht werden kann. Der frühere Bundespräsident Joachim Gauck hat es auf der Münchner Sicherheitskonferenz 2014 auf die griffige Formel gebracht, Deutschland müsse sich »schneller, entschiedener und substanzieller« international einbringen. Die deutsche außenpolitische Elite kämpft darum, die in Teilen widerwillige deutsche Bevölkerung von der Notwendigkeit eines stärkeren politischen, finanziellen und militärischen Engagements Deutschlands zu überzeugen.

Dabei werden in Deutschland die konkreten Folgen deutscher Führung für Europa, die für unsere Nachbarn sehr fühlbar sein können, nicht immer ausreichend reflektiert. Man macht sich in Berlin viel zu wenig klar, welch starke Auswirkungen deutsche innenpolitische Entscheidungen auf die Politik unserer europäischen Partner haben können. Folglich findet eine

Betrachtung, wie diese Politik durch kluge Maßnahmen abgefedert werden könnte, zumeist nicht statt.

Deutsche Interessen sind mit europäischen Interessen nicht immer kongruent. Und selbst wenn wir beteuern, unsere Interessen europäisch zu definieren und strategische Solidarität versprechen, klaffen unsere offiziellen Erklärungen und die Realität doch oft auseinander. Das fängt bei Nordstream 2 an, geht über das Tempo und Inhalte der Energiewende und hört bei großdimensionierten Hilfsprogrammen auf, bei denen uns die Partner, nicht nur Polen, eine Verletzung des Binnenmarkts vorwerfen. Dabei handelt deutsche Politik zumeist in bester Absicht, oft auch moralisch überhöht und mit dem erklärten Ziel, unsere Nachbarn einzubinden. Die Wahrnehmung anderswo, nicht nur in Polen, ist oft eine andere.

Die Regierung in Warschau begegnet den deutschen Überlegungen nicht nur verbal ablehnend, sondern versucht, den deutschen Einfluss durch allerlei informelle Zusammenschlüsse zu schwächen und die eigene regionale Führungsrolle zu stärken. Zu den Instrumenten, mit denen die polnischen Ziele vorangetrieben werden sollen, zählen die sogenannte Dreimeeresinitiative der Staaten im östlichen Teil der EU und die »Bukarest 9«-Gruppe von NATO-Alliierten auf der östlichen Flanke. Auch die sogenannte Visegrád-Gruppe mit Tschechien, der Slowakei und Ungarn gehört aus Warschauer Sicht in diese Kategorie. In allen diesen Gruppierungen ist Warschau aktiv – mit unterschiedlichem Erfolg.

Die Dreimeeresinitiative, die auf eine polnisch-kroatische Idee zurückgeht, führt die östlichen EU-Mitgliedsstaaten zwischen Ostsee, Adria und Schwarzem Meer unter dem offiziellen Motto der Intensivierung der regionalen Infrastruktur, die hinter dem Niveau des westlichen Teils des Kontinents tatsächlich hinterherhinkt, zusammen. Österreich ist Mitglied, Deutschland – obwohl geographisch auch an einem der drei Meere gelegen – nur als Beobachter bei den jährlichen Konferenzen zugelassen.

Die Teilnehmer schlagen Investitionsprojekte vor und versuchen, sie entweder durch Brüsseler Gelder oder durch nationale Zuwendungen zu finanzieren. Unter der Trump-Administration unterstützten die USA das Projekt politisch und finanziell massiv, vor allem weil der damalige US-Präsident eine Gelegenheit zur Spaltung der EU sah. Seine Botschafterin vor Ort, Georgette Mosbacher, trieb das Projekt mit großem Elan einschließlich der Mobilisierung von einer Milliarde US-Dollar voran.

Deutschland hat sich nach einigem Zögern entschlossen, der Initiative beizutreten. Polen wiederum hat dafür gesorgt, dass es nur zu einem Beitritt als Beobachter kam. Bundespräsident Steinmeier hat dennoch an den jährlichen Gipfeln der letzten Jahre teilgenommen. Mit circa 1,3 Milliarden Euro sind die nationalen Beiträge der Teilnehmerländer bisher eher bescheiden geblieben. Mehr als die Hälfte der nationalen Beiträge schultert Polen allein. Der Hauptanteil der Fördermittel stammt indes nach wie vor aus dem EU-Budget. Inzwischen überlegt auch Deutschland, sich mit einem ansehnlichen Betrag finanziell zu beteiligen. Meinungsverschiedenheiten unter den Partnern bestehen bezüglich der Teilnahme von Staaten außerhalb der EU, insbesondere der Ukraine, und der Frage, ob die Einrichtung eines geschäftsführenden Sekretariats notwendig ist. Polen steht beiden Themen positiv gegenüber.

Auch die informelle Visegrád-Gruppe dient aus Warschauer Sicht der Stärkung polnischer Führungsinteressen. Sie wurde bereits 1991 aus der Taufe gehoben und diente zunächst dem Ziel, den Beitritt der vier Gründerstaaten Polen, Ungarn, Tschechien und der Slowakei zur EU zu fördern. Die große Stunde der Organisation schlug, als sich die vier Nationen 2015 in der Abwehr der Zwangsverteilung von Flüchtlingen aus dem Nahen und Mittleren Osten zusammenfanden. Aber selbst in dieser Frage bröckelte die Solidarität, als die Slowakei aus der Visegrád-Fundamentalkritik an den von der EU-Kommission 2020 vorgelegten Vorschlägen zur Asylreform ausscherte.

Darüber hinaus ist die Ausbeute gemeinsamer Initiativen eher begrenzt. Die Interessenunterschiede sind groß, zumal mit Ungarn, das in der Energie- und Russlandpolitik einen eigenen Weg geht. Die spezifisch polnisch-ungarische Zusammenarbeit, die in der Abwehr gegen Kritik seitens der EU-Kommission bei Rechtsstaat und Demokratie ihren Höhepunkt fand, hat sich seit dem russischen Angriff auf die Ukraine 2022 merklich abgekühlt, auch wenn beide Staaten weiterhin gegenüber Brüssel am gleichen Strang ziehen. Schon zuvor hatten auch Tschechien und die Slowakei klar zu erkennen gegeben, dass ein genereller EU-skeptischer oder deutschlandkritischer Kurs mit ihnen nicht zu machen sei. Dementsprechend liefen polnische Initiativen, die informelle Gruppe zu institutionalisieren, auch ins Leere.

Die »Bukarest 9«-Gruppe schließlich ist ein informeller Zusammenschluss östlicher NATO-Staaten, die sich nach der russischen Annexion der Krim und der Aggression im Donbass 2014 für eine militärische Stärkung der östlichen Flanke des Bündnisses eingesetzt haben. Die formelle Gründung geht auf eine polnisch-rumänische Initiative der beiden Präsidenten zurück.

Vor dem Hintergrund der konkreten NATO-Entscheidungen zur militärischen Aufrüstung im östlichen Bündnisgebiet kann die Gruppierung durchaus als erfolgreich bezeichnet werden. Insbesondere der im neuen Strategischen Konzept der NATO vollzogene Schritt von der Vornepräsenz des Bündnisses zur Vorneverteidigung kann sich die Bukarest 9-Gruppe ans Revers heften, war diese Forderung doch zuvor aus diesen Reihen intensiv erhoben worden. Demgegenüber konnte sich Polen mit seinen Forderungen zur Aufnahme der Ukraine und Georgiens in die NATO nicht durchsetzen.

Sonderbeziehung zu den USA

Die USA erfreuen sich in Polen von jeher parteiübergreifend großer Sympathie. Das hat viel mit der positiven Rolle zu tun, die die USA in der polnischen Geschichte gespielt haben. So waren die Vereinigten Staaten ein bedeutender Geburtshelfer der Zweiten Polnischen Republik, als Polen 1918 nach 123-jähriger Teilung wieder entstand. US-Präsident Woodrow Wilson hatte zuvor in seinem 14-Punkte-Plan zur Friedensordnung nach dem Ersten Weltkrieg die Wiedererstehung des polnischen Staates explizit gefordert. Viele Millionen Polen sind zudem vor allem vor 1914 in die USA ausgewandert. Auch wenn diese Auswanderer sich heute zumeist assimiliert haben, bestehen mannigfaltige familiäre und freundschaftliche Kontakte fort. Da sich sehr viele Auswanderer im Raum Chicago angesiedelt haben, sind sie auch ein nicht zu unterschätzender politischer Faktor im Mittleren Westen der USA.

Heutzutage beruht das enge Verhältnis in erster Linie auf sicherheitspolitischen Überlegungen. Schon mit der Annexion der Krim und der russischen Aggression im Donbass 2014 und mehr noch nach dem 24. Februar 2022 hat sich die Bedeutung der USA für die Sicherheit Polens massiv erhöht. Sowohl über die Vornepräsenz von US-Kampfverbänden auf polnischem Gebiet als auch über die nukleare Beistandsgarantie des Nordatlantischen Verteidigungsbündnisses sind die Vereinigten Staaten für die Sicherheit der östlichen NATO-Flanke unverzichtbar. Ein militärisches US-Hauptquartier soll in Posen errichtet werden. Im polnischen Redzikowo entsteht eine US-Basis zur Abwehr von Raketen aus dem mittelöstlichen Raum.

Trotz dieser parteiübergreifenden Sympathie bestehen große Unterschiede in der konkreten Ausgestaltung der Beziehungen zu den USA. Sie drückt sich vor allem im Verhältnis beider Lager in Polen zum jeweiligen US-Präsidenten aus. Die PiS wähnte im früheren US-Präsidenten Donald Trump einen Bruder im Geiste im Weißen Haus. Auch wenn dieser die NATO für obsolet erklärt hatte, die EU spalten wollte und ein eigenartiges Verhältnis zum russischen Präsidenten Putin pflegte, so fühlte man sich doch in Warschau der amerikanischen Unterstützung gewiss, vor allem, wenn es darum ging, die EU in die Schranken zu verweisen.

Auch außenpolitisch zögerte Warschau nicht, sich vor den Karren der Trump-Administration spannen zu lassen. So organisierte die polnische Regierung im Februar 2019 gemeinsam mit der Regierung Trump eine Nahostkonferenz in Warschau, deren Hauptziel es war, die harte Politik der US-Administration, die gerade aus dem Atomabkommen mit dem Iran ausgetreten war, gegenüber Teheran zu unterstützen. Vizepräsident Pence hielt eine Rede, in der er Druck auf die Europäer ausübte, ebenfalls aus dem Abkommen auszusteigen. Außenminister Czaputowicz brauchte bis zur allerletzten Minute der Konferenz, um die polnische Unterstützung für das Nuklearabkommen, wie es der gemeinsamen europäischen Position entsprach, zu Protokoll zu geben.

Als Donald Trump die Wahl Ende 2020 verlor, verging einige Zeit, bis sich Präsident Duda zu einer Gratulation für den Wahlsieger Joe Biden durchrang. Das Verhältnis zur demokratischen Biden-Administration war zunächst aus diesem Grund, aber auch wegen der polnischen Rechtsstaatsproblematik und dem Vorgehen der Regierung gegen den im US-Besitz befindlichen liberalen Fernsehsender TVN gespannt. Erst als Präsident Duda die sogenannte Lex TVN per präsidentiellem Veto anhielt, verbesserte sich das Verhältnis. Die Tatsache, dass Präsident Biden seine große Russlandrede am 27. März 2022 in Warschau mit scharfer Kritik am russischen Präsidenten Putin verband, kann auch als Geste gegenüber der polnischen Regierung gewertet werden. Traditionell sind die Beziehungen republikanischer Administrationen zu Polen besser, als wenn ein Demokrat im Weißen Haus residiert.

Taktische Allianzen

Die meisten nationalen Parteien sind auf europäischer Ebene in Parteienfamilien organisiert, die ihrer ideologischen Ausrichtung entsprechen. So existieren in der konservativ-christdemokratischen Europäischen Volkspartei (EVP), der Europäischen Sozialdemokratischen Partei oder der Allianz der Liberalen und Demokraten für Europa (ALDE) Zusammenschlüsse auf europäischer Ebene, die sich auch *grosso modo* in den Fraktionen des Europäischen Parlaments wiederfinden.

Im Europäischen Parlament gehört die PiS der Fraktion der Europäischen Konservativen und Reformer an, deren größter Bestandteil die britischen Tories waren. Nach dem Brexit und deren Rückzug aus dem Europaparlament besteht diese Gruppe nur noch aus 64 Abgeordneten (von 705), wobei die PiS mit 25 Abgeordneten die größte Gruppe stellt. Der Gruppierung gehören national-konservative und rechtspopulistische, zumeist europa-skeptische Abgeordnete, unter anderem von den postfaschistischen Fratelli d'Italia an, nicht aber rechtsradikale Parteien wie die deutsche AfD, die italienische Lega oder das französische Rassemblement National von Marine Le Pen, die sich mit anderen Parteien zur Fraktion »Identität und Demokratie« zusammengeschlossen haben und auf 65 Abgeordnete im Europaparlament zählen können. Hinzu kommt im rechten Spektrum noch die ungarische Fidesz von Viktor Orbán, die nach dem Austritt aus der Europäischen Volkspartei 2021, mit dem sie einem Parteiausschluss zuvorkam, auf der Suche nach einer neuen ideologischen Heimat ist.

Da die ideologischen Grenzen zwischen den einzelnen Gruppierungen fließend sind, bemühte sich die PiS immer wieder um parteienübergreifende Bündnisse, um ihren europa-skeptischen Interessen zu mehr Durchschlagskraft zu verhelfen. So fand nach einigen gescheiterten Versuchen und einem ersten Treffen in Budapest Ende 2021 auf Einladung des PiS-Vorsitzenden Kaczyński und Ministerpräsident Morawiecki ein »Gipfeltreffen« mit Marine Le Pen und dem ungarischen Ministerpräsidenten Viktor Orbán in Warschau statt.

Das Hauptziel des Treffens war die taktische Abstimmung, nicht die strategische Ausrichtung. Hierfür sind die inhaltlichen Divergenzen zu groß. Die Teilnehmer stimmten zwar in der Furcht vor weiteren Verlusten nationaler Souveränität, in der Ablehnung der Zuwanderung und der »LGBTQ-Ideologie« und sogar in einer antideutschen Ausrichtung überein. In der Russlandpolitik bestanden indes weiter große Meinungsverschiedenheiten fort. Man einigte sich zwar auf regelmäßige gemeinsame Treffen und auf inhaltliche Absprachen; zu einer gemeinsamen Fraktion im Europäischen Parlament konnte man sich jedoch nicht durchringen.

Die damalige französische Präsidentschaftskandidatin Marine Le Pen wurde hingegen in Warschau geradezu wie ein Staatsgast behandelt, hoffte man doch, sie könne durch einen Wahlsieg gegen Präsident Macron den deutsch-französischen EU-Integrationsmotor zum Stottern bringen. Das Scheitern der französischen Rechtspopulistin gegen Präsident Macron in den französischen Präsidentschaftswahlen hat die polnischen Ambitionen abgekühlt; der Sieg der postfaschistischen Fratelli d'Italia bei den italienischen Parlamentswahlen Ende September 2022 hingegen hat bei der polnischen Regierung Hoffnungen auf einen weiteren Bundesgenossen im Kampf gegen Brüssel geweckt.

Umgang mit anderen Staaten

Einer der Hauptkritikpunkte Polens gegenüber Deutschland sei der mangelnde Respekt, der Polen entgegengebracht werde, so beschwert man sich in Warschau oft genug über die Bundesregierung. Wenn man hinter vorgehaltener Hand mit den Vertretern kleinerer Nachbarländer redet, so äußern diese häufig die gleiche

Kritik an Polen wie Warschau gegenüber Berlin. Die nationalistische Tonlage, in der die polnischen Anliegen vorgebracht werden, stoßen im Kreis der Kleineren auf offene Kritik. So hatte sich Warschau vor Ausbruch des russischen Kriegs gegen die Ukraine Scharmützel mit seinen litauischen Nachbarn über die Frage der polnischen Minderheit in diesem Land geliefert.

Ähnlich verhielt sich die polnische Regierung im langjährigen Streit mit Tschechien um das Braunkohlebergwerk Turow in Südwestpolen an der Grenze zu Tschechien, dessen Ausbeutung erhebliche negative Umweltfolgen auf die Nachbarländer Tschechien und Deutschland hatte. Während sich Deutschland zurückhielt, verklagte die tschechische Regierung Polen vor dem Europäischen Gerichtshof, der ein Zwangsgeld von 500 000 Euro für jeden Tag festlegte, solange Polen das Problem nicht aus dem Weg räumt. Nach intensiven Verhandlungen zwischen beiden Seiten konnte schließlich ein Kompromiss gefunden werden, bei dem Polen 45 Millionen für Kompensationsprojekte im Gegenzug zur Einstellung des Bergbaus erhält. Der Rechtsstreit der engen Partner ist damit erst einmal beendet.

Auch gegenüber Kiew waren die Beziehungen vor dem russischen Krieg gegen die Ukraine lange nicht so gut wie heute. Obwohl Ministerpräsident Morawiecki schon seit 2017 im Amt ist, absolvierte er seinen ersten Besuch in Kiew erst nach Beginn des Ukrainekriegs im Frühjahr 2022. Zuvor waren die polnisch-ukrainischen Beziehungen aus historischen Gründen in schwierigem Fahrwasser.

Warschau und Kiew stritten über die geschichtliche Einordnung des Wolhynien-Massakers, der Rolle des radikalen Führers der ukrainischen Unabhängigkeitsbewegung, Stepan Bandera, und polnische Denkmäler in der Ukraine. Hinzu kam der Streit über das Gesetz zum Institut des Nationalen Gedenkens.

Polen wirft der ukrainischen Nationalbewegung Massaker an der polnischen Bevölkerung in Wolhynien von 1943 im damals von Deutschland besetzten Teil Ostpolens vor. Je nach

Quelle sollen dabei unter den Augen der Wehrmacht 50 000 bis 100 000 Menschen ermordet worden sein. Warschau wirft dem Führer der ukrainischen Nationalbewegung Stepan Bandera vor, die politische Verantwortung für die Gemetzel zu tragen, obwohl er zum Zeitpunkt der Massaker im Konzentrationslager Sachsenhausen einsaß. In einigen Teilen der heutigen Ukraine, vor allem im Westen wiederum, gilt Bandera als Freiheitskämpfer. Nicht wenige Straßen und Denkmäler in der Ukraine tragen seinen Namen. Nicht zuletzt auf polnischen Druck hin musste der ukrainische Botschafter in Deutschland Melnyk im Sommer 2022 seinen Hut nehmen, weil er Bandera als Helden bezeichnet und seine Beteiligung an den Massakern geleugnet hatte.

Zu einer regelrechten polnisch-ukrainischen Kontroverse führte die Verabschiedung des Gesetzes über das Institut des Nationalen Gedenkens 2018. Das Gesetz richtete sich primär gegen diejenigen, »die öffentlich und faktenwidrig der polnischen Nation oder dem polnischen Staat Verantwortung oder Mitverantwortung für die durch das Dritte Reich begangenen Verbrechen« zuschreiben und drohte eine Freiheitsstrafe von bis zu 3 Jahren an.

Nach einem internationalen Aufschrei wurde das Gesetz modifiziert, stellte aber immer noch die Verharmlosung von Verbrechen ukrainischer Nationalisten von 1925 bis 1950 unter Strafe. Nach Protesten aus der Ukraine kassierte das polnische Verfassungsgericht 2019 auch diese Gesetzesbestimmung. Der außenpolitische Schaden, der durch die Kontroverse angerichtet wurde, blieb aber zunächst bestehen. Erst der russische Krieg gegen die Ukraine brachte neue Bewegung in das bilaterale Verhältnis. Bei einem Besuch Präsident Dudas und mehrerer Minister in Kiew im Juni 2022 wurde der Abschluss eines großen Vertrags zwischen beiden Staaten einschließlich der Beendigung der historischen Kontroversen angekündigt.

Auch zu London pflegt Warschau ein enges Verhältnis. Schon zu Zeiten, als Großbritannien noch Mitglied der EU war, gab es über die Zugehörigkeit von PiS und den britischen Konservativen zur gleichen Fraktion im Europaparlament ideologische Schnittmengen. Auch in der harten Haltung gegenüber Russland und der Unterstützung der Ukraine zogen und ziehen beide Staaten am gleichen Strang. Auch wenn die Einwanderung aus Polen einen wichtigen Grund für den britischen Austritt aus der EU darstellte, hat Warschau großes Interesse, London als wichtigen Faktor für die regionale Sicherheit im Spiel zu halten. Das britische Militär führt einen NATO-Kampfverband in Estland und unterstützt die Verteidigung der Ukraine im internationalen Vergleich nach den USA an vorderster Stelle. Politisch stärkt das Engagement Londons Warschaus Bestrebungen um seine zentrale Rolle in der NATO in Ostmitteleuropa.

Polens Verhältnis zur Volksrepublik China war lange Zeit ambitioniert. Warschau ist Mitglied in einem losen Kooperationsverbund von Staaten in Mittelost-, Nordost- und Südosteuropa mit dem Reich der Mitte. Beteiligt sind nicht nur Staaten der EU, sondern auch Länder des westlichen Balkans. Der Zusammenschluss dient aus polnischer Sicht vor allem dem Ziel, wirtschaftliche Kooperationsprojekte anzuziehen. Polen ist einer der größten Empfänger chinesischer Direktinvestitionen in Europa. Allerdings haben sich die hohen polnischen Erwartungen im Hinblick auf die wirtschaftliche Kooperation mit China nur bedingt erfüllt.

China verfolgt demgegenüber ein Konzept der geostrategischen Durchdringung dieses Raums im Rahmen der sogenannten »Belt and Road Initiative«. Beijing möchte mit beträchtlichen Geldzuwendungen nicht nur wirtschaftliche Abhängigkeiten schaffen, sondern auch die Länder der Region aus der gemeinsamen EU-Front gegenüber China insbesondere in Menschenrechts- und Sicherheitsfragen herausbrechen. Die Bundesregierung und die deutsche Wirtschaft sehen in dem Forum die reelle Gefahr einer Spaltung Europas.

Polen hat sich bisher von den chinesischen Werbungsversuchen in politischen Fragen nicht ködern lassen, andere Staaten wie Ungarn oder Griechenland waren da weniger vorsichtig. Aufgrund amerikanischen Drucks und taiwanesischer Werbungsversuche ist Litauen aus dem Forum ausgeschert. Polen zögert, ist es doch im Zusammenhang mit dem russischen Angriff auf die Ukraine auf enge Kooperation mit den USA angewiesen. Auf US-Druck hat Polen indes die Kooperation mit dem chinesischen Telekommunikationsausrüster Huawei eingestellt.

Polens Verhältnis zu Israel ist ambivalent. Warschau unterstützt die EU-Positionierungen zum Nahostkonflikt; seine Botschaft befindet sich nach wie vor in Tel Aviv. An der Warschauer Konferenz im Februar 2019 zur Unterstützung der Nahostpolitik der Regierung Trump nahmen die Palästinenser hingegen nicht teil. Bilaterale Hauptstreitpunkte sind die Rückgabe jüdischen Eigentums und Vorwürfe über polnische Geschichtsverfälschungen im Zusammenhang mit dem Holocaust. Seinen Höhepunkt erreichte der Streit mit dem schon weiter oben zitierten IPN-Gesetz von 2018, das den Verfechtern der These einer Mitverantwortung des polnischen Staats an den Verbrechen der Nationalsozialisten eine Haftstrafe von bis zu drei Jahren androht. Auf einen internationalen Aufschrei hin wurde das Gesetz zwar in seinen zentralen Teilen zurückgenommen; der Schaden blieb indes zurück. Polen beklagt seinerseits nicht ausreichendes Verständnis für die Leiden der nichtjüdischen polnischen Bevölkerung während der deutschen Besatzung.

Das polnische Gesetz zur Rückgabe konfiszierten Eigentums nach dem Ende des Zweiten Weltkriegs vom August 2021, das eine rückwirkende Verjährungsfrist von 30 Jahren vorsah und damit de facto vor allem jüdische Ex-Besitzer von Immobilien von der Rückgabe ausschloss, führte zu einer größeren diplomatischen Kontroverse. Inzwischen ist auch diese Krise offiziell beendet, das polnisch-israelische Verhältnis bleibt aber weiterhin störanfällig. In jüngerer Zeit kam es zum Streit über

Reisen israelischer Schüler nach Auschwitz, über die beide Seiten unterschiedliche Versionen verbreiten. Während Israel eine inhaltliche Einmischung moniert, leistet Polen Widerstand gegen eine Begleitung der Schüler durch bewaffnete israelische Sicherheitskräfte. Polen versucht zudem bisher erfolglos, Israel für seine Reparationsforderungen gegenüber Deutschland einzuspannen.

II
Deutsch-polnische Beziehungen am Scheideweg

Der ehemalige Bundespräsident Joachim Gauck bei seiner Ankunft in Warschau. Ihn verband eine enge Freundschaft mit dem früheren polnischen Präsidenten Bronisław Komorowski.

4.
Gute und schwierige Nachbarn zugleich

Ende 2023, acht Jahre nach dem 25. Oktober 2015, als das national-konservative Parteienbündnis die Wahlen für beide Kammern des polnischen Parlaments gewonnen hatte, stehen die polnischen Wählerinnen und Wähler erneut vor einer großen Entscheidung über die Zukunft des Landes. Sie stimmen auch über Polens Stellung in Europa und die Beziehungen zu Deutschland ab.

Deutschland und Polen sind gute und schwierige Nachbarn zugleich. Gut, weil sich der zivilgesellschaftliche Austausch und die wirtschaftliche Zusammenarbeit seit der Wende 1989/1990, die die Menschen zusammengebracht und die Versöhnung begünstigt haben, weiter stürmisch entwickeln. Schwierig, weil sich die Beziehungen zur polnischen Regierung seit deren Regierungsantritt 2015 massiv verschlechtert haben, so dass heute von der schwersten Krise der deutsch-polnischen Beziehungen seit Ende des Kalten Kriegs gesprochen werden muss.

Die Bundesregierung muss sich der Herausforderung stellen, wie sie verloren gegangenes Vertrauen wieder erringen kann. Die polnische Regierung und die sie tragenden Kräfte müssen die Frage beantworten, wie sie es in Zukunft mit Deutschland halten wollen. Ist die PiS noch an einem gedeihlichen Verhältnis zu Deutschland und an der positiven Gestaltung des zukünftigen Europas interessiert oder nicht? Welche Ziele kann eine deutsch-polnische Zusammenarbeit heute haben, wenn

Deutschland und Polen sich als politische Antipoden im Kampf um Einfluss im neuen Europa gerieren?

Tatsache ist, dass das bilaterale Verhältnis auch heute noch auf einer festen und gesunden Grundlage in Gesellschaft und Wirtschaft steht. Diese verhindert zunächst eine ungebremste politische Abwärtsspirale. Die deutschlandkritischen Töne der PiS sowie die europa- und ostpolitischen Divergenzen haben dem Austausch der Menschen und der Aussöhnung (noch) nichts anhaben können.

Einen wesentlichen Beitrag leisteten und leisten die beiden grundlegenden deutsch-polnischen Verträge der Nachwendezeit. Zusammen genommen haben der deutsch-polnische Grenzvertrag von 1990 und der Nachbarschaftsvertrag von 1991 eine solide Grundlage für die Entwicklung der bilateralen Beziehungen geschaffen. Sie bilden auch heute noch den Rahmen für die Kooperation auf vielen Feldern. Um die Dimension der Veränderung zu ermessen, erweist sich ein Blick zurück als hilfreich.

Ich hatte das Glück, als junger Diplomat im Bundeskanzleramt unter Helmut Kohl an der Vorbereitung beider Verträge mitwirken zu dürfen. Gerade von einem Posten an unserer Botschaft in Kenia zurückgekehrt, trat ich im Sommer 1989 in der Abteilung für Außen-, Sicherheits-, Europa- und Entwicklungspolitik des Bundeskanzleramts meinen Dienst an. Die Angehörigen der Abteilung, damals noch unter Horst Teltschik, waren zumeist Experten aus dem Auswärtigen Amt, dem Verteidigungsministerium und dem Ministerium für wirtschaftliche Zusammenarbeit, die für einige Jahre ihren Dienst in der Schaltzentrale der Macht versahen, bevor sie in ihre Heimatbehörden zurückrotierten.

Wir alle spürten im Spätsommer 1989, dass etwas in Bewegung geraten war. Die Geschichte beschleunigte sich plötzlich und – wenn man ehrlich ist – auch relativ unerwartet an mehreren Orten gleichzeitig. Die Schauplätze waren Moskau, wo sich Michail Gorbatschow langsam aus der Umklammerung der alten Nomenklatura löste und Glasnost und Perestroika umsetzte, Budapest, wo die Kommunisten selbst die Reform vorantrieben und die Grenzen für Bürger aus der DDR öffneten, und die DDR, wo die Bürgerbewegung das Tür zur Freiheit aufzustoßen begann.

In Polen war das alte kommunistische System an seinen eigenen Widersprüchen und dem unbändigen polnischen Freiheitswillen zerbrochen. Den historischen Beschlüssen zwischen den Resten der kommunistischen Regierung und den demokratischen Kräften am sogenannten Runden Tisch im Februar 1989 folgten die ersten halbfreien Wahlen, bei denen die Opposition einen überwältigenden Erfolg erzielte. So kam Anfang August 1989 die erste nicht-kommunistisch geführte Regierung im damaligen Machtbereich des Warschauer Pakts ins Amt. Gemäß der Ergebnisse des Runden Tischs musste sich der neue Regierungschef Tadeusz Mazowiecki jedoch zunächst mit Vertretern des alten Systems, Präsident Jaruzelski sowie den Innen- und Verteidigungsministern als »Aufpassern« in der Regierung arrangieren.

Der Grenzvertrag von 1990

Unter diesen Umständen musste die Grenzfrage, die jahrzehntelang einer gedeihlichen Entwicklung im Wege gestanden hatte, unbedingt schnell bereinigt werden. Im »Vertrag zwischen der Bundesrepublik Deutschland und der Republik Polen über die Bestätigung der zwischen ihnen bestehenden Grenze« vom 14. November 1990 bestätigte das nunmehr vereinte Deutschland die durch den Krieg nach Westen verschobene polnische Westgrenze als unverletzlich. Politisch war der Verlust der ehemaligen deutschen Ostgebiete eigentlich für die DRR schon durch den Görlitzer Vertrag von 1950 und für die Bundesrepublik Deutschland durch den Warschauer Vertrag von 1970 entschieden. Rechtlich ging es 1990 um die Bestätigung der Unverletzlichkeit der Oder/Neiße-Grenze durch den neuen gesamtdeutschen Souverän.

Politisch standen hinter dem Abschluss des Vertrags zwei Grundmotive. Zum einen erfüllte der deutsch-polnische Grenzvertrag eine Forderung der Kriegsalliierten aus dem sogenannten »Zwei-plus-Vier-Vertrag vom 12. September 1990 über die abschließende Regelung in Bezug auf Deutschland«. In diesem völkerrechtlichen Vertrag mit den beiden deutschen Staaten hatten die Alliierten des Zweiten Weltkriegs, die USA, Frankreich, Großbritannien und die Sowjetunion, ihre Rechte gegenüber Deutschland aufgehoben. Die Bundesrepublik Deutschland erlangte ipso facto ihre volle Souveränität. Unabdingbare Voraussetzung für die Zustimmung der Kriegsalliierten zur Vereinigung der beiden deutschen Staaten war die definitive Anerkennung der Oder/Neiße-Grenze als polnische Westgrenze.

Zum anderen löste der Grenzvertrag eine schwere deutsch-polnische Hypothek auf. Die Existenz des kommunistischen Systems in Polen beruhte zumindest teilweise auf dem deutsch-polnischen Gegensatz um die Grenze. Nur eine enge Anlehnung an die Sowjetunion, so das perfide Argument der Nomenklatura, konnte den westdeutschen Revisionismus in Schach halten. Da einige Ewiggestrige in Deutschland – sogar über das Ende des Kalten Kriegs hinaus – diese Befürchtungen befeuerten, geriet der Revisionismus einzelner Gruppen in der Bundesrepublik zu einer der Legitimationsgrundlagen des kommunistischen Systems. Dieses Argument galt es zu neutralisieren, wollte man die deutsch-polnischen Beziehungen auf eine neue Grundlage stellen.

Obwohl der »Zwei-plus-Vier-Vertrag« zum Abschluss des Grenzvertrags mit Polen verpflichtete, zögerte der damalige Bundeskanzler Kohl zunächst Unterschrift und Ratifikation aus innenpolitischen Gründen hinaus, weil er vor der Bundestagswahl am 2. Dezember 1990 auf die Stimmen der Heimatvertriebenen schielte. Damit säte er indes unnötigerweise Zweifel an der Haltung der Bundesregierung. Die Unterschrift unter den Vertrag – durch Außenminister Genscher, nicht durch Kohl selbst – folgte auf alliierten Druck dann doch noch vor der Bundestagswahl, die Ratifikation zusammen mit dem deutsch-polnischen Nachbarschaftsvertrag allerdings erst im November 1991.

Kohls Zögern war taktisch bedingt und strategisch falsch. Anfänglich übten die deutschen Heimatvertriebenen und Teile der deutschen Minderheit in Polen heftige Kritik an dem Vertrag. Bis zu 1000 zumeist sehr kritische Briefe aus diesen Kreisen gingen während der Vertragsverhandlungen monatlich im Bundeskanzleramt ein. Alle Schreiben wurden damals, teilweise von mir, auch vor der Unterzeichnung des Vertrags sehr klar im Sinne einer Anerkennung der Fakten beantwortet – in aller Regel der Fälle nicht zur Freude der Einsenderinnen und Einsender. Dennoch säte Bundeskanzler Kohl mit seinem Zögern Zweifel an der deutschen Vertragstreue und verspielte damit Vertrauen, auch wenn daraus zunächst keine direkten negativen Konsequenzen erwuchsen.

25 Jahre später, bei meiner Ankunft als Botschafter in Polen 2014 und selbst nach Amtsübernahme der PiS 2015, spielten die Grenze und das Verhältnis zu den Vertriebenen keine Rolle mehr. Niemand in Deutschland zieht die polnische Westgrenze heute mehr in Zweifel. Seit dem Generationswechsel beim Bund der Vertriebenen (BdV) und dem Abgang von Erika Steinbach hat das Thema seine Sprengkraft für die deutsch-polnischen Beziehungen eingebüßt.

Der BdV-Vorsitzende Bernd Fabritius, der von 2014 bis 2022 auch als Beauftragter der Bundesregierung für Aussiedlerfragen und nationale Minderheiten fungierte, ist ein akzeptierter Gesprächspartner in Warschau. Selbst die Eröffnung der zunächst heftig kritisierten Ausstellung »Flucht – Vertreibung – Versöhnung«, die die Vertreibung der Deutschen in einen größeren Kontext stellte, durch die damalige Bundeskanzlerin

Angela Merkel im Deutschlandhaus am Askanischen Platz in Berlin im Juni 2021 hat in Polen kaum negative Reaktionen hervorgerufen. Angesichts der langen Auseinandersetzung um das Konzept der Ausstellung ist dieses Ergebnis bemerkenswert. Eine lange Hypothek war endgültig abgetragen.

Der Nachbarschaftsvertrag von 1991

Das zweite Element deutscher Polenpolitik in der Wendezeit, der »Vertrag über gute Nachbarschaft und freundschaftliche Beziehungen« vom 17. Juni 1991 hat in den 30 Jahren seit Abschluss eine fundamentale Verbesserung des Verhältnisses zwischen Deutschen und Polen angestoßen und begleitet. Aus den zaghaften Annäherungsversuchen zur Zeit des Kommunismus entwickelte sich nach der Wende eine breite und enge Kooperation auf praktisch allen Ebenen.

Hauptmotiv von Bundeskanzler Helmut Kohl war es, das Verhältnis zu Polen grundsätzlich zu bereinigen. Um den verbreiteten Hass nach dem Zweiten Weltkrieg und dem Kalten Krieg zu überwinden, erwies sich neben dem Grenzvertrag ein »Freundschaftsvertrag« als Gebot der Stunde. Ein solches völkerrechtlich bindendes Dokument sollte in die Zukunft weisen und die deutsch-polnische Aussöhnung, das Kernanliegen des Kanzlers gegenüber Polen, durch konkrete Kooperation in nahezu allen Feldern voranbringen.

In seinen multilateralen Bezügen schrieb der Vertrag die positiven epochalen Veränderungen der Wendejahre fest. In seinen im engeren Sinne bilateralen Dispositionen besteht er zu großen Teilen aus mehr oder weniger konkreten Absichtserklärungen, die im Laufe der Zeit umgesetzt werden sollten. Einmal pro Jahr sollten Regierungskonsultationen aller Ministerien unter Vorsitz von Bundeskanzler/in und Ministerpräsident/in stattfinden. Bei derartigen Mammutveranstaltungen geben die Chefs beziehungsweise Chefinnen die Tagesordnung vor und erzeugen Zeitdruck für die Umsetzung. Anfänglich fanden diese Treffen tatsächlich ziemlich regelmäßig statt. Vor dem Hintergrund der unterschiedlichen Wahlkalender in beiden Staaten, zeitweiser Coronarestriktionen und der Eintrübung des bilateralen Verhältnisses haben deutsch-polnische Regierungskonsultationen seit Ende 2018 jedoch nicht mehr stattgefunden.

Kernstück des Vertrages sind die Artikel 20 und 21, in denen die Rechte der deutschen Minderheit in Polen und der deutschen Bürgerinnen und Bürger polnischer Abstammung in Deutschland geregelt werden. Der Vertrag unterscheidet rechtlich zwischen den Angehörigen der deutschen Minderheit, die durch Verschiebung der Grenzen entstanden ist, und von Polinnen und Polen, die zu unterschiedlichen Zeiten nach Deutschland eingewandert sind.

De facto gewährt der Vertrag jedoch beiden Gruppen die gleichen Rechte, individuell und als Gruppe. Zudem verpflichtet er beide Staaten, die sprachliche und kulturelle Identität beider Personengruppen zu fördern. Seit 2010 existiert ein Runder Tisch zwischen beiden Regierungen, an dem um die Einhaltung der vertraglichen Verpflichtungen gerungen wird. Noch unter der alten Regierung herrschte bei den Sitzungen, an denen ich regelmäßig teilnahm, ein pragmatischer Ansatz vor. Es gab Fortschritte ebenso wie unerfüllte Erwartungen auf beiden Seiten.

Ganz im Gegensatz zu den rauen Anfängen nach der Wende ist die deutsche Minderheit inzwischen zu einem anerkannten Partner in Polen geworden – gesellschaftlich und politisch. Die Vertreter der Minderheit gehen von einer Zahl von circa 300 000 Angehörigen aus. Ihre politischen Führer verhalten sich klug, indem sie sich, soweit es geht, von Polarisierungen fernhalten. Dabei hilft auch, dass der langjährige Vorsitzende des Dachverbands der Minderheit in Polen, Bernhard Gaida, auch Sprecher der Arbeitsgemeinschaft deutscher Minderheiten in der Union europäischer Nationalitäten ist. Der Vorsitzende der Sozialkulturellen Gesellschaft im Oppelner Schlesien Rafał Bartek wurde mit Unterstützung polnischer Parteien zum Vorsitzenden des Regionalparlaments in der Wojewodschaft Oppeln gewählt.

Dennoch geht heute die Furcht um, die Minderheit müsse die Zeche für den Streit zwischen den beiden Regierungen bezahlen. Beflügelt werden diese Existenzängste bei der Minderheit durch Mittelkürzungen und Erschwernisse für den Deutschunterricht sowie durch die Tatsache, dass die polnische Regierung ihre finanziellen Leistungen an die Minderheit an die aus ihrer Sicht nicht ausreichende Unterstützung für die Organisationen der polnischstämmigen Bürgerinnen und Bürger in Deutschland koppelt.

Zum 20. Jahrestag des Nachbarschaftsvertrages am 4. Juni 2011 nahmen beide Regierungen in einer gemeinsamen Kabinettssitzung eine Gemeinsame Erklärung und ein Programm der Zusammenarbeit an, das in 100 Einzelprojekten aller Bundesressorts mit konkreten Maßnahmen von Umweltschutz bis zur Zusammenarbeit der Streitkräfte die Zusammenarbeit auf eine völlig neue Grundlage stellte. Ein so enges Verhältnis hatten wir sonst nur zu Frankreich.

Seit Amtsantritt der national-konservativen Regierung in Polen im Herbst 2015 hat nicht nur die antideutsche Rhetorik, sondern auch die Kritik am Nachbarschaftsvertrag erheblich zugenommen. Die PiS sieht in der Vereinbarung einen ungleichen Vertrag, der der wirtschaftlich schwachen polnischen Regierung zur Wendezeit aufgezwungen worden sei.

Insbesondere stößt man sich im Regierungslager daran, dass im Vertrag zwar von einer deutschen Minderheit in Polen die Rede ist, dieser offizielle Status aber den polnischstämmigen Bürgern in Deutschland verweigert werde. Schätzungen gehen von circa zwei Millionen Menschen mit polnischem Migrationshintergrund in Deutschland aus, wobei ungefähr 800 000 auch die polnische Staatsangehörigkeit haben. Bei Weitem nicht alle fühlen sich durch die polnische Regierung vertreten.

Letztere fordert neuerdings lautstark und offiziell die Wiederherstellung des Status einer nationalen Minderheit und eine Kompensation für die Verluste polnischer Organisationen aus der Vorkriegszeit. Ferner kritisiert Warschau die aus seiner Sicht unzureichenden Aktivitäten der Bundesregierung und der deutschen Bundesländer zur Förderung der sprachlichen und kulturellen Identität der Polinnen und Polen in Deutschland.

Anknüpfungspunkt für die polnischen Forderungen sind die seit den Teilungen Polens zuerst im deutschen Kaiserreich, später in der Weimarer Republik in ihrem angestammten Siedlungsgebiet, also in Gegenden, die heute nicht mehr zu Deutschland gehören, ansässigen Polinnen und Polen. Nicht wenige wanderten später im Zusammenhang mit der Industrialisierung in die Region von Rhein und Ruhr aus. Polnische Organisationen in Deutschland sehen in zwei Verordnungen vom 4. September 1939 und vom 27. Februar 1940, in denen die Nationalsozialisten polnische Vereine und Verbände im Reichsgebiet verboten und polnische Einrichtungen beschlagnahmten, eine Auflösung des Statuts der Minderheit und fordern eine ausdrückliche Aufhebung der Verordnungen.

Eine Analyse der einschlägigen Dokumente gibt indes eine solch breite Interpretation nicht her. Es geht um Verbote von Organisationen, nicht um Statusfragen. Im Übrigen gilt nach Artikel 123 des Grundgesetzes Recht aus der Zeit vor Zusammentritt des Bundestages nur fort, «soweit es dem Grundgesetz nicht widerspricht». Die in Rede stehenden Beschlüsse stehen eindeutig im Widerspruch zur Gerechtigkeitsidee, die das Bundesverfassungsgericht zum Maßstab erhoben hat, und sind daher als Unrechtsakte mit dem Inkrafttreten des Grundgesetzes hinfällig.

Aus deutscher Perspektive ist eine Anerkennung der polnischstämmigen Bürger in Deutschland als Minderheit politisch und rechtlich chancenlos. In Deutschland sind nur die dänische Minderheit, die friesische Volksgruppe, das sorbische

Volk und die deutschen Sinti und Roma als nationale Minderheiten anerkannt. Die polnischstämmige Gemeinschaft in der Bundesrepublik Deutschland ist durch Einwanderung entstanden, ähnlich wie die zahlenmäßig größere türkische Gemeinschaft. Für die Anerkennung einer polnischen beziehungsweise einer türkischen Minderheit gibt es in Deutschland keine Mehrheiten.

Bezüglich der sprachlichen und kulturellen Unterstützung für die polnischstämmigen Bürger in Deutschland erweist sich indes der deutsche Föderalismus, der die Zuständigkeit für Bildung und Kultur bei den Bundesländern verortet, als Hindernis. Auf der Grundlage von Umfragen der Kultusministerkonferenz verweisen einige Bundesländer darauf, dass das Interesse an der polnischen Sprache in ihrem Sprengel relativ gering sei. Das gilt explizit nicht für die Grenzregionen oder Nordrhein-Westfalen, wo die hohe Nachfrage ein ausreichendes Angebot bedingt. Andernorts spielt der Polnisch-Unterricht eine untergeordnete Rolle, nicht etwa, weil böswillige Kulturbürokraten kein Angebot schaffen, sondern weil die Nachfrage an vielen Orten in Deutschland nicht ausreichend ist.

Hinter der polnischen Kritik stehen zwei innenpolitische Leitmotive. Zum einen sollen die Polen in Deutschland, die auch die polnische Staatsangehörigkeit haben, im Blick auf anstehende Wahlen an die PiS gebunden werden. Zum anderen sucht man die Auseinandersetzung mit Berlin, um der rechten Basis zu Hause zu demonstrieren, dass man gewillt war, Deutschland, wenn erforderlich, politisch die Stirn zu bieten.

Die Leidtragenden sind die Angehörigen der deutschen Minderheit in Polen, die zum Spielball der polnischen Forderungen geworden sind. Sicherlich wäre die Bundesregierung ihrerseits gut beraten, würde sie – föderale Zuständigkeiten hin oder her – in Fragen der Finanzierung des polnischen Sprachunterrichts in Deutschland eine etwas großzügigere Haltung an den Tag legen.

Der Nachbarschaftsvertrag forderte zudem in Artikel 28, »Probleme im Zusammenhang mit Kulturgütern und Archivalien, beginnend mit Einzelfällen zu lösen«. Damit sind sowohl von den Nationalsozialisten erbeutete Kunstwerke als auch deutsche Sammlungen gemeint, die während des Kriegs in Gebiete ausgelagert wurden, die nach dem Krieg Polen zugeschlagen wurden. So ist zum Beispiel die sogenannte »Berlinka« aus dem Besitz der Preußischen Staatsbibliothek, eine Sammlung wertvoller Handschriften Luthers, Goethes, Schillers, Bachs, Beethovens, Mozarts und anderer, nach Schlesien verbracht worden und schließlich nach Krakau gekommen.

Die 1992 aufgenommenen Verhandlungen gestalteten sich vor dem Hintergrund unterschiedlicher Rechtspositionen als äußerst schwierig und liegen faktisch auf Eis. Nur in ganz wenigen Fällen kam es vereinzelt zu Rückgaben. Noch immer fehlt es an einer genauen Übersicht über NS-Beutekunst aus Polen in Deutschland. Hier wäre es an der Zeit, in Anknüpfung an frühere Vorschläge kreative Lösungen zu suchen, bei denen der Eigentumsaspekt in den Hintergrund rückt.

Zivilgesellschaft und Wirtschaft

Seit der Wende 1989/1990 sind Vertrauen und Bereitschaft in beiden Staaten und Gesellschaften zu umfassender Zusammenarbeit auf allen Ebenen in einem Maße gewachsen, wie sich das niemand, einschließlich ich selbst, in meiner Zeit im Bundeskanzleramt zur Wendezeit hat vorstellen können. Zivilgesellschaft und Wirtschaft wurden zu kräftigen Säulen enger Kooperation. Die Wende und der demokratische Neuanfang in Polen und der DDR schufen zugleich die Voraussetzungen für eine neue Sicherheitsarchitektur in Europa, die beide Staaten als Mitglieder von EU und NATO gemeinsam aufbauen wollten.

Trotz aller Herausforderungen sind die Beziehungen an der Basis heute immer noch besser, als so mancher Kommentar diesseits und jenseits der Oder nahelegt. Für viele Menschen sind die gewachsenen Kontakte zwischen beiden Gesellschaften und die wirtschaftliche Kooperation gelebte Realität und Normalität, gerade in der jungen Generation und in den Grenzregionen. Ein Abwärtstrend ist allerdings deutlich sichtbar. In der »Transatlantic Trends 2022«, einer regelmäßigen Meinungsumfrage des German Marshall Funds, haben die befragten Polen die Verlässlichkeit Deutschland nur zu 53 Prozent positiv bewertet. Das ist ein Rückgang um 15 Prozent gegenüber 2021 und der drittniedrigste Wert nach Rumänien und der Türkei.

Eine Vielzahl zivilgesellschaftlicher Organisationen fördert den Austausch, gerade der jungen Generation. Die Stiftung für deutsch-polnische Zusammenarbeit verfügt über beträchtliche Ressourcen zur Förderung von Dialog und Austausch. Die deutsch-polnische Wissenschaftsstiftung, der Deutsche Akademische Austauschdienst, die Alexander von Humboldt-Stiftung und viele Hochschulkooperationen fördern erfolgreich den wissenschaftlichen Austausch. Das Deutsche Polen-Institut ist in viele Bildungsprogramme involviert. Der politische Dialog auf allen Ebenen bleibt intensiv. Im Jahr 2016, dem Jubiläumsjahr des deutsch-polnischen Nachbarschaftsvertrags von 1991, hat die Botschaft Warschau knapp 300 Besuche von Politikern auf Bundes-, Landes- und Kommunalebene, hohen Beamten und Delegationen aus den verschiedensten Bereichen betreut.

Seit dem Beitritt zur Europäischen Union haben sich die wirtschaftlichen Beziehungen zwischen unseren Staaten geradezu stürmisch entwickelt. Der bilaterale Handelsaustausch produziert jedes Jahr neue Rekorde. Deutschland ist mit deutlichem Abstand der erste Handelspartner Polens weltweit. Polen ist seinerseits während meiner Zeit als Botschafter zum viertgrößten Lieferanten Deutschlands aufgestiegen.

Die deutschen Direktinvestitionen in Polen spiegeln ein deutliches Interesse der wirtschaftlichen Akteure, durch Präsenz vor Ort von der Dynamik der polnischen Wirtschaftsentwicklung zu profitieren. Vor allem im Westen des Landes, in Schlesien, mit der größten Nähe zu den europäischen Hauptabsatzmärkten, haben sich wichtige deutsche Automobilhersteller und deren Zulieferer sowie die Lufthansa angesiedelt. Auch im weiter entfernten Osten des Landes, nicht allzu weit von der ukrainischen Grenze, sind deutsche Hersteller vertreten.

Die Kontakte zwischen den Menschen in beiden Staaten sind in den letzten 30 Jahre sehr intensiv geworden. Zum Erfolg hat in besonderer Weise der deutsch-polnische Jugendaustausch beigetragen. Seit seiner Gründung 1991 hat das Deutsch-Polnische Jugendwerk circa 3 Millionen jungen Deutschen und Polen die Teilnahme an Austauschprogrammen ermöglicht. Damit steht die Institution zwar immer noch im Schatten des Deutsch-Französischen Jugendwerks, an dessen Programmen circa neun Millionen Jugendliche und Schüler teilgenommen haben. Allerdings läuft der deutsch-französische Austausch auch schon seit dem Elysee-Vertrag von 1963.

Jeder einzelne Teilnehmer und jede einzelne Teilnehmerin am Jugendaustausch sind potenziell Botschafter beziehungsweise Botschafterinnen für gute deutsch-polnische Beziehungen. So manch ein deutsch-polnisches Paar mag sich bei dieser Gelegenheit kennengelernt haben, stehen die Polinnen nach deutschen Statistiken doch an vorderer Stelle unter den in Deutschland geschlossenen binationalen Ehen. Als ein weiteres Beispiel gelungener Kooperation kann die deutsch-polnische Schulbuchkommission betrachtet werden, die mit der Herausgabe eines vierbändigen gemeinsamen Schulbuchs im Fach Geschichte bewiesen hat, dass auch schwierige Themen erfolgreich behandelt werden können. Man würde dem Schulbuch wünschen, dass es in Polen auch tatsächlich im Unterricht eingesetzt wird.

Die Mitarbeiterinnen und Mitarbeiter in der Botschaft und ich haben die Begegnungen der Menschen nach Kräften unterstützt. Ein besonderes Augenmerk haben wir darauf gerichtet, die Menschen spielerisch und im Alltagsleben für Deutschland zu interessieren. Großen Zuspruch erfuhr jedes zweite Jahr der »Tag der offenen Tür« für Warschauer Familien auf dem Botschaftsgelände. Die circa 6000 Gäste, die über die örtliche Presse eingeladen worden waren, durften mehr als nur einen kleinen Blick hinter die Kulissen der Botschaftsarbeit werfen.

Besonderer Beliebtheit erfreuten sich naturgemäß die neuesten Modelle bekannter deutscher Automobilfirmen und die Hundestaffel des deutschen Zolls, der ein Verbindungsbüro an der Botschaft unterhielt. Mit großem Engagement hat die Kulturabteilung für die spendenfinanzierte Einrichtung eines deutsch-polnischen Freundschaftsgartens hinter dem polnischen Nationalstadion auf der anderen Seite der Weichsel gekämpft. Bundespräsident Steinmeier hat ihn bei einem seiner Besuche offiziell eingeweiht.

Den großen deutsch-polnischen Brückenbauer, Auschwitzhäftling und früheren Außenminister Władysław Bartoszewski haben wir mit der Umbenennung des Mehrzweckraums der Botschaft in »Władysław -Bartoszewski-Saal« nebst Plakette am Eingang gewürdigt. Nach seinem Tod haben wir mit großem Erfolg jährliche Preisausschreiben organisiert, bei dem sich polnische Schüler in imaginären Briefen an Bartoszewski zu den deutsch-polnischen Beziehungen äußern sollten.

Das jährliche Beethoven-Festival in Warschau haben wir dazu genutzt, deutsche Künstlerinnen wie Anne-Sophie Mutter und Orchester in der Residenz mit polnischen Bewunderern zusammenzubringen. Mit der Organisatorin des Festivals, Elżbieta Penderecka, und ihrem Ehemann, dem berühmten zeitgenössischen Komponisten Krzysztof Penderecki, ist so über die Jahre eine schöne Freundschaft entstanden. Der im März 2020 verstorbene Penderecki war Deutschland eng verbunden, seine Werke sind bei Schott in Mainz verlegt.

Auch die vielfältigen Partnerschaften zwischen deutschen und polnischen Städten sowie die regionale Zusammenarbeit zwischen den deutschen Bundesländern und den polnischen

Wojewodschaften bilden einen starken deutsch-polnischen Pfeiler. Beide Ebenen haben sich seit der Wende prächtig entwickelt. Noch zu Zeiten des Kalten Kriegs haben die Hansestädte Stettin und Rostock sowie Bremen und Danzig ihre Partnerschaft begonnen. Heute sind knapp 500 Städte auf beiden Seiten enger zusammengewachsen.

Beim regionalen Austausch sind naturgemäß die grenznahen Bundesländer im Osten besonders aktiv. Die Verfassung des Landes Brandenburg verpflichtet alle Institutionen zur Pflege und Weiterentwicklung freundschaftlicher Beziehungen mit Polen. In den grenznahen Regionen fordern die Menschen Antworten auf konkrete Fragen wie die Verbesserung der grenzüberschreitenden Bahnverbindungen oder ein grenzüberschreitendes Rettungsabkommen, das die Behandlung Verunglückter im Nachbarland im Interesse der Betroffenen bestmöglich regelt.

Probleme ergeben sich dabei vor allem durch die unterschiedlichen Kompetenzen der Bundesländer im Föderalismus bundesrepublikanischer Prägung und der Wojewodschaften im polnischen Zentralismus – ein Thema, das gegenüber polnischen Gesprächspartnern schwer zu vermitteln ist. Zur Überwindung dieser Probleme tritt seit 1991 regelmäßig eine Regierungskommission zur grenznahen und regionalen Kooperation zusammen.

Außerdem haben beide Regierungen seit Anfang der 2000er-Jahre Koordinatoren für die deutsch-polnische zwischengesellschaftliche und grenznahe Zusammenarbeit installiert, die sich sehr konkret um diese Probleme kümmern. Derzeit hat dieses Amt der Bundestagsabgeordnete und SPD-Schatzmeister Dietmar Nietan inne. Sein Vorgänger, der sehr engagierte brandenburgische Ministerpräsident Dietmar Woidke, hat während meiner Amtszeit mit der regelmäßigen Organisation von deutsch-polnischen Bahngipfeln die infrastrukturelle Zusammenarbeit in der Grenzregion vorangebracht. Nicht zuletzt durch finanzielle Unterstützung seitens des Landes Brandenburg konnten zusätzliche Bahnverbindungen eingerichtet und bestehende ausgebaut werden. Auch Woidkes Vorgängerin, die frühere Staatsministerin im Auswärtigen Amt und derzeitige deutsche Generalkonsulin in Danzig, Cornelia Pieper, eine ausgewiesene Kennerin Polens mit exzellenten Sprachkenntnissen, hat sich nicht nur in dieser Position bleibende Verdienste erworben.

Hochrangige Besuche

In der Diplomatie ist der hochrangige Besuchsaustausch das Salz in der Suppe und ein wichtiger Gradmesser für die Qualität der Beziehungen. Dabei reicht das Spektrum von hochoffiziellen Besuchen aus zeremoniellen Anlässen bis zu »Geheimbesuchen« unterhalb des öffentlichen Radars.

In die zweite Kategorie gehört der Besuch von PiS-Chef Kaczyński im Juli 2016 in Meseberg, auf den Bundeskanzlerin Angela Merkel im darauffolgenden Februar in Warschau mit einem Arbeitsbesuch antwortete. Der PiS-Vorsitzende wollte nach der britischen Brexit-Entscheidung und dem absehbaren Verlust des engsten Bundesgenossen in der EU ausloten, wie weit er sich trotz aller Gegensätze auf Deutschland abstützen konnte.

Der Gegenbesuch der Bundeskanzlerin in Warschau und die kurz darauffolgende Bestätigung von Donald Tusk, des Intimfeinds Kaczyńskis, als Präsident des Europäischen Rats führte indes auf polnischer Seite zu einer Verstimmung, die Kaczyński der Bundeskanzlerin und Deutschland noch lange nachtragen sollte. Die polnische Regierung war in der entscheidenden Abstimmung des Europäischen Rates, bei der sie Donald Tusk unbedingt verhindern wollte, völlig isoliert, worauf die Bundeskanzlerin den PiS-Vorsitzenden allerdings vorher hingewiesen hatte.

Nichtsdestoweniger verbreiteten enge Vertrauensleute Kaczyńskis die Mär, die Bundeskanzlerin habe Polen getäuscht. Die Episode demonstrierte nicht nur, wie falsch das polnische Regierungslager die Kräfteverhältnisse in Brüssel eingeschätzt

4. Gute und schwierige Nachbarn zugleich

hatte, sondern auch wie wenig sie letztlich bereit war, längerfristig in das Verhältnis zu investieren.

Je offizieller der Besuch, desto größer sind gewöhnlich die Bemühungen, negative Ergebnisse von vornherein auszuschließen, auch wenn das nicht immer gelingt. Offizielle Besuche erfordern in der Regel lange inhaltliche Vorbereitungen von Gesprächsunterlagen und protokollarische Präzision, damit »das richtige Auto zur richtigen Zeit am richtigen Ort« ist. Dass dies nicht immer unter vollständiger Einhaltung der einschlägigen Verkehrsregeln zu machen ist, liegt in der Natur der Sache. Da es bei diesen Besuchen aber nie an polizeilicher Begleitung mangelte, ist es auch immer gut gegangen.

Als mich der Staatssekretär im Präsidialamt Krzysztof Szczerski nach sechsjähriger Amtszeit in Polen offiziell verabschiedete und mir dabei das Kommandeurskreuz des polnischen Verdienstordens überreichte, hielt er in seiner Verleihungsrede zwei herausragende Ereignisse fest, die aus der Sicht von Präsident Duda die Beziehungen zwischen Deutschland und Polen in den letzten Jahren geprägt hätten. Das eine sei der Besuch von Bundespräsident Steinmeier zum 80. Jahrestag des Kriegsbeginns am 1. September 2019 in der polnischen Kleinstadt Wieluń gewesen, von dem an anderer Stelle ausführlich die Rede ist. Bei dem anderen herausragenden Moment handelte es sich um den Doppelbesuch von Präsident Andrzej Duda und dem damaligen Bundespräsidenten Joachim Gauck zum 25. Jahrestag des Vertrags über gute Nachbarschaft und freundschaftliche Zusammenarbeit am 16./17. Juni 2016 in Berlin und Warschau.

Ein solcher Doppelbesuch ist in der Tat selten. Er stellte einen der Höhepunkte meiner Mission in Polen dar. Lange Zeit waren wir im Zweifel, ob die national-konservative Regierung, die Ende 2015 ins Amt gekommen war, überhaupt Interesse an einer Feier aus Anlass des 25. Jahrestags des Nachbarschaftsvertrags von 1991 haben würde. Dass es am Ende so kam, ist sicherlich zu einem großen Teil Präsident Duda zu verdanken, der sich während meiner Amtszeit immer für die Beziehungen eingesetzt hat. Hinzu kam, dass die Ehefrau des Präsidenten, Agata Kornhauser-Duda, eine engagierte Deutschlehrerin ist, die einige Jahre in Deutschland verbracht hatte und immer wieder für gemeinsame Veranstaltungen zum Deutschunterricht in Polen zur Verfügung stand.

Das schloss kritische Kommentare an die deutsche Adresse – zumeist mit Wahlkampfhintergrund – keineswegs aus. Insgesamt konnten wir uns aber in den allermeisten Fällen auf das Präsidialamt verlassen, wenn es um die Vorbereitung wichtiger bilateraler Termine ging. Sowohl Bundespräsident Joachim Gauck als auch sein Nachfolger Bundespräsident Frank-Walter Steinmeier haben bei aller ideologischer Distanz zur PiS immer wieder nach Gelegenheiten gesucht, den Kontakt nach Warschau und insbesondere zu Präsident Duda aufrechtzuerhalten, auch wenn es ihnen die polnische Tagespolitik nicht immer leicht gemacht hat.

Der 25. Jahrestag des Nachbarschaftsvertrags bot eine solche Gelegenheit. In seiner Festrede formulierte Bundespräsident Gauck über die seit dem Nachbarschaftsvertrag vergangene 25-jährige »wunderbare« Periode: »Seit den polnischen Teilungen im 18. Jahrhundert kenne er keine Zeit, in der Deutsche und Polen so lange friedlich und frei miteinander lebten.« In einem Interview mit der polnischen Wochenzeitschrift *Polityka* fügte der damalige Bundespräsident hinzu, Deutsche und Polen befänden sich in einer »glücklichen Phase«. Sie seien sich »erstaunlich nahegekommen« politisch, wirtschaftlich, »vor allem aber durch zahllose gesellschaftliche Begegnungen«.

Der polnische Präsident Andrzej Duda antwortete damals zurückhaltender. Anlässlich seines Besuches in Berlin verglich er die deutsch-polnischen Beziehungen mit einer »guten alten Ehe«, in der die Partner gemeinsam Probleme lösten. Das war auch als Antwort auf den PiS-Vorsitzenden Jarosław Kaczyński zu verstehen, der einige Tage zuvor Polens Unterordnung unter

Deutschland als wirtschaftliches Reservoir billiger Arbeitskräfte kritisiert hatte.

Fünf Jahre später zum 30. Jahrestag des Vertrags am 17. Juni 2021 rang Präsident Duda sich sogar zu der Formulierung durch, Deutschland und Polen seien »im positivsten Sinne miteinander verflochten«. Bundespräsident Steinmeier sprach aus gleichem Anlass von einem »Geschenk« und von einer »großen Erfolgsgeschichte, ... die alles andere als selbstverständlich war und die wir auch nicht für selbstverständlich halten dürfen«.

Deutschlands Rolle in Polens Innenpolitik

Derart freundliche Bekundungen klingen nur wenig später wie aus der Zeit gefallen. Große politische Meinungsunterschiede und die massive Deutschlandkritik der PiS beendeten einen deutsch-polnischen Honeymoon, der, mit einer kurzen Unterbrechung während der ersten Regierung der PiS 2005 bis 2007, *grosso modo* circa 25 Jahre dauerte. Die neue polnische Regierung begann seit 2015 damit, Meinungsverschiedenheiten ideologisch aufzuladen, sie öffentlich hoch zu stilisieren und sie innen- und außenpolitisch zu instrumentalisieren. Den Zwist um die Grundwerte mit den europäischen Institutionen interpretierte sie als deutsche Attacke auf die polnische Souveränität.

Der unterschiedliche Blick diesseits und jenseits der Oder auf den russischen Krieg gegen die Ukraine seit 2014 trübte zudem die polnische Wahrnehmung der sicherheitspolitischen Gemeinsamkeit auch weit über die Regierung hinaus ein. Trotz deutlicher Bekenntnisse aller deutschen Politiker zu den deutschen Verbrechen im Zweiten Weltkrieg entdeckte die PiS im Reparationsthema ein Instrument, mit dem man Deutschland unter Druck setzen konnte. Deutschland hat lange gute Miene zum bösen Spiel gemacht. Immer wieder tauchte das schillernde Stichwort »Positivagenda« auf, die es mit Polen zu entwickeln gelte. Die inhaltliche Ausbeute blieb indes begrenzt, zumal beide Seiten recht unterschiedliche Vorstellungen von dem hatten, was positiv ist und was nicht.

Seit Amtsantritt der PiS ist die Rolle Deutschlands in der polnischen Innenpolitik stark gewachsen. In Polen wurden Deutschland und die deutsche Politik zwar schon immer viel aufmerksamer wahrgenommen als umgekehrt. Aber eine derartige Instrumentalisierung Deutschlands wie im Moment habe ich noch nicht erlebt. Im Zulauf auf die Wahlen 2023 wird dieses Phänomen wahrscheinlich noch zunehmen.

Detailreiche Kenntnisse über Vorgänge in Politik und Gesellschaft in Deutschland sind in Polen weitaus stärker verbreitet als umgekehrt. Die polnische Innenpolitik ist deutlich polarisierter als die deutsche. Die Haltung zum Nachbarland ist in der polnischen Gesellschaft in vielen Fällen Ausweis parteipolitischer Orientierungen. Wer sich als Unterstützer der derzeitigen Opposition versteht, hat in der Regel ein differenzierteres Verständnis von Deutschland und wird sich auch um ein besseres Verhältnis zum Nachbarn bemühen. Bei den Anhängern des national-konservativen Regierungslagers geht der Riss zwischen »Deutschlandverstehern« und »Deutschlandkritikern« mitten durch die Koalitionsparteien. Ich habe in meiner Botschafterzeit eine Vielzahl von Politikern aus dem Umfeld der größten Regierungspartei PiS getroffen, die ehrlich an guten Beziehungen zu Deutschland interessiert waren und dementsprechend handelten. Leider gab es aber auch die anderen.

Aus diesen Gründen kann Deutschland jederzeit in der einen oder anderen Weise in die innerpolnische Diskussion hineingezogen werden. Hinzu kommt im Regierungslager – und das sollte während meines Aufenthalts immer wieder von großer Bedeutung sein – eine hohe Anfälligkeit für als ungerecht empfundene ausländische, insbesondere deutsche Pressekritik. Wie an anderer Stelle schon beschrieben, nahm diese Medienschelte gegenüber der deutschen Presse oder den polnischen Ablegern deutscher Medienhäuser zum Teil groteske Formen an und offenbarte ein ziemlich merkwürdiges Verständnis von Pressefreiheit.

Die beschriebene gesellschaftliche Polarisierung hat zur Konsequenz, dass man als deutscher Botschafter in Polen in den tagtäglichen Aktivitäten von allen Seiten mit Argusaugen beobachtet wird. Nur allzu leicht gerät man ins Fadenkreuz der rechten Presse oder in Kampagnen in den sozialen Medien. Schnell hat man dem einen oder anderen, ohne es zu wollen, auf die Füße getreten. In unserer modernen medialen Welt potenzieren sich diese Gefahren. Allzu oft sind schnelle Reaktionen gefragt, die eben manchmal auch zu schnellen negativen Gegenreaktionen führen können.

Überhaupt sind Vorurteile, Klischees und Stereotypen über den jeweils anderen im Zusammenhang mit dem russischen Krieg gegen die Ukraine wieder stärker geworden. Weite Kreise der polnischen Bevölkerung leiten aus der anfänglichen deutschen Zögerlichkeit bei den Waffenlieferungen an die Ukraine die Schlussfolgerung ab, die deutsche Russlandpolitik habe sich noch immer nicht gewandelt. Der PiS-Vorsitzende Jarosław Kaczyński unterstellt der deutschen Europapolitik, ein »Viertes Reich« über Europa installieren zu wollen. Schon Ende 2015 prägte der frühere Außenminister Witold Waszczykowski das Wort von der Welt »aus Radfahrern und Vegetariern, die nur noch auf erneuerbare Energien setzen und gegen jede Form der Religion kämpfen.« Derartige Thesen reflektieren indes nicht die überwiegende Meinung der Polinnen und Polen. Nach neueren Umfragen bewerten über 50 Prozent unserer Nachbarn die Deutschlandpolitik der Regierung negativ.

Die regierungsamtlichen Beziehungen haben sich seit Amtsübernahme der PiS kontinuierlich verschlechtert. Eine der wichtigen Aufgaben einer Botschaft ist die jährliche Organisation des Tags der deutschen Einheit am 3. Oktober. Zu der traditionellen Veranstaltung im Festzelt im Botschaftsgarten in Warschau erscheinen zumeist rund 1300 hochrangige Gäste, von circa 4000, an die meine langjährige Protokollmitarbeiterin Iza Skubiejska jedes Jahr mit großer Akribie Einladungen verschickte.

Manchmal haben wir das Fest zusammen mit einem deutschen Bundesland organisiert, das dem jeweiligen Ministerpräsidenten die Gelegenheit zu einem Besuch in Warschau und dem Bundesland die Möglichkeit zur Präsentation seiner wirtschaftlichen Leistungsfähigkeit und kulinarischer Spezialitäten gab. Die Bundesländer Bayern, Nordrhein-Westfalen und die Hansestadt Bremen haben von dieser Möglichkeit Gebrauch gemacht.

2017 habe ich wie jedes Jahr im extra errichteten Festzelt im Botschaftsgarten eine Rede in Polnisch gehalten, die wegen ihrer anschließenden Veröffentlichung in einer der größten Tageszeitungen Polens großen Widerhall fand. Ich lobte zunächst den großen Beitrag Polens zur deutschen Einheit, indem ich an die Inspiration der Bürgerbewegung in der DDR durch die Gewerkschaft Solidarität und die großartige Hilfe für die Flüchtlinge 1989 erinnerte. Anschließend würdigte ich die »feste und gesunde Grundlage« der deutsch-polnischen Beziehungen, die sich seit der Wende 1989/1990 insbesondere bei den Kontakten der Zivilgesellschaften in beiden Ländern und in der wirtschaftlichen Kooperation entwickelt hatten. Schließlich appellierte ich nachdrücklich an alle Verantwortlichen, insbesondere in der Regierung, »gemeinsam nach Antworten zu suchen, ... uns auf das zu konzentrieren, was uns verbindet ..., Kompromisse zu schmieden und Interessenunterschiede nicht zu unüberwindbaren ideologischen Hürden« hochzustilisieren.

Die Reaktion des Publikums auf die Rede und auf die ungewöhnliche Veröffentlichung im Wortlaut in einer der großen polnischen Tageszeitungen war überwältigend positiv. In der Rückschau nach ein paar Jahren muss ich einräumen, dass der Appell nicht gefruchtet hat. Seitdem hat die polnische Regierung unter anderem über das Institut für nationales Gedenken antideutsche Plakate finanziert, auf denen Mitglieder der Bundesregierung und der deutsche Botschafter in Warschau mit nationalsozialistischen Emblemen und Personen in einen inhaltlichen Zusammenhang gebracht werden. Derartige Kampagnen sind im Verhältnis zwischen Bündnispartnern sehr ungewöhnlich und unangemessen.

Wie es scheint, ist die polnische Regierung derzeit offenbar nicht an einem langfristig gedeihlichen Verhältnis zu Deutschland auf der staatlichen Ebene interessiert. Schlimmer noch: Sie hat offenbar entschieden, den Wahlkampf für die Parlamentswahlen gegen Ende 2023 auf einer anti-deutschen und anti-EU-Plattform zu führen. Kaczyński und andere zeihen Deutschland in einem Moment, in dem angesichts der russischen Aggression gegen die Ukraine größtmögliche westliche Einheit notwendig wäre, des Imperialismus. Ein enger Vertrauter Kaczyńskis in hervorgehobener Position im Amt des Ministerpräsidenten vergleicht Deutschland mit Russland und wirft Deutschland geschichtlichen Revisionismus vor. Mit ihrer eskalierenden Kritik gegenüber Deutschland bedient die PiS tiefsitzende Phobien und stilisiert reale Differenzen in der Frage des Rechtsstaats und in der Ostpolitik zu einem nahezu zivilisatorischen Konflikt zwischen Gut und Böse hoch.

Ein solches Zerrbild deutscher Politik bleibt nicht ohne Auswirkungen auf das Meinungsbild über Deutschland in Polen. Es hat sich rapide verschlechtert. Das »Deutsch-polnische Barometer« vom Juni 2022, eine Umfrage in Deutschland und Polen, die das Warschauer Institut für öffentliche Angelegenheiten mit Unterstützung der Konrad-Adenauer-Stiftung, dem Deutschen Polen-Institut und der Stiftung für deutsch-polnische Zusammenarbeit regelmäßig veröffentlicht, zeigt zwar eine deutliche allgemeine Sympathie der Polen gegenüber den Deutschen, also zum Beispiel als Arbeitskollegin oder Arbeitskollegen beziehungsweise als Schwiegersohn oder Schwiegertochter. Auf der politischen Ebene zeichnen diese und andere Studien allerdings ein zunehmend negatives Bild der deutschen Politik, mit sehr deutlichen Unterschieden zwischen den Anhängern der Regierung und denen der Opposition. Die Zustimmung zur deutschen Politik ist im Durchschnitt der polnischen Bevölkerung seit 2020 kontinuierlich gesunken, nach dem »Deutsch-polnischen Barometer« von 70 Prozent auf knapp unter 50 Prozent. Das sind sehr bittere Erkenntnisse.

Die Diskussion um Reparationen

Am Jahrestag des Kriegsbeginns, am 1. September 2022, hat der PiS-Vorsitzende Jarosław Kaczyński persönlich den ersten Teil eines dreiteiligen »Berichts über die Verluste, die Polen infolge der deutschen Aggression und Besatzung im Zweiten Weltkrieg 1939–1945 erlitten hat«, im Warschauer Königsschloss, das während des Kriegs von der Wehrmacht zerstört wurde, der Öffentlichkeit vorgestellt.

Der polnische Sejm hat Deutschland in einer Resolution unter der breiteren Überschrift »Wiedergutmachung mit Zustimmung des Großteils der Opposition« aufgerufen, politische, historische, rechtliche und finanzielle Verantwortung für die Konsequenzen, die Polen durch das Dritte Reich erlitten hat, zu tragen. Der Parlamentsbericht beklagt wirtschaftliche Verluste in Höhe von 1,3 Billionen Euro. Die Berechnungen stützen sich auf die statistisch generierten Einkommen der im Krieg ermordeten Polen sowie staatliche und nicht-staatliche finanzielle Verluste, einschließlich Kulturgütern. Die Regierung hat angekündigt, darüber mit Deutschland einen Vertrag schließen und notfalls vor nationale oder internationale Gerichte ziehen zu wollen. Sie hat am Tag der deutschen Einheit 2022 in einer offiziellen Note an das Auswärtige Amt die polnischen Forderungen formalisiert und eine Reihe anderer bilateraler Gravamina formuliert. Daneben versucht sie, bei unseren westlichen Partnern und im Europaparlament Stimmung gegen Deutschland zu machen.

Die abschließende Regelung in Bezug auf Deutschland, der Zwei-plus-Vier-Vertrag, enthält keine expliziten Formulierungen bezüglich Reparationen. Die polnische Regierung hat in diesem Zusammenhang auch keine Forderungen erhoben. Im deutsch-polnischen Nachbarschaftsvertrag von 1991 blieben Vermögensansprüche explizit ausgeschlossen. Schon 1953 hatte Polen im direkten Gefolge einer gleichen sowjetischen Entscheidung auf weitere Reparationszahlungen gegenüber Deutschland (nicht nur gegenüber der DDR) verzichtet. 2004 bestätigte die polnische Regierung diese Haltung noch einmal ausdrücklich. Sie galt offiziell mindestens bis 2017, als das polnische Außenministerium sie noch einmal gegenüber dem Sejm bekräftigte.

Nach Amtsübernahme der PiS änderte sich die polnische Rechtsauffassung. Laut einem Rechtsgutachten des Sejms vom September 2017 ist der polnische Verzicht von 1953 unwirksam, weil er auf Druck der Sowjetunion abgegeben und die polnische Verfassung verletzt worden sei. Konkret sei der Verzicht in einer rechtlich unwirksamen Erklärung einer unzuständigen Institution, des Ministerrates und nicht des Staatsrats, erfolgt. Der Bezug auf staatliche Interna kann indes im Völkerrecht nicht als Rechtfertigung für die Unwirksamkeit rechtlicher Instrumente herangezogen werden, wenn der Begünstigte darauf vertrauen konnte und der Verstoß nicht offenkundig war.

In Reaktion auf die Kritik der europäischen Institutionen an der Rechtsstaatsreform in Polen setzte der PiS-Vorsitzende Kaczyński das Thema 2017 auf die politische Tagesordnung. Er berief einen Parlamentsausschuss, dem nur PiS-Parteigänger angehörten, und beauftragte ihn mit einer Zusammenstellung aller Schäden, die Polen während des Zweiten Weltkriegs durch die deutsche Besatzung entstanden waren.

Der am 1. September 2022 vorgelegte Bericht war bereits 2019 fertig, wurde aber aus politischen Gründen zurückgehalten. Zu offiziellen Verhandlungen auf staatlicher Ebene ist es bisher nicht gekommen. Ein solcher Versuch wäre vor dem

Hintergrund der völkerrechtlichen Sachlage auch nicht besonders erfolgsträchtig. Die Reparationsforderungen bewegen sich zudem in einer unerfüllbaren Dimension. Die deutsche Politik hat zu Recht bisher der Versuchung widerstanden, eine Gegenrechnung für den Verlust der ehemaligen deutschen Ostgebiete offiziell zu präsentieren. In einer Zeit, in der es wegen des russischen Kriegs gegen die Ukraine auf westliche Kohäsion und wirtschaftliche Leistungsfähigkeit aller Beteiligten ankommt, wirken die polnischen Forderungen anachronistisch. Ihr politisch-instrumenteller Charakter tritt klar zutage.

Die polnischen Forderungen stehen rechtlich auf schwachen Füßen. Alle Bundesregierungen haben daher zu Recht die Meinung vertreten, dass die Frage spätestens mit dem »Zwei-plus-Vier-Vertrag« von 1990 völkerrechtlich und politisch abgeschlossen sei. Der Wissenschaftliche Dienst des Deutschen Bundestags hat 2019 in einem Rechtsgutachten festgestellt, dass völkerrechtliche Reparationsansprüche erloschen sind. Gemäß dem Potsdamer Abkommen der Kriegsalliierten von 1945 sollte Polen einen Anteil an den Reparationen erhalten, die die Sowjetunion aus der sowjetisch besetzten Zone entnommen hatte.

Aus Sicht aller Bundesregierungen umfassen Reparationszahlungen auch individuelle Ansprüche im Rahmen der Wiedergutmachung. Davon zu trennen sind humanitäre Leistungen an Individuen für materielle Verluste während der deutschen Besatzung auf freiwilliger Grundlage. Diesbezügliche deutsche freiwillige Leistungen an Polen sind in der Tat im Verhältnis zu den besonderen Leiden der polnischen Bevölkerung und im Vergleich zu den Leistungen an andere Staaten eher bescheiden gewesen.

Deutschland hat aber schon während der Zeit des Kommunismus Entschädigungszahlungen für Menschenversuche geleistet und einen Milliardenkredit an Polen gegeben, der nur zum Teil zurückgezahlt wurde. Nach der Wende stellte die Regierung Kohl 500 Millionen DM für eine »Stiftung für deutsch-polnische Aussöhnung« zur Verfügung. Im Notenwechsel vom 16. Oktober 1991 sagte die polnische Regierung daraufhin zu, keine weiteren Ansprüche polnischer Bürger gegenüber Deutschland zu unterstützen.

Unter der Regierung Schröder kam dann eine Regelung für Zwangsarbeiter zustande, in deren Gefolge knapp eine Milliarde Euro Entschädigungsleistungen an knapp 500 000 polnische Berechtigte flossen. Das war wenig für die Betroffenen und reichte auch nicht für alle Zwangsarbeiter. Auch die damalige polnische Regierung sicherte zu, keine weiteren finanziellen Forderungen an die Adresse Deutschlands zu erheben. Ich selbst habe Ende 2014 ein Abkommen über die Auszahlung von Renten an Überlebende aus den Ghettos in Polen unterzeichnet. Sowohl Bundeskanzler Schröder als auch Bundeskanzlerin Merkel lehnten im Übrigen im umgekehrten Fall eine Unterstützung von Eigentumsansprüchen deutscher Vertriebener, vertreten durch die sogenannte Preußische Treuhand, ab.

Die deutsche Ablehnung der polnischen Forderungen bedeutet nicht, dass weitere humanitäre oder andere Gesten gegenüber Polen nicht möglich wären. Diskussionen hat es darüber immer wieder gegeben, auch zu meiner Zeit. Allerdings würde eine solche Politik die Bereitschaft auf polnischer Seite voraussetzen, einen Schlussstrich unter die rechtlichen Aspekte dieses Problems zu ziehen. Das hätte an der fortdauernden moralischen Verantwortung Deutschlands für die nationalsozialistischen Verbrechen nichts geändert.

Aber genau dazu war und ist die derzeitige polnische Regierung nicht bereit. Vielmehr will sie diesen Hebel, mit dem sie Deutschland je nach politischer Opportunität unter Druck setzen kann, nicht aus der Hand geben. Auch im Kontext der Wahlen kann man mit dem Thema mobilisieren, ist doch eine satte Mehrheit der Wähler weit über das Kernelektorat der PiS hinaus davon überzeugt, dass Polen Wiedergutmachung zustehe. Im Übrigen eignet sich das Thema auch, um international Stimmung gegen Deutschland zu machen.

5.
Die deutsch-polnischen Wirtschaftsbeziehungen

Zusammen mit dem geradezu stürmischen und äußerst facettenreichen zivilgesellschaftlichen Austausch ist die intensive wirtschaftliche Zusammenarbeit der wichtigste Stützpfeiler der bilateralen Beziehungen. Beide Staaten haben von den radikalen Wirtschaftsreformen in Polen vom Anfang der 1990er-Jahre und vom polnischen EU-Beitritt 2004 stark profitiert. Schon ab 1990 stieg Deutschland zum wichtigsten Handelspartner Polens auf. Nach der deutschen Statistik betrug das Handelsvolumen zwischen Deutschland und Polen 2021 148 Milliarden Euro und damit mehr als etwa der bilaterale Austausch Deutschlands mit Italien oder Großbritannien. 1991 hatte der Handelsaustausch nur bei 8 Milliarden Euro gelegen.

Deutschland ist heute mit weitem Abstand Polens wichtigster Handelspartner. Umgekehrt ist Polen schon 2021 zum fünftgrößten Exportpartner und zum viertgrößten Importpartner Deutschlands aufgestiegen. In »beide Richtungen« ist die Tendenz weiterhin stark steigend. Wie Deutschland hat Polen eine Wirtschaftsstruktur mit einem vergleichsweise hohen Industrieanteil an der Wertschöpfung.

Eine enge wirtschaftliche Verflechtung

Wie wichtig die ökonomische Bedeutung des gesamten Raums für Deutschland ist, mag man auch daran ermessen, dass der

Handelsaustausch mit den vier sogenannten Visegrád-Staaten beträchtlich größer ist als mit unserem wichtigsten Außenhandelspartner China. Nach Zahlen des Statistischen Bundesamts betrug der wertmäßige Warenumsatz mit China 2021 knapp 246 Milliarden Euro. Der Handel mit Polen, Ungarn, der Tschechischen Republik und der Slowakei belief sich demgegenüber zusammen auf knapp 335 Milliarden Euro. Im Zuge der Umstellung globaler Lieferketten und Maßnahmen zur Stärkung der Resilienz unserer Volkswirtschaften gegen geostrategische Risiken könnte der Handel mit unseren östlichen Partnern noch zunehmen.

Zurück zu Polen: Das Land erzielt nach der eigenen Statistik seit über einem Jahrzehnt einen Handelsbilanzüberschuss mit Deutschland. Jenseits gelegentlicher Kritik an Deutschland zeigt sich die polnische Regierung mit dem zunehmenden Anteil polnischer Fabriken in den internationalen Lieferketten und der Wettbewerbsfähigkeit polnischer Produkte auf dem deutschen Markt zufrieden. Bei den ausländischen Direktinvestitionen steht Deutschland sowohl im Blick auf die Zahl der in Polen vertretenen Firmen als auch bezüglich des Investitionsvolumens an vorderer Stelle. Die Deutsch-Polnische Außenhandelskammer in Warschau repräsentiert über 1000 Firmen, die sich in den bilateralen Wirtschaftsbeziehungen engagieren.

Nach Angaben des Auswärtigen Amts betrugen die kumulierten deutschen Direktinvestitionen in Polen im Jahr 2021 39 Milliarden Euro. Hauptinvestoren waren die Nahrungsmittel- und die Automobilindustrie sowie der Maschinen- und Anlagenbau. Die polnischen Investitionen in Deutschland beliefen sich bis 2019 auf 2 Milliarden Euro, Tendenz deutlich steigend. Die großen deutschen Investitionen sind besonders im westlichen Teil Polens lokalisiert. Die Wojewodschaften Niederschlesien und Großpolen mit dem Zentrum Posen stechen in der Autoindustrie, der chemischen Industrie und der Luftfahrt hervor. Die allermeisten deutschen Investoren sind ausweislich regelmäßiger Umfragen mit ihrem Geschäft in Polen weiterhin zufrieden.

Die stark zunehmende wirtschaftliche Verflechtung wird auch dadurch begünstigt, dass sich politische Differenzen und ähnliche oder gar identische wirtschaftspolitische Vorstellungen keineswegs ausschließen. Sowohl Deutschland als auch Polen haben einen überdurchschnittlich hohen Außenhandelsanteil am Bruttoinlandsprodukt (BIP) und sind damit natürliche Anhänger des Freihandels. Innerhalb der Europäischen Union sind beide Staaten zwar große Profiteure des Binnenmarkts, Deutschland positioniert sich jedoch in sozialen Fragen wie dem Mindestlohn gegen einen schrankenlosen Binnenmarkt.

Auch wenn Polen nicht Teil des Euros ist und nach den Vorstellungen der derzeitigen Regierung auch in absehbarer Zeit nicht werden wird, stärkt Polen die stabilitätsorientierte Fraktion innerhalb der EU. In puncto Finanzdisziplin erfüllte Polen bis zu den Verwerfungen im Zusammenhang mit der COVID-19-Pandemie die europäischen Normen. Die im Wesentlichen wahltaktisch bedingte Fortsetzung der großzügigen Sozialpolitik in einem inflationären Umfeld droht allerdings mittelfristig den Staatshaushalt zu gefährden.

Im Zuge der Hinwendung Deutschlands zu einer stärker industriepolitischen Orientierung etwa bei der Batteriezellenproduktion ergeben sich zusätzliche Perspektiven für die deutschpolnische Kooperation. Großes Entwicklungspotenzial besteht auch bei der Zusammenarbeit im Bereich der erneuerbaren Energien sowie der energetischen Nutzung von Wasserstoff. Polen hat aus Gründen der Energiesicherheit und der starken Lobby der Bergarbeiter für einen großen Teil seiner Energie-, vor allem der Stromproduktion auf die heimische Kohle gesetzt. Die horrende Luftverschmutzung, die zunehmend hohen Produktionskosten und der europäische »Green Deal« mit seinen erheblichen finanziellen Perspektiven haben indessen zu einem

Umdenken beigetragen und die Perspektive für eine ambitioniertere polnische Klimapolitik geschaffen.

Der russische Krieg gegen die Ukraine und die ihn begleitenden Versuche des Kreml, Energie als politische Waffe gegen Europa zu verwenden, haben indes klimapolitische Erwägungen gegenüber Aspekten der Energiesicherheit erneut in den Hintergrund gedrängt und die polnischen Bemühungen um einen schnelleren Übergang zu einer emissionsfreien Wirtschaft gebremst. Polen setzt sich dennoch aus Gründen der Energiesicherheit für eine schnelle Beendigung des Imports aller russischen Energieträger (Gas, Öl, Kohle und Atombrennstäbe) ein.

Aufgrund des rasanten Anstiegs der Preise für Energie, den die polnische Regierung primär den Folgen der russischen Aggression, aber auch dem EU-Emissionshandelssystem und Marktspekulationen zuschreibt, fordert Ministerpräsident Morawiecki, das Emissionshandelssystem zeitweise auszusetzen. Andernfalls droht Polen mit einer Blockade wichtiger Gesetzesvorhaben, mit dem die EU einen fairen und sozial gerechten Übergang zur Klimaneutralität gestalten möchte. Mit diesen Drohungen setzt sich die polnische Regierung in Gegensatz zum europäischen »Green Deal« und gegenüber Deutschland, einem der Hauptverfechter der europäischen Regelungen in diesem Bereich.

»Polnische Wirtschaft«

Angesichts der beträchtlichen Erfolge der polnischen Wirtschaft über die letzten beiden Jahrzehnte ist es nicht verwunderlich, dass der Begriff »Polnische Wirtschaft« eine positive Veränderung erfahren hat. Galt er zunächst als Synonym für Unordnung und die Unfähigkeit, eine erfolgreiche Volkswirtschaft aufzubauen, so steht er heute für sichtbaren wirtschaftlichen Erfolg, über den sich alle in Polen zu Recht freuen dürfen.

Über Jahrhunderte hinweg gehörte der Begriff »Polnische Wirtschaft« in die Propagandaschublade. Er wurde zum Inbegriff für ineffizientes, desorganisiertes Wirtschaften im Zusammenhang mit dem Niedergang der polnischen Adelsrepublik, der schließlich in die polnischen Teilungen mündete. Im deutschen Sprachgebrauch trug der Begriff zur Rechtfertigung der preußischen Beteiligung an den Teilungen Polens bei. In der deutschen Literatur des 19. Jahrhunderts tauchte er im Zusammenhang mit angeblicher zivilisatorischer Rückständigkeit Polens auf. Damit bediente er ein weit verbreitetes deutsches Überlegenheitsgefühl.

Nach dem Krieg traten die Unterschiede im Gefolge des deutschen Wirtschaftswunders und der Ineffizienz des kommunistischen Systems deutlich zutage. Bestimmte Kreise in der Bundesrepublik Deutschland führten diesen Befund auf die angebliche Unfähigkeit der Polen zurück, eine funktionsfähige Wirtschaft aufzubauen. Dahinter stand nur allzu deutlich das Bemühen, Ansprüche auf die durch den Krieg verlorenen früheren deutschen Ostgebiete zu legitimieren.

Ich erinnere mich noch gut an kritische Bürgerbriefe zahlreicher Heimatvertriebener, die ich als junger Diplomat in der außenpolitischen Abteilung des Bundeskanzleramts unter Helmut Kohl zur Wendezeit 1989/1990 zu beantworten hatte. Neben rechtlichen Zweifeln, die Gott sei Dank inzwischen ein für alle Mal geklärt sind, tauchte in diesen vielfach langen, teilweise sehr emotionalen Bittbriefen immer wieder die Formulierung auf, die Polen würden die ehemals blühenden Landstriche im Osten doch nur herunterwirtschaften.

Seit dieser Zeit vor über 30 Jahren hat sich der Begriff »polnische Wirtschaft« – nahezu unbemerkt von der breiten Öffentlichkeit – fast vollständig in sein Gegenteil verkehrt. Unter dem Eindruck eines anhaltend hohen wirtschaftlichen Wachstums steht die polnische Volkswirtschaft heute zu Recht für Dynamik und wirtschaftlichen Erfolg. Große deutsche Unternehmen suchen händeringend nach begehrten polnischen Fachkräften, die in Polen zunehmend knapp werden. Polnische Arbeiter sind heute bei vielen Bauvorhaben im westlichen Teil unseres Kontinents nicht mehr wegzudenken. In Deutschland würden Teile der Alten- und Krankenpflege wahrscheinlich zusammenbrechen, müsste man auf die polnischen Fachkräfte verzichten. Polnische Saisonarbeiter in der Landwirtschaft – wenn auch deutlich weniger als früher – sorgen für eine zeitgerechte Ernte vieler Feld- und Baumfrüchte.

Das polnische Wirtschaftswunder

Einer der Hauptgründe für die positive Entwicklung der deutsch-polnischen Wirtschaftsbeziehungen ist die sehr erfolgreiche polnische Wirtschaftspolitik seit der Wende. Polen wuchs seither zur sechstgrößten Volkswirtschaft in der EU heran. Das Bruttoinlandsprodukt stieg von 1990 bis 2022 auf das Zehnfache: von 67 Milliarden auf 675 Milliarden US-Dollar. Selbst die drastische Wirtschafts- und Finanzkrise 2008/2009, die von den USA ausgehend die EU in eine schwere Krise und den Euro an den Rand des Zusammenbruchs gebracht hatte, und die COVID-19-Pandemie hat die polnische Volkswirtschaft vergleichsweise gut gemeistert.

Zwar wertete die polnische Währung, der Zloty, gegenüber dem Euro stark ab und das Wirtschaftswachstum verlangsamte sich; ein Sturz in die Rezession wie überall sonst in der EU konnte indes vermieden werden. Durch die Corona-Pandemie geriet Polen 2020 in eine kurze und mit 2,2 Prozent vergleichsweise milde Rezession. Schon jetzt ist allerdings absehbar, dass der rasante Anstieg der Energiepreise im Zusammenhang mit dem russischen Angriff auf die Ukraine und eine sehr hohe Inflationsrate das polnische Wirtschaftswachstum abbremsen werden.

Polen hat vom europäischen Binnenmarkt und von den zahlreichen landwirtschaftlichen und strukturellen Hilfen aus

Brüssel wie kein anderes Land profitiert. Seit dem EU-Beitritt im Jahr 2004 ist Polen der größte Nettoempfänger für EU-Hilfen. Im mehrjährigen Finanzrahmen für die Jahre 2021 bis 2027 gehört Polen wieder zu den Spitzenreitern unter den Empfängern von Brüsseler Zuweisungen. Von dem knapp 1,8 Billionen Euro schweren EU-Finanzrahmen 2021 bis 2027 und dem Wiederaufbaufonds nach Corona soll Polen circa 140 Milliarden Euro erhalten, wenn es die entsprechenden politischen Voraussetzungen erfüllt.

Durchschnittlich entsprechen die EU-Hilfen einem Anteil von knapp 3 Prozent des Bruttoinlandsprodukts. Das polnische Wirtschaftsministerium schätzt, dass ein Viertel des Wirtschaftswachstums auf die EU-Finanzhilfen zurückzuführen ist. Nach dem Beitritt Polens zur EU haben zudem starke Investitionsströme nicht nur aus anderen EU-Ländern eingesetzt. Der Bestand an Auslandsinvestitionen beträgt derzeit insgesamt circa 200 Milliarden Euro.

Aber das ist keineswegs die ganze Geschichte. Auch andere Staaten des früheren Ostblocks haben enorme ausländische Zuflüsse erhalten. Kein anderes Land hat indes daraus so viel gemacht wie Polen. Schon gleich nach der Wende Anfang der 1990er-Jahre haben die tiefgreifenden und radikalen liberalen Reformen des damaligen Finanzministers Leszek Balcerowicz die Grundlage für den einzigartigen wirtschaftlichen Aufstieg gelegt. Damit setzte Balcerowicz praktisch über Nacht die Aufhebung der planwirtschaftlichen Regulierung und die Aufhebung des Außenhandelsmonopols sowie die freie Konvertibilität des Zloty durch. Die Preise wurden freigegeben und die meisten Subventionen abgeschafft.

Die sozialen Kosten dieser Schocktherapie waren immens. Die Wirtschaft stürzte ab, die Preise explodierten, die in den Staaten des früheren Warschauer Paktes unbekannte Arbeitslosigkeit stieg sprunghaft an, und die Realeinkommen sanken. So schwierig die Lage für viele damals war, so sehr hat Polen von den radikalen Reformen profitiert. Die Eigentümerstruktur in der Industrie und die Ausrichtung des polnischen Außenhandels wandelten sich fundamental. Mehr als drei Viertel der polnischen Exporte gehen heute in die Länder der Europäischen Union.

Professor Balcerowicz, ein durchaus prägnant und selbstbewusst, manchmal provokant formulierender Intellektueller, räumte anlässlich eines Gesprächs mir gegenüber ein, dass er die Reformen damals nur deswegen habe durchführen können, weil nach dem politischen Systemwechsel für kurze Zeit ein Fenster der Gelegenheit offen gestanden habe. Die Begeisterung der Menschen, den Kommunismus mit eigenen Kräften überwunden zu haben, übertünchte zumindest für einige Zeit die wirtschaftlichen Härten.

Die PiS-Regierung hat seit Amtsantritt 2015 eine Abkehr von der Wirtschaftspolitik ihrer Vorgängerin vollzogen. Bisher blieben ihre kostenintensiven Sozialprogramme finanzierbar. Ob das auch in Zukunft so sein wird, ist vor dem Hintergrund der hohen Inflationsrate, der Energiekrise und der veränderten weltwirtschaftlichen Rahmenbedingungen nicht ausgemacht.

Die Vorteile des polnischen Wirtschaftsstandorts

Wie Umfragen der Deutsch-Polnischen Auslandshandelskammer Jahr um Jahr belegen, sehen internationale Investoren Polen regelmäßig auf einem Spitzenplatz unter den Investitionsstandorten im östlichen Teil der EU. Jedes Jahr werden mehr als 200 internationale Investoren befragt. Selbst im Jahr 2022, mit den dunklen Wolken des russischen Krieges gegen die Ukraine am Himmel, bewerten zwei Drittel der befragten Unternehmen ihr Geschäftsumfeld in Polen positiv. Neun von zehn Unternehmen erwarten eine positive oder zumindest nicht negative Geschäftsentwicklung.

Als besonders attraktiv werten die Investoren die Zugehörigkeit zur Europäischen Union, den großen polnischen Binnenmarkt mit seinen 38 Millionen Einwohnern, die relativ gute Ausbildung und Produktivität der Fachkräfte, die moderne Infrastruktur und die Nähe zu den Märkten im Westen unseres Kontinents.

Demgegenüber kritisieren die wirtschaftlichen Akteure die mangelnde Rechtssicherheit im Gefolge der Transformation des polnischen Justizsystems, die unklaren Steuergesetze und ihre Anwendung sowie ganz besonders die schlechte Vorhersehbarkeit der Wirtschaftspolitik mit ihren häufigen kurzfristigen, technisch mangelhaft ausgearbeiteten und unabgestimmten Änderungen der rechtlichen Rahmenbedingungen. Auch die Bewertung der gegenwärtigen Regierung durch ausländische Investoren ist nach dieser Umfrage überwiegend negativ. Die negativen Standortfaktoren haben aber bisher keine nennenswerten Konsequenzen auf das Verhalten ausländischer Handelspartner und Investoren ausgelöst.

Einschränkungen zu dieser insgesamt positiven Einschätzung gelten für den Bereich der Medien und der Banken. In beiden Bereichen läuft aus politischen Gründen eine sogenannte Repolonisierungskampagne, mit der nationale Eigentümerstrukturen gestärkt werden sollen. Bei den Medien, in denen deutsche Verlagshäuser stark engagiert sind, erwarb der staatlich kontrollierte Energiekonzern Orlen in einer spektakulären Aktion die Anteile deutscher Unternehmen am Verlagshaus Polska Press, die 85 bis 90 Prozent der Anteile am regionalen Medienmarkt in Polen hielt. Der polnische Ombudsmann hegt Befürchtungen, dass mit dieser von der Regierung forcierten Transaktion eine Einschränkung der Pressefreiheit verbunden sein könnte. Viele verantwortliche Redakteure wurden ausgetauscht, andere verließen den Konzern. Auch auf dem nationalen Medienmarkt sind solche Bestrebungen erkennbar, treffen aber auf Widerstand der ausländischen Eigentümer.

Auch im Bankensektor will die polnische Regierung den ausländischen Einfluss zurückdrängen. Sie macht sich dabei die Tatsache zunutze, dass höherer Wettbewerbsdruck bei sinkenden Gewinnmargen und die notwendige Digitalisierung strukturelle Veränderungen erzwingen. Die Konsolidierung des polnischen Finanzsektors ist sowieso in vollem Gange. Die Anzahl der kommerziellen Banken auf dem polnischen Markt hat sich in den letzten Jahren reduziert. Banken wurden ermutigt, ihre Anteile an die Staatliche Versicherung PZU abzugeben. Gelegentlich ist hierbei auch der Staatliche Entwicklungsfonds involviert.

Inzwischen ist schon wieder über die Hälfte der Banken im polnischen Besitz. Für ausländische Banken problematisch ist ein Gesetz, mit dem sie gezwungen werden, in einen Fonds einzuzahlen, aus dem polnische Kreditnehmer, die sich bei Hypothekenkrediten verzockt haben, entschädigt werden sollen. Einige ausländische Kreditinstitute sind bei diesen Darlehen besonders engagiert.

Beim Korruptionsindex gegenüber Amtsträgern und Politikern liegt Polen im europäischen Durchschnitt. Bei Transparency International landete Polen 2021 weltweit auf Platz 42 von 180 ausgewiesenen Staaten, im Vergleich dazu Deutschland auf Platz 10. Auch wenn derartige Messungen sicher nur Anhaltspunkte liefern, ist die Tendenz doch aussagekräftig. Demgegenüber hat die EU-Kommission in Polen bisher keine Defizite bei der Verwendung von EU-Geldern moniert – in Gegensatz zur harschen Kritik an Ungarn.

In nicht wenigen Staaten stehen Korruption und Einkommensungleichheit miteinander in Verbindung. Nicht so in Polen. Eine Korrelation zwischen beiden Phänomenen ist nicht festzustellen. Gemessen am Gini-Koeffizienten ist die Einkommensungleichheit seit Amtsantritt der PiS 2015 zurückgegangen, was größtenteils auf die Umverteilungsprogramme der PiS zurückzuführen ist, während der Korruptionsindex sich nicht wesentlich verändert hat.

Die Zukunft der polnischen Volkswirtschaft ist offen. Die wirtschaftliche Erfolgsgeschichte seit der Wende und mehr noch seit dem Beitritt zur Europäischen Union gründet zu einem großen Teil auf die Integration in internationale Lieferketten. Der ursprüngliche komparative Vorteil durch niedrige Lohnkosten wird jedoch zunehmend durch erheblich gestiegene Arbeitskosten, auch wegen zunehmenden Fachkräftemangels, infrage gestellt.

Der russische Krieg vergrößert die Herausforderungen. Polen spürt die wirtschaftlichen Auswirkungen der militärischen Auseinandersetzung in mannigfaltiger Weise. Die harten Sanktionen gegen Russland haben die Energiepreise in die Höhe getrieben. Die Störung der internationalen Lieferketten, die schon mit der Pandemie begonnen hatte, heizet die Inflation weiter an. Stahl und Metalle für die Produktion fehlen nicht nur in der Bauindustrie. Das Land hat ukrainische Arbeitskräfte verloren, die für den Kampf gegen Russland in ihr Heimatland zurückgekehrt sind. Die Geflüchteten, vor allem Frauen und Kinder, können diese Entwicklung nicht ausgleichen.

In der Konsequenz mussten Wachstumserwartungen zurückgestutzt werden. Auch deutsche Unternehmen, die in Polen produzieren, leiden darunter. Ob Polen mittel- und langfristig von der Störung der Lieferketten profitieren könnte, weil Produktionsstandorte zurückverlagert werden, muss einstweilen offenbleiben.

Auch die hausgemachten politischen Unsicherheiten können sich längerfristig negativ auf die Wirtschaftsbeziehungen auswirken. Die wirtschaftlichen Akteure beobachten die »Justizreform« und die damit einhergehende Rechtsunsicherheit sehr genau. Wegen des Streits mit Brüssel ist es bei einzelnen Gerichtsverfahren de facto zum Stillstand gekommen, weil Unklarheiten über die ordnungsgemäße Zusammensetzung des Gerichts bestehen. Auch die starke gesellschaftliche Polarisierung und der teilweise ruppige Umgang der politischen Kräfte untereinander mögen früher oder später Einfluss auf das Vertrauen der Investoren haben.

Noch ist davon allerdings wenig zu spüren. Eine Zurückhaltung ausländischer Investoren ist nicht erkennbar. Das gilt gerade auch für die großen deutschen Konzerne, die sich langfristig auf dem polnischen Markt eingerichtet haben. Während meiner Mission in Polen haben deutsche Auto- und Chemiekonzerne sowie Luftfahrtunternehmen massiv investiert. Ich habe bisher keinen Verantwortlichen getroffen, der sein Engagement auf dem polnischen Markt offen bereut hätte.

Strukturelle Schwächen

Polen hat ein massives Demographieproblem, das das Wachstum langfristig bremsen könnte. Die Geburtenrate ist niedrig, die Abwanderung in andere europäische Länder hoch. Nach Einschätzungen der polnischen Statistikbehörde wird die Bevölkerung bis 2050 um über 4 Millionen Menschen schrumpfen. Die Wiederabsenkung des Rentenalters hat das Problem für den Arbeitsmarkt verschärft. Da die Regierung sich in der Vergangenheit zudem vehement gegen Zuwanderung von Flüchtlingen gewehrt hat, kommt von dieser Seite keine wirkliche Entlastung, auch wenn zum Beispiel in Warschau zunehmend Menschen aus anderen Kulturkreisen als Taxifahrer oder in ähnlichen Berufen anzutreffen sind.

Demgegenüber hat die vom Staat ermutigte Einwanderung von Ukrainerinnen und Ukrainern enorm zugenommen. Schon vor dem russischen Krieg gegen die Ukraine gingen Schätzungen von einer bis 1,5 Millionen ukrainischen Wirtschaftsimmigranten aus, die sich dauerhaft oder zeitweise in Polen aufhielten und dort arbeiteten. Seit Beginn des Kriegs erhielten über eine Million Menschen einen legalen Aufenthaltsstatus. Die Zuwanderung aus der Ukraine dürfte jedoch zu großen Teilen nur zeitweise wirksam sein und mittelfristig keine nachhaltige Entlastung für den polnischen Arbeitsmarkt bringen.

Ein weiterer wachstumshemmender Effekt geht von der nicht ausreichenden privaten Investitionsneigung aus. Die Regierung hat mit ihrem großzügigen Kindergeld in keynesianischer Manier den privaten Konsum stimuliert und dadurch das Wachstum angekurbelt. Die Ausgaben für Forschung und Entwicklung liegen mit 1,2 Prozent zum Bruttoinlandsprodukt relativ niedrig. Da die inländischen Privatinvestitionen wegen der geringen polnischen Sparquote deutlich unter dem EU-Durchschnitt bleiben und vorhandenes Kapital zum Teil durch neue Steuern wieder abgeschöpft wird, ist das Potenzialwachstum der polnischen Volkswirtschaft mittelfristig eingeschränkt. Daran dürften auch die beträchtlichen Zuflüsse aus den europäischen Hilfsfonds nichts ändern.

Die COVID-19-Pandemie hat die chronische Unterfinanzierung des polnischen Gesundheitssystems offengelegt. Während in Deutschland über 11 Prozent des Bruttoinlandsprodukts in das Gesundheitswesen fließen, wendet der polnische Staat hierfür nur circa die Hälfte auf. Auch wenn Kosten und Qualität des Gesundheitssystems nicht unbedingt Hand in Hand gehen müssen, ist der Unterschied doch frappierend. Da zudem die Gehälter für Ärzte und Krankenschwestern im internationalen Vergleich nicht mithalten können, kommt es zu massiven Abwanderungsbewegungen gen Westen, insbesondere nach Deutschland. Die Folge sind Personalengpässe in den Krankenhäusern, gerade wenn die Fachkräfte besonders gebraucht werden.

Insgesamt sind die Perspektiven der polnischen wirtschaftlichen Entwicklung derzeit noch immer positiv und damit auch für ausländische Investoren attraktiv. Damit bleibt die wirtschaftliche Zusammenarbeit zwischen Deutschland und Polen auf absehbare Zeit eine verlässliche Stütze der bilateralen Beziehungen.

6.
Die Kirchen und die deutsch-polnischen Beziehungen

Die sehr positive Entwicklung der deutsch-polnischen Beziehungen wäre ohne den Beitrag der beiden großen Kirchen völlig undenkbar. 20 Jahre nach Ende des Zweiten Weltkriegs plädierte die Evangelische Kirche in Deutschland (EKD) in ihrer »Ostdenkschrift« vom 1. Oktober 1965 für die Anerkennung des Heimatrechts der Polen, die nach dem Zweiten Weltkrieg in den ehemaligen deutschen Gebieten östlich von Oder und Neiße ansässig geworden waren.

Damit brach die EKD mit einem Tabu in Deutschland und bereitete die spätere Ostpolitik der sozialliberalen Koalition unter Willy Brandt und Walter Scheel mit vor. Sechs Wochen später zog die polnische Katholische Kirche nach. Die polnischen Bischöfe schrieben in ihrem Brief an ihre deutschen Amtsbrüder den berühmten Satz: »Wir gewähren Vergebung, und wir bitten um Vergebung«.

Der mutige Brief brach im kommunistischen Polen ein Tabu und wurde daher heftig kritisiert. In Deutschland erfuhr er nicht die positive Antwort, die sich die polnischen Bischöfe erwartet hatten. Beide Dokumente, die »Ostdenkschrift« und der Bischofsbrief, legten dennoch Grundsteine für einen aktiven deutsch-polnischen Austausch und die Aussöhnung der Völker.

Eine eigens eingerichtete Kontaktgruppe der beiden katholischen Bischofskonferenzen, zu der zuweilen auch der deutsche Botschafter eingeladen wurde, trifft sich regelmäßig und diskutiert auch strittige politische Fragen gemeinsamen Interesses im Geiste christlich-brüderlicher Solidarität.

Die deutsche Botschaft Warschau hat die beiden Jubiläen der »Ostdenkschrift« und des Bischofsbriefs im Herbst 2015 in Diskussionsveranstaltungen mit hohen Vertretern beider Kirchen ausgiebig gewürdigt. Angesichts der deutschlandkritischen Einstellung, mit der die national-konservative Regierung 2015 angetreten war, sind beide Kirchen wichtige Bundesgenossen im Bemühen, die Früchte der Aussöhnung zu erhalten.

Etwas später durfte ich dem katholischen Metropoliten von Warschau, Kardinal Nycz, und dem Vorsitzenden der Evangelisch-Augsburgischen Kirche in Polen, Bischof Samiec, das Bundesverdienstkreuz am Bande, das Bundespräsident Gauck ihnen verliehen hatte, überreichen. Derartige Initiativen sind nicht zu unterschätzende Instrumente auch einer modernen Außenpolitik.

Die Bedeutung der Katholischen Kirche

Man kann Polen und den Einfluss der Kirchen auf die deutsch-polnischen Beziehungen nicht verstehen, wenn man nicht das Verhältnis des Staates zu den Kirchen, insbesondere zur Katholischen Kirche versteht. Offiziell sind Staat und Kirche getrennt. Artikel 25 der polnischen Verfassung vom 2. April 1997 sichert zu, dass »die Beziehungen zwischen dem Staat und den Kirchen sowie den anderen Religionsgemeinschaften unter Achtung ihres Selbstbestimmungsrechts sowie gegenseitiger Unabhängigkeit ... gestaltet« werden.

Das nach langem Tauziehen am 23. Februar 1998 geschlossene Konkordat mit dem Vatikan regelt die Mitwirkung der Katholischen Kirche in Fragen wie dem Religionsunterricht oder der Militärseelsorge. Es erlaubt der Kirche den Betrieb von Krankenhäusern, Schulen und Pflegeeinrichtungen. Außerdem wird die kirchliche Trauung als Zivilehe anerkannt.

Jenseits dieser rechtlichen Abgrenzungen ist die Realität eine andere. Polen und seine Menschen sind zutiefst christlich, genauer katholisch geprägt, auch wenn sich das nicht unbedingt im regelmäßigen Kirchgang manifestiert. Die Katholische Kirche und die polnische Nation haben in ihrer Geschichte immer wieder bewiesen, dass sie zusammengehören, auch wenn die Säkularisierung in Polen wie andernorts in Europa zügig voranschreitet. Die polnische Bevölkerung in Nachkriegspolen ist offiziell zu über 90 Prozent katholisch. Die restlichen 10 Prozent der Gläubigen teilen sich auf die Lutherische Kirche, die orthodoxe Kirche, sehr kleine jüdische und muslimische Gemeinden sowie einige Gruppierungen, die man in Deutschland als Freikirchen bezeichnen würde.

Die Zahl der Austritte aus der Katholischen Kirche nimmt zu, dem regelmäßigen sonntäglichen Kirchenbesuch kehren viele Gläubige den Rücken, obwohl nicht im gleichen Ausmaß wie etwa in Deutschland. Missbrauchsfälle sowie Probleme mit dem Priesternachwuchs und dem Zölibat sind auch in Polen an der Tagesordnung. Entgegen einem landläufigen Klischee kommt die Katholische Kirche in Polen allerdings politisch keineswegs monolithisch daher, sondern ist in einen nationalkatholischen und einen liberalen Flügel gespalten. Auch das Verhältnis zur Regierung ist keineswegs so problemfrei, wie manche Beobachter aus dem Ausland meinen.

Sinnbildlich öffnet sich die katholische Prägung dem deutschen Besucher Polens schon alsbald nach der deutsch-polnischen Grenze. Wer von Deutschland aus mit dem Auto einreist, kommt nach circa 60 Kilometern zur kleinen westpolnischen Stadt Świebodzin. Von der Autobahn A2, der Autobahn der Freiheit, wie sie seit 2014 heißt, ist es nicht weit bis zur mächtigen König-Christus-Statue mit den ausgestreckten Armen. Das 58 Meter in den Himmel weisende Denkmal ist das größte seiner Art weltweit. Es überragt um einiges die Christ-Erlöser-Statue in Rio de Janeiro. Ihr Standort ist kein Zufall, will es doch den Reisenden auf den Mythos Polens als »Christus der Nationen« hinweisen. Dieser Mythos, der auf den polnischen Nationaldichter Adam Mickiewicz zurückgeht, sah im polnischen Volk den Messias der Nationen.

Wichtiger aber noch als Christus ist für Polen Maria, die Mutter Gottes. Die Marienverehrung in Polen kennt kaum Grenzen. Sie hat ihren Mittelpunkt in Tschenstochau, einer 200 000 Einwohner großen Stadt etwa 200 Kilometer südlich von Warschau auf dem Weg nach Krakau. Dort im Kloster Jasna Góra hängt das berühmte Bild der »Schwarzen Madonna von Tschenstochau«, um das sich viele Legenden ranken. So soll die Ikone den bedrängten Polen in ihrer Geschichte mehrfach in größter Not zur Hilfe gekommen sein. Daneben soll es zu einigen spontanen Heilungen gekommen sein. Tausende Wallfahrer treffen sich jedes Jahr, vor allem zu Maria Himmelfahrt am 15. August, um nach Tschenstochau zu pilgern.

Ich hatte Gelegenheit, den Wallfahrtsort, den viele als Herz der polnischen Nation bezeichnen, aus Anlass eines Treffens der Polnischen Katholischen Kirche mit einer Delegation der Deutschen Bischofskonferenz aus Anlass des 50. Jahrestags des Bischofsbriefs von 1965, zu besuchen und an der heiligen Messe teilzunehmen. Auch wenn ich als protestantischer Christ so meine Probleme mit dem Marienkult habe, muss ich zugeben, dass ich mich dem magischen Zauber dieses Wallfahrtsortes doch nicht entziehen konnte.

Der 1050. Jahrestag der Taufe Polens

Das Schicksal Polens, seine Geschichte und Identität sind eng mit der Katholischen Kirche verwoben. Gerade in Zeiten nationaler Erschütterungen hat die Kirche der Nation Halt und Zuversicht vermittelt. Seit der Taufe des Piastenfürsten Mieszko im Jahre 966 versteht sich Polen als christliches Land, zuweilen als Bollwerk gegen anti-christliche Einflüsse. Besonders in Erinnerung ist in diesem Zusammenhang die Abwehr der Türken in der Schlacht vor den Toren Wiens durch den polnischen König Jan Sobieski im Jahre 1683.

Die PiS-Regierung hat von Anfang an den Schulterschluss mit der Katholischen Kirche gesucht und in Teilen der Hierarchie auch gefunden. Im April 2016, dem 1050. Jahrestag der Taufe Polens, bot sich eine gute Gelegenheit, die beabsichtigte »Einheit von Thron und Altar« zu dokumentieren. Unter der Schirmherrschaft von Präsident Duda versammelten sich die Spitzen von Staat und Kirche auf dem Posener Messegelände zu einer erstmaligen gemeinsamen Sitzung mit den beiden Kammern des polnischen Parlaments außerhalb Warschaus.

Da neben den Parlamentariern alle polnischen katholischen Bischöfe, die Vertreter der anderen Religionsgemeinschaften in Polen, das Diplomatische Corps und die Presse geladen waren, blieb nichts anderes übrig als die Veranstaltung in einem eher nüchternen, unübersichtlichen Zweckbau abzuhalten. Dass man den eher »unrunden« 1050. Geburtstag derart herausgehoben feierte, war primär der politischen Absicht geschuldet, das Bild des christlichen Polen zu zelebrieren. Tatsache ist aber auch, dass der 1000. Geburtstag 1966 im kommunistischen Polen nicht ausreichend begangen werden konnte.

Nahezu das gesamte diplomatische Corps, einschließlich der nicht direkt in Warschau akkreditierten Missionschefs, war erschienen, waren doch die Feierlichkeiten monatelang mit großem Herzblut vorbereitet worden. Das polnische Alphabet wollte es, dass ich in der Nähe des Nordkoreanischen Botschafters platziert wurde. Dieser hatte mich einige Wochen vorher dadurch überrascht, dass er einen Antrittsbesuch bei mir erbat, den ich ihm auch – courtoisie oblige – gewährte. Die Sprachkenntnisse des bebrillten, durchaus gut gekleideten Herrn mit einer Menge Goldfüllungen zwischen den Zähnen waren überschaubar, genauso wie die Themen, über die wir uns unterhalten konnten, ohne einen diplomatischen Eklat zu provozieren.

In Posen war der Botschafter mit einigem Missmut erschienen. An seinem Revers trug er das Konterfei des »Obersten Führers« Kim Jong Un. Seinem Gesichtsausdruck nach zu urteilen, dürfte ihm die Anwesenheit der vielen kirchlichen Würdenträger nur begrenzte Befriedigung bereitet haben. Die Beantwortung der brennenden Frage, welchen Eindruck diese Veranstaltung auf einen Vertreter eines der brutalsten atheistischen Staaten auf dieser Welt gemacht hatte, scheiterte indes an den begrenzten Sprachkenntnissen meines Kollegen.

Die Taufe Polens im Jahr 966 symbolisierte nach außen die Legitimation Polens in Abgrenzung vom Heiligen Römischen Reich. Und so war es von großer politischer Bedeutung, dass der deutsche Kaiser Otto III. mit seiner Pilgerreise nach Gnesen zum Grab des heiligen Adalbert im Jahr 1000 dieses neue christliche Polen anerkannte.

Mehrfach hat der damalige Außenminister und jetzige Bundespräsident Frank-Walter Steinmeier in seinen Reden darauf hingewiesen, dass Otto nach seinem Grenzübertritt dem ihm entgegenkommenden polnischen Herzog Bolesław dem Tapferen seine Königskrone aufsetzte und das letzte Stück vor Gnesen sogar barfuß zurücklegte. Deutlicher konnte man den Respekt und die Anerkennung der Ebenbürtigkeit beider Herrscher nicht klarmachen. Steinmeiers Reden kamen auf polnischer Seite sehr gut an, weil er dem polnischen Verlangen nach Respekt symbolisch entgegenkam.

Bei all den vielen dynastischen Verbindungen zwischen Deutschland und Polen kommt es nicht von ungefähr, dass gerade diese Geschichte immer wieder erzählt wird. Die deutsch-polnischen Beziehungen brauchen auch heute noch die Rückversicherung in den historischen Annalen und im kollektiven Gedächtnis. Symbolische Besuche wie der von Otto schaffen einen wichtigen Referenzrahmen, der politisches Handeln legitimiert und auf den sich Politiker gern beziehen. So ist es keineswegs zufällig, dass etwa die deutsch-polnischen Regierungskonsultationen im Jahr 2000 aus Anlass des 1000. Jahrestages des Treffens des deutschen Kaiser Ottos III. mit seinem polnischen Amtskollegen in Gnesen stattfanden, obwohl dort die Rahmenbedingungen für eine solch große Veranstaltung logistisch außerordentlich schwierig waren.

Von der Klammer der Nation zur ambivalenten Haltung

Nach der dritten Teilung Polens 1795, die das Land für 123 Jahre von der Landkarte Europas tilgte, stellte die polnische Katholische Kirche neben der polnischen Sprache eine wichtige Klammer dar, die das Überleben der Nation ohne eigenes Territorium sicherte, bis Polen nach dem Untergang aller drei Kaiserreiche am Ende des Ersten Weltkriegs als Staat wieder entstand.

Eine ähnliche Rolle spielte sie während der nationalsozialistischen Besatzung 1939 bis 1945, als ihre Priester die Untergrundkämpfer segneten oder heimlich religiöse Zeremonien abhielten. Während der kommunistischen Periode von 1945 bis 1989 gab die polnische Katholische Kirche der gebeutelten Nation die Kraft, die schwierige Zeit von Atheismus und Diktatur zu überstehen. Daran hatte eine Persönlichkeit besonderen Anteil: der polnische Papst Johannes Paul II.

Mit der Wahl des Krakauer Kardinals Karol Wojtyla zum Papst 1979 richtete sich das Handeln der Katholischen Kirche verstärkt auf die Verteidigung von Freiheit und Menschenrechten. Die inspirierende Ansprache Johannes Pauls II. auf dem Warschauer Piłsudski-Platz, der damals noch Siegesplatz hieß, gilt heute zu Recht als eine der mitreißendsten Reden, die je auf polnischem Boden gehalten wurden. Wo der gerade frisch gewählte polnische Papst damals seine Botschaft des Wandels verkündete, steht heute ein einfaches Kreuz, das an den Besuch erinnert. In den Boden eingelassen ist das entscheidende Zitat dieser Rede: »Komm, Heiliger Geist, verändere die Erde«. Und für all diejenigen, die es noch immer nicht verstanden hatten, fügte Johannes Paul II hinzu: »diese Erde«.

Damit warf er dem kommunistischen Regime vor über einer Million seiner Landsleute vor Ort den Fehdehandschuh vor die Füße. Die Konsequenzen sind bekannt, auch wenn es noch ein Jahrzehnt dauern sollte, bis das alte Regime überwunden war. Das Wirken Johannes Pauls II. und sein Einfluss auf die polnische Freiheitsbewegung und die alsbald darauf entstehende Gewerkschaft Solidarität (Solidarność) kann gar nicht hoch genug eingeschätzt werden.

Heute ist das Pathos dieser Tage verflogen. Die polnische Katholische Kirche steht wie andere Kirchen, vor allem in Europa, vor einem starken Säkularisierungstrend in der Gesellschaft. Die Kirchen, die im Kommunismus brechend voll waren, müssen heute um die Gläubigen kämpfen. Wie in anderen Ländern gibt es Missbrauchsvorwürfe, die das Bild der Kirche in der Öffentlichkeit eingetrübt haben. Erst langsam ziehen die Verantwortlichen die notwendigen personellen Konsequenzen aus den Skandalen.

Hierfür macht sich besonders der Primas von Polen, der Erzbischof von Gnesen, Wojciech Polak, stark. Der jeweilige Erzbischof des Bistums Gnesen trägt den herausgehobenen Titel Primas seit dem 15. Jahrhundert. Als ich den freundlichen Kirchenmann 2019 in seiner Residenz in Gnesen besuchte, überzeugte er mich durch ein engagiertes Plädoyer für die deutsch-polnischen Beziehungen, an denen die Katholische Kirche seit dem berühmten Bischofsbrief an ihre deutschen Amtsbrüder von 1965 großen Anteil gehabt hat und noch immer hat.

Heutzutage hat die Katholische Kirche in Polen ein ambivalentes Verhältnis zur Staatsmacht. Sie hat den Machtwechsel 2015 in Polen anfänglich enthusiastisch begrüßt, unterstützt aber die nationalkonservative Regierung keineswegs in allen Fragen. Im Laufe der Zeit ist sogar unter ranghohen Katholiken eine gewisse Ernüchterung gegenüber der Regierungspolitik eingetreten. Wie der Vatikan und die Regierung vertritt die Katholische Kirche in Polen in der Familienpolitik, beim Gendern und in Abtreibungsfragen eine konservative Linie. Sie unterstützt auch das Verbot von Papst Franziskus zur Segnung homosexueller Paare. Den Synodalen Weg der deutschen Katholiken sieht die Amtskirche in Polen hingegen argwöhnisch.

Immer wieder werden Vorwürfe laut, die Katholische Kirche in Polen lasse sich vor den Karren der nationalkonservativen Regierung spannen. Und es ist richtig, dass es in Fragen von Demokratie und Rechtsstaatlichkeit lange an einer klaren öffentlichen Stellungnahme hochrangiger Kirchenführer fehlte. Anfänglich kritisierten sogar einige Kirchenvertreter die Demonstranten, die gegen den Umbau der Justiz auf die Straßen gegangen waren.

Als der systematische Charakter des rechtestaatlichen Umbaus in Polen deutlicher zutage trat, meldeten sich der Warschauer Kardinal Nycz, der Primas und der Sekretär der Bischofskonferenz mit kritischen Stellungnahmen zu Wort. In der Reparationsdiskussion unterstützt die Katholische Kirche in Polen zwar die Forderungen nach Wiedergutmachung, fordert aber ausdrücklich, dass »die aufgeworfenen Fragen in einem langen Prozess der deutsch-polnischen Aussöhnung betrachtet werden.« Genau das will Jarosław Kaczyński nicht.

In einem Gespräch mit dem Warschauer Kardinal Nycz erläuterte der eher liberale Kirchenmann 2017, also zwei Jahre nach dem Machtwechsel, dass die Katholische Kirche in Polen genauso gespalten sei wie der Rest der polnischen Gesellschaft. Er leitete daraus die Schlussfolgerung ab, dass es für die Katholische Kirche in Polen keinen Sinn mache, sich als gesellschaftlicher Vermittler in Szene zu setzen, wenn sich die politischen Lager so unversöhnlich gegenüberstanden. Mit der Spaltung der Gesellschaft korrespondiere in gewisser Weise auch eine Spaltung der Kirche.

Diese These von der Spaltung der Kirche in ein etwas größeres konservatives Lager und ein kleineres liberales Lager sah ich auch bei meinen Reisen in die polnische Provinz bestätigt. Ich hatte es mir nämlich zum Prinzip gemacht, bei allen Besuchen im Lande neben den Vertretern der Selbstverwaltungen auch die lokalen kirchlichen Würdenträger aufzusuchen. Da ich in den sechs Jahren meiner Mission in Polen nahezu alle 16 Wojewodschaften besuchen konnte, habe ich auch einen nicht kleinen Teil des polnischen Episkopats persönlich kennengelernt. Niemals habe ich im Übrigen bei diesen Gesprächen auch nur den Ansatz einer Voreingenommenheit gegenüber Deutschland festgestellt. Vielmehr wurde ich stets mit großer Freundlichkeit und Sympathie empfangen.

Besonders deutlich wurden die Spannungen zwischen Kirche und Regierung auf dem Höhepunkt der Flüchtlingskrise 2015, als die Spitze der Katholischen Kirche in Polen sich öffentlich gegen die nationalkonservative Regierung stellte. So forderte der Vorsitzende der Polnischen Bischofkonferenz, Bischof Stanisław Gądecki, die Gemeinden in Polen auf, Flüchtlinge ungeachtet ihrer Nationalität aufzunehmen, und nannte die Verbalattacken auf Ausländer kranken Nationalismus.

Ein hoher Vertreter einer katholischen Hilfsorganisation räumte mir gegenüber ein, dass es den polnischen Gemeinden keinerlei Schwierigkeiten bereiten würde, bis zu 30 000 Flüchtlinge schnell und unbürokratisch aufzunehmen. Später stand dann der Vorschlag der Kirche zu humanitären Korridoren im Raum, über die zumindest christliche Flüchtlinge aus dem Bürgerkriegsland Syrien nach Polen hätten kommen können.

Doch die Behörden schoben allen diesen Initiativen einen Riegel vor, indem sie die notwendigen Einreisevisa verweigerten. Die Kirchenführung wollte offenkundig den Konflikt nicht auf die Spitze treiben. Sie beharrte zwar auf ihrer grundsätzlichen Offenheit gegenüber den Flüchtlingen, verwies aber hinsichtlich der Modalitäten auf die Entscheidungsautonomie der staatlichen Behörden.

Der Papstbesuch in Polen 2016

Der Konflikt zwischen Staat und Kirche trat auch anlässlich der Weltjugendtage in Krakau Ende Juli 2016 in subtiler Form öffentlich zutage. Die Weltjugendtage gehen auf eine Initiative von Papst Johannes Paul II. zurück und fanden 2016 bereits zum zweiten Mal in Polen statt. Das Diplomatische Corps war zur Rede des Papstes Franziskus im Burghof des Schlosses der früheren polnischen Könige auf dem Wawel eingeladen.

Aufgrund der ausgezeichneten Zugverbindungen beschloss ich den Pendolino, einen sehr bequemen, modernen Zug, zu nehmen, der Warschau mit Krakau innerhalb von etwas mehr als zwei Stunden verbindet. Es war ein wunderschöner luftiger Sommertag ohne den gesundheitsschädlichen Smog, den Krakau sonst oft kennzeichnete. Im Gegensatz zu der Mehrzahl meiner Botschafterkolleginnen und -kollegen, die sich mit ihrem Dienstwagen auf den Weg gemacht hatten und mit großer Wahrscheinlichkeit in Verkehrsstaus festsaßen, gewann ich so einen guten Eindruck von der fröhlichen Stimmung, die auf den Straßen der Krakauer Altstadt herrschte.

Überall waren junge Menschen auf der Straße. Mit Musik und Gebet umringten mich mehrfach unterschiedliche Gruppen aus aller Herren Länder. Einer fragte mich sogar, ob er für mich beten könne, was ich mit großer Freude akzeptierte. Für diejenigen, die für die Sicherheit verantwortlich waren, muss dieses Treiben ein Albtraum gewesen sein. Für alle anderen – mich eingeschlossen – war es ein unvergessliches Erlebnis.

Als ich an der Auffahrt zum Wawel ankam, musste ich mir zunächst einen Weg durch die Menschenmassen bahnen, die dort versuchten, einen Blick auf den Papst zu erhaschen. Als dies nach einigen nicht immer nur ganz freundlichen Bemühungen gelang, mussten die Sicherheitskräfte überzeugt werden, dass auch ein Botschafter zu einer solchen Veranstaltung nicht unbedingt per Dienstwagen, sondern auch zu Fuß erscheinen konnte. Ähnliches Unverständnis erntete ich gelegentlich in Warschau, wenn ich einmal einen offiziellen Termin per Fahrrad wahrnehmen wollte. Hier in Krakau durfte ich nach intensiver Durchsicht meiner Legitymacja, der Bestätigung meiner Akkreditierung als Botschafter in Polen, und der förmlichen Einladungskarte in den Burghof vordringen, wo sich meine Kolleginnen und Kollegen bereits versammelt hatten.

Nach einer weiteren halben Stunde erschien Franziskus in Begleitung des polnischen Präsidenten Andrzej Duda und seiner Ehefrau. Nach einem Gespräch mit dem polnischen Präsidenten hielt er eine Rede, die an das Barmherzigkeitsmotto der Weltjugendtage anknüpfte und die der polnischen Staatsführung zu denken geben musste. Das Oberhaupt der Katholischen Kirche sprach drei Hauptthemen an, die ihn in diesem Moment besonders bewegten: die Aufnahme von Flüchtlingen, die »gute Erinnerung« und die Familienpolitik.

Während die Familienpolitik kaum zu Konflikten mit der polnischen Regierung Anlass bot, hatten es die beiden anderen Themen in sich. Wie schon zuvor die Polnische Bischofskonferenz, kritisierte der Papst deutlich die polnische Politik der (Nicht-)Flüchtlingsaufnahme. »Die historische Rolle Polens gibt jene nötige Kraft, sich den Herausforderungen zu stellen, die Menschenwürde zu achten«, formulierte Franziskus. Damit auch jeder verstand, was gemeint war, fügte er hinzu, dass dies auch den Umweltschutz, ein für Krakau neuralgisches Thema, und die Migrationskrise betreffe.

Für den aufmerksamen Zuhörer mit deutschem Hintergrund war indes das dritte Thema der Rede von hoher Bedeutung. In diesem Kontext lobte der Papst die »gute Erinnerung« und setzte sie von der »schlechten Erinnerung« ab. Unter die gute Erinnerung subsumierte Franziskus den polnischen Bischofsbrief an die deutschen Amtsbrüder von 1965. Er spielte damit in sehr feinfühliger Art auf eine Kampagne innerhalb eines Teils der polnischen Gesellschaft an, der die Aussöhnung zwischen Deutschland und Polen kleinreden wollte.

Schließlich widersetzte sich der Papst auch dem polnischen Ansinnen, am Grab des beim Flugzeugabsturz in Smolensk ums Leben gekommenen Präsidenten und Zwillingsbruder des PiS-Vorsitzenden Lech Kaczyński und seiner Frau Maria, die in einer kleinen Krypta auf dem Wawel ihre letzte Ruhestätte gefunden hatten, zu beten.

Ein Besuch bei »Radio Marija«

Ich hatte mir vorgenommen, während meiner Mission in Polen auch den Dialog mit den rechten Medien zu suchen, ohne mir Illusionen zu machen. Und so nahm ich Kontakt mit dem wichtigsten Vertreter der »politischen Religion«, dem Redemptoristen-Priester Tadeusz Rydzyk auf. Viele, die von Deutschland aus über den Einfluss der Katholischen Kirche in Polen urteilen, haben dabei das einflussreiche Medienhaus Rydzyks im Auge. Zu seinem Imperium in der Universitätsstadt Thorn gehören der ultrakonservative Radiosender Radio Marija, der Fernsehsender TV-Tram, die Wochenzeitung *Nasz Dziennik* und die Hochschule für gesellschaftliche und mediale Kultur, in der junge Journalisten ausgebildet werden. Rydzyk verfügt über großen Einfluss in Politik und Gesellschaft. Wie mir hochrangige polnische Politiker aus dem Regierungslager zutrugen, reicht sein Arm bis in die Personalentscheidungen der derzeitigen Regierung.

Wie der priesterliche Medienprofi einzuschätzen war, darüber wollte ich mir zusammen mit meiner Ehefrau im heutigen polnischen Torún ein Bild machen. Die Stadt an der Weichsel gehörte bis zum Ende des Ersten Weltkriegs mit dem Namen Thorn zu Deutschland. Sie hat circa 200 000 Einwohner und eine wunderschöne altehrwürdige Universität. Die mittelalterliche Altstadt gehört seit 1997 zum UNESCO-Weltkulturerbe. In Polen ist sie auch für eine Lebkuchenspezialität, Torúnskie Pierniki, bekannt. Thorn gehörte ursprünglich zum Deutschen Ordensstaat und wechselte mehrfach zwischen den Staaten. Der größte Sohn der Stadt, der Astronom und Mathematiker Nikolaus Kopernikus, wird gleichermaßen in Deutschland und Polen verehrt.

So ließ ich über unseren sehr tüchtigen Honorarkonsul in Bromberg, Jarosław Kuropatwinski, einen Besuchstermin bei Pater Rydzyk vereinbaren. Innerlich stellte ich mich auf alle Eventualitäten ein, war der angepeilte Gesprächspartner doch in der Vergangenheit durch antisemitische und rassistische Äußerungen und sogar Anwürfe auf den damaligen Präsidenten Lech Kaczyński aufgefallen. Letztere hatten sogar Strafverfahren nach sich gezogen, die dann allerdings im Sande verliefen. Mehrfach war Rydzyk wegen seines übersteigerten Nationalismus und Traditionalismus mit der offiziellen Kirchenführung in Polen und dem Vatikan in Konflikt geraten. Einige Bischöfe sehen sein Gebaren und seinen Einfluss durchaus kritisch. Papst Johannes Paul II. hat peinlich darauf geachtet, sich von ihm abzugrenzen. Die polnische Regierung verdankt ihm und der Werbung für Kaczyńskis Politik durch sein Medienimperium wichtige Stimmen für den Wahlsieg 2015.

Entgegen meiner Befürchtungen entpuppte sich der Pater dann im Gespräch zu meiner großen Überraschung als freundlicher, Deutschland durchaus zugewandter Partner. Er hatte gegen Ende des Kommunismus und während der Wendezeit einige Jahre in Bayern verbracht und – sehr zur Freude meiner Frau, einer gebürtigen Münchnerin – beste Erinnerungen an diese Zeit. Rydzyk sprach in perfektem Deutsch über die Bedeutung der deutsch-polnischen Aussöhnung und der Notwendigkeit, diesen Schatz auch in der Gegenwart zu bewahren und – wo immer möglich – fortzuentwickeln. Gegen Ende des Gesprächs bot er mir ein Interview mit seinem Fernsehsender TV-Tram an, was ich gern annahm. In dem circa 30-minütigen Interview stellte mir einer seiner jungen Redakteure durchaus kritische Fragen. Alle meine Antworten wurden indes wortgetreu übersetzt und ohne Kürzungen oder Entstellungen gesendet. Es gab keinerlei Grund zu Beanstandungen.

Während des Interviews führte unser Gastgeber meine Frau durch seine beeindruckende Ikonensammlung. Zum Abschied überreichte er uns eine Ikone mit dem Abbild der Schwarzen Madonna von Tschenstochau. Als ich ihn darauf aufmerksam machte, dass wir uns nunmehr auf den Weg zu seinem Chef, dem Bischof von Thorn, machen mussten, lächelte der Pater verschmitzt und meinte, der Bischof sei zwar ein beschäftigter Mann, er würde aber sicher Verständnis für unsere Verspätung haben, wenn wir ihm erklärten, dass wir bei Radio Marija aufgehalten worden sein. Klarer konnte man die lokale kirchliche Hierarchie kaum beschreiben. Und deutlicher konnte Rydzyk seine Gefühle gegenüber der offiziellen Kirchenstruktur auch nicht artikulieren.

Das »Johannes Paul II. und Primas Wyszyński Museum«

Die Zusammenarbeit mit staatlichen Stellen zu kirchlichen und religiösen Themen mit politischer Bedeutung gestaltete sich in der Regel positiv. Anschauliches Beispiel war die Beschaffung eines Teils der Berliner Mauer für das »Johannes Paul und Primas Wyszyński Museum« im Warschauer Stadtteil Wilanów. Das große Museum in der Kuppel des »Tempels der göttlichen Vorsehung« wurde zum Großteil aus dem polnischen Staatshaushalt finanziert.

Präsident Duda eröffnete das Museum offiziell im Oktober 2019. Es zeichnet die Geschichte der beiden Kirchenführer nach, die zur Rettung der Kirche während der Zeit des Kommunismus und zum Sturz des kommunistischen Regimes wesentlich beitrugen. Von der bedeutsamen Rolle des polnischen Papstes Johannes Paul II. ist an anderer Stelle die Rede. Der 1981 verstorbene Primas von Polen Kardinal Wyszyński wird in

Polen als Symbolfigur des Widerstands gegen den Kommunismus verehrt.

Das Motto des Museums stammt aus dem Matthäusevangelium, Kapitel 5, Vers 14. Der Vers gehört zur Bergpredigt Jesu und beschreibt die Jünger Jesu als das »Licht, das die Welt erhellt, eine Stadt, die oben auf dem Berg liegt, kann nicht verborgen bleiben«. Mit dem Bibelzitat beruft sich das Museum nicht nur auf zwei nationale Helden, die der Gesellschaft zu Zeiten des Kommunismus Halt und Stärke gegeben haben. Das Motto insinuiert auch einen polnischen Exzeptionalismus, wie er schon im Bild vom Christus der Nationen zum Ausdruck kommt.

Jenseits der Risiken einer politischen Vereinnahmung macht es Sinn, mit dem Museum zu kooperieren. Und so halfen meine Mitarbeiterinnen und Mitarbeiter an der Botschaft Warschau und ich mit, ein Stück der Berliner Mauer für das Museum zu organisieren. Die feierliche Übergabe erfolgte zum 100. Geburtstag von Johannes Paul II. am 18. Mai 2020 in Anwesenheit des polnischen Ministerpräsidenten Morawiecki und des Metropoliten von Warschau, Kazimierz Kardinal Nycz. In meiner Rede aus diesem Anlass würdigte ich den immensen Beitrag des polnischen Papstes bei der Überwindung der Teilung Europas und Deutschlands.

Die Evangelisch-Augsburgische Kirche

So sehr eine Erzählung über Polen ohne die Katholische Kirche nicht verständlich würde, so sehr wäre sie unvollständig, wenn man nicht auch den Beitrag der anderen Religionsgemeinschaften würdigte. Hierfür ist aus deutscher Sicht vor allem die Evangelisch-Lutherische Kirche bedeutsam, die in Polen Evangelisch-Augsburgische Kirche heißt. Vom Verhältnis zur jüdischen Geschichte in Polen ist an anderer Stelle die Rede. Die Kirche hat nur knapp 62 000 Mitglieder, wovon über die Hälfte im Teschener Gebiet, im Süden Polens an der Grenze zu Tschechien lebt. Sie ist in sechs Diözesen organisiert und wird von Bischof Jerzy Samiec mit Sitz in Warschau geleitet.

Bischof Samiec und seine Frau waren und sind mir und meiner Frau gute persönliche Freunde. Immer wieder haben wir gemeinsame Veranstaltungen organisiert. Bei einer Diskussionsrunde Ende 2014 würdigte Bischof Samiec aus Anlass des 50. Jahrestags der »Ostdenkschrift« der Evangelischen Kirche in Deutschland den frühen Beitrag der deutschen Protestanten zur Aussöhnung zwischen Deutschland und Polen. 2017 haben wir gemeinsam mit der Evangelisch-Augsburgischen Kirche in Polen einen großen Empfang aus Anlass des 500. Jahrestags der Reformation in der Residenz ausgerichtet.

Bei diesem Empfang lernte ich Bischof Adrian Korczago aus Bielsko-Biała kennen, der mich zu einem Besuch in seiner Diözese einlud. Obwohl ich die Einladung sofort gern annahm, dauerte es dann doch einige Zeit, bis ich die Reise antreten konnte. Der Besuch sollte zu einem emotionalen Erlebnis der besonderen Art werden, führte doch die kleine polnische Provinzstadt von 60 000 Einwohnern auf die Spuren meiner Vorfahren. Bischof Korczago nahm sich trotz vielfältiger anderer Verpflichtungen volle zwei Tage Zeit, um mir Bielsko-Biała und das Teschener Ländchen an der tschechischen Grenze, das zu seiner Diözese gehörte, ausgiebig zu zeigen. Besonders hob er die zahlreichen evangelischen Kirchen in seinem Sprengel und das einzige Denkmal Martin Luthers in Polen hervor.

Am Ende des ersten Besuchstages führte mich der Bischof in die katholische Nikolauskirche, wo mein Großvater väterlicherseits Ende August 1880 getauft worden war. Die Einsicht in die Taufbücher war ein enorm emotionaler Moment. Bei dieser Gelegenheit erfuhr ich nicht nur, dass meine Familie spätestens seit dem Beginn des 19. Jahrhunderts in der Gegend ansässig war, sondern dass mein Großvater fünf Geschwister hatte, deren Existenz mir und dem Rest der Familie völlig unbekannt war.

Besagter Großvater Karl Nikel war noch vor dem Ersten Weltkrieg aus dem damaligen österreich-schlesischen Bielitz aufgebrochen und hatte im hessischen Gießen geheiratet. Da er schon früh verstorben war, habe ich ihn nie persönlich kennengelernt und auch nicht zu den Umständen seines Weggangs aus Bielsko befragen können. Die unerwartete Entdeckung in Bielsko und die Frage der Nachkommen der Geschwister meines Großvaters haben mein genealogisches Interesse zweifelsohne erheblich angestachelt.

Zurück in Warschau hatte ich 2018 die Ehre, Bischof Samiec das Große Bundesverdienstkreuz des Verdienstordens der Bundesrepublik Deutschland zu überreichen. Bundespräsident Steinmeier hatte ihm diese hohe Auszeichnung in Anerkennung seiner großen Verdienste um die deutsch-polnische Aussöhnung verliehen. Bischof Samiec, ein freundlicher, furchtloser Mann, hat nie gezögert, auch gesellschaftliche Missstände offen anzusprechen. So nahm er beim Neujahrsempfang des Ökumenischen Rats 2019 kein Blatt vor den Mund, als er die Regierung wegen ihrer Menschenrechts- und Rechtsstaatspolitik sowie wegen ihrer mangelnden Abgrenzung nach rechts außen heftig kritisierte. Die Veranstaltung bewies erneut, dass die kleineren Kirchen in Polen, die im Ökumenischen Rat der Kirchen zusammengeschlossen sind, ein sehr feinfühliges Sensorium für Entwicklungen haben, die sich negativ auf ihre Schutzbefohlenen auswirken können.

III
Polen und die deutsche Ostpolitik

Meine Verabschiedung beim damaligen polnischen Außenminister
Jacek Czaputowicz, mit dem der frühere Bundesaußenminister
Heiko Maas eine tragfähige Arbeitsbeziehung aufbauen konnte

7.
Die ostpolitische Belastungsprobe

Deutschland und Polen haben seit jeher unterschiedliche Vorstellungen über die Gestaltung der Ostpolitik. Während Deutschland in der Geschichte zuweilen mit Russland gegen Polen paktierte, ging es Polen in erster Linie um Schutz gegen den übermächtigen Nachbarn. Seit dem Beitritt Polens zur Europäischen Union 2004 ringen beide Staaten um die Ausgestaltung der Beziehungen der Europäischen Union zu Russland, zur Ukraine und den anderen Staaten der früheren Sowjetunion. Unter deutscher Führung sind gemeinsame Politiken gegenüber den betroffenen Staaten zustande gekommen, die primär mit dem Auge auf Moskau formuliert wurden. Daneben hat Deutschland gegenüber Russland eine eigene, nicht mit Brüssel abgestimmte Politik betrieben, die uns selbst und Teile der Europäischen Union in eine fatale energiepolitische Abhängigkeit von Moskau geführt hat.

Das deutsch-polnische Zerwürfnis

Beide deutsche Ansätze – der nationale und der europäische – sind mit dem russischen Angriff auf die Ukraine gescheitert. Hauptgrund ist die selbstzerstörerische Politik der russischen Führung. Dennoch steht Deutschland vor einem der größten außenpolitischen Scherbenhaufen seit Gründung der Bundesrepublik Deutschland, weil wir die Dinge – wie viele andere –

nicht rechtzeitig haben kommen sehen, Abhängigkeiten unterschätzt haben und von zu optimistischen Annahmen über den Charakter des russischen Systems und seine aggressive Außenpolitik ausgegangen sind.

Während Afghanistan noch als kollektives Versagen des Westens insgesamt abgetan werden konnte, ist das Scheitern der deutschen und europäischen Russland-, Ukraine- und Energiepolitik auf eine im Nachhinein bedenkliche deutsche Politik zurückzuführen. Das Verhältnis zu den östlichen Mitgliedstaaten, die vor diesen Entwicklungen gewarnt haben, und der deutsche Einfluss im östlichen Teil der Europäischen Union sind angeknackst. In Polen sind ein tiefgreifender Imageschaden und ein schwerwiegender Vertrauens- und Glaubwürdigkeitsverlust entstanden. Die deutsch-polnischen Beziehungen befinden sich in der schwersten Krise seit der Wende vor 30 Jahren.

Sukzessive Bundesregierungen sowie große Teile der Wirtschaft und der Gesellschaft haben sich in einem fundamentalen Politikbereich massiv getäuscht. Unter den West- und Südeuropäern war Deutschland mit dieser Sichtweise allerdings nicht isoliert. Polen und die baltischen Staaten – Regierungen und Gesellschaften – hatten indes jahrelang vor dem Risiko eines Wiedererstarkens eines aggressiven russischen Imperialismus und vor den Folgen einer einseitigen Abhängigkeit von russischen Energielieferungen gewarnt, waren aber in Berlin auf taube Ohren gestoßen.

Zur Wahrheit gehört indes auch, dass viele Staaten in Mittel- und Osteuropa mit dem russischen Gasmonopolisten Gasprom nicht weniger Handel getrieben haben als Deutschland. Bei den meisten Staaten der Region war der Anteil an Handel und Energieimporten aus Russland sogar höher als bei Deutschland. Warschau hat in den letzten Jahrzehnten beträchtliche Summen – die Rede ist von 230 Milliarden Euro – für den Kauf von Erdgas, Öl und Kohle an Russland überwiesen. Der russische Überfall auf die Ukraine hat in der Tat jahrzehntealte Gewissheiten deutscher Ostpolitik über den Haufen geworfen. Seit der Wende 1989/1990 haben Deutschland und Europa nicht mehr eine derart fundamentale Veränderung ihrer außen- und sicherheitspolitischen Rahmenbedingungen erfahren. Gleich mehrere Konzepte und Leitsätze deutschen außen- und sicherheitspolitischen Handelns erwiesen sich als falsch. Berlins langjährige Strategie, Russland in ein Netz gemeinsamer Werte und Institutionen einzubinden (»Wandel durch Verflechtung«, «Modernisierungspartnerschaft» etc.), um mitzuhelfen, das Land nach innen zu demokratisieren und nach außen zu domestizieren, war gescheitert.

Als besonders misslich erwies sich, dass sich Deutschland und mit ihm Europa in eine starke Abhängigkeit von russischen Energielieferungen, insbesondere Gas gebracht hatte. Auch das viel zitierte sicherheitspolitische Credo »Sicherheit in Europa ist nur mit Russland denkbar« zerbrach an Wladimir Putins völkerrechtswidrigem Angriff auf die Ukraine. Es rächte sich jetzt, dass deutsche Sicherheitspolitik den autokratisch-imperialen Charakter russischer Politik unterschätzt und über die seit 2014 andauernde Aggression gegen die Ukraine hinweg versucht hatte, ein Land sicherheitspolitisch einzubinden, das sich nicht einbinden lassen wollte. Im Ergebnis mutierte die deutsche Ukrainepolitik zu einer Funktion einer im Nachhinein naiven Russlandpolitik. Wenige in Deutschland hatten damit gerechnet, dass der russische Präsident Putin mit seinen Drohungen gegen die Ukraine ernst machen würde. Der Schock und die Enttäuschung in Deutschland waren umso größer.

Die Bundesregierung aus SPD, Grünen und FDP hat auf diese für Berlin neuartige Herausforderung in kürzester Zeit für deutsche Verhältnisse kraftvoll reagiert. Die schnelle Ankündigung einer weitreichenden Neuausrichtung der deutschen Sicherheits- und Energiepolitik hat viele im In- und Ausland positiv überrascht. In der sonntäglichen Sondersitzung des Deutschen Bundestags am 27. Februar verkündete Bundeskanzler

Olaf Scholz unter dem Stichwort »Zeitenwende« eine massive militärische Aufrüstung durch ein zeitlich begrenztes Sondervermögen in Höhe von 100 Milliarden Euro über fünf Jahre, die drastische Reduzierung der Abhängigkeit Deutschlands von russischen Energielieferungen und die Bereitschaft zu Lieferungen von Waffen zur Verteidigung der Ukraine.

Die Ankündigungen des Bundeskanzlers kamen in allen drei Bereichen einer Revolution deutscher Außen- und Sicherheitspolitik gleich. In Polen werden indes die Umsetzung kritisiert und die Nachhaltigkeit dieser weitreichenden Ankündigungen bezweifelt. Die Zweifel konkretisierten sich zunächst an unterschiedlichen Vorstellungen zur Geschwindigkeit von EU-Sanktionsbeschlüssen, später am Umgang mit den ukrainischen Wünschen nach Lieferungen schwerer Waffen. Polen gerierte sich als Anwalt ukrainischer Forderungen und drückte aufs Tempo, während Deutschland vor allem einen direkten Kriegseintritt der NATO und eine mögliche nukleare Eskalation vermeiden wollte und dementsprechend vorsichtiger handelte.

Auch für Polen stellt der 24. Februar 2022 einen Einschnitt in der Nachkriegsgeschichte dar; er ist jedoch von anderer Natur als in Deutschland. Der Krieg vor der eigenen Haustür hat die russische Bedrohung für unseren größten Nachbarn im Osten sehr direkt und unmittelbar werden lassen. Die polnischen Städte nahe der Grenze zur Ukraine wurden zu Zentren für humanitäre Hilfe, militärischen Nachschub und für die Aufnahme von Kriegsflüchtlingen. In gewisser Weise bedeutete der Krieg für Polen auch die Rückkehr einer tragischen Geschichte. Die Zeit vom Ende des Kalten Kriegs 1989/1990 bis zum russischen Krieg gegen die Ukraine bildete für viele Polen eher die Ausnahme zu seinen jahrhundertealten Erfahrungen mit dem russischen Imperialismus, unter dem Polen massiv zu leiden hatte, denn einen Neustart.

Während deutsche Politiker gern auf die Eskalationsrisiken, die zum Ersten Weltkrieg geführt haben, hinweisen, sehen ihre polnischen Gegenüber die größere Gefahr in einer Neuauflage der »Appeasement-Politik« der 1930er Jahre, die nicht vermocht hatte, den Aggressor Hitler zu stoppen. Gelegentlich werden in der deutsch-russischen Energiekooperation auch Anklänge an die deutsch-sowjetische Kooperation im Rahmen des Hitler-Stalin-Paktes gesehen. Die deutsche Debatte zwischen »Pazifisten« und »Bellizisten« wird in Polen mit großem Unverständnis aufgenommen, weil Pazifismus im Angesicht der russischen Aggression bestenfalls als unterlassene Hilfeleistung, schlimmstenfalls als Beihilfe zum Völkermord interpretiert wird.

Regierung und Gesellschaft in Polen, die sich ansonsten in vielen anderen Fragen hochgradig polarisiert zeigen, stimmen in dieser Einschätzung überein: Moskaus Politik stellt eine permanente Bedrohung für die Freiheit und Souveränität Polens und Europas dar. Die jüngsten Ereignisse haben die schlimmsten polnischen Befürchtungen bestätigt. Aus Warschauer und nicht nur dortiger Sicht fügt sich Moskaus Krieg gegen die Ukraine nahtlos in eine Abfolge von Aggressionsakten unter Putin ein, deren Namen mit Tschetschenien, Georgien, der Annexion der Krim und der Aggression im Donbass umschrieben sind. Immer wieder haben unterschiedliche polnische Regierungen vor einer zu nachgiebigen deutschen Haltung und vor einer allzu großen Energieabhängigkeit von Moskau gewarnt. Durch das Scheitern der deutschen Ostpolitik, die in weiten Teilen auch die Russlandpolitik der EU bestimmte, sieht man sich jetzt bestätigt.

Die polnische Regierung nutzt den entstandenen deutschen Imageschaden allerdings innen- und außenpolitisch, indem sie Deutschland in einer unter Verbündeten und Partnern sehr ungewöhnlichen Weise öffentlich angreift. Der Ministerpräsident und der Außenminister werfen Deutschland »Imperialismus« vor. Regierung und Gesellschaft kritisieren nicht nur, Berlin habe die Warnungen vor dem Wiederaufleben des russischen Imperialismus in den Wind geschlagen; man bezweifelt zudem die Aufrichtigkeit und Nachhaltigkeit der deutschen Zeitenwende. Warschau wirft Berlin vor, den Krieg in der Ukraine immer noch zu sehr durch das Moskauer Prisma zu betrachten und Kiew nur halbherzig zu unterstützen. Polen will zwar selbst einen Kriegseintritt der NATO in den Krieg verhindern, ist aber bereit, bei der Unterstützung für die Ukraine ein größeres Risiko einzugehen als Deutschland. Die Ukraine, so das Warschauer Credo, kämpfe für die Freiheit Europas. Ein russischer Sieg in der Ukraine würde früher oder später zu einem Übergreifen auf NATO-Territorium führen.

Die polnische Regierung und nicht unbeträchtliche Teile der Gesellschaft befürchten, dass Deutschland Polen nicht ausreichend unterstützen würde, sollte sich der Krieg auf NATO-Gebiet ausdehnen. Direkte Kontakte mit Wladimir Putin werden bestenfalls als Zeitverschwendung, zumeist schlimmer als die Vermittlung der falschen Botschaft kritisiert, man könne mit einem Kriegsverbrecher verhandeln. Außerdem unterscheidet die polnische Regierung nicht wie Berlin zwischen der politischen Führung in Moskau und der russischen Gesellschaft. Überlegungen über die Zukunft des Verhältnisses zu Russland werden auf Abschreckung und Isolation reduziert. Nur unter Bedenken hat Warschau zugestimmt, Rüstungskontrolle und Transparenz neben Abschreckung und Verteidigung im neuen Strategischen Konzept der NATO, das die Staats- und Regierungschefs des Bündnisses Juni 2022 in Madrid indossiert haben, aufzunehmen.

Indem die Warschauer Regierung Öl ins Feuer gießt, vertieft sie das entstandene deutsch-polnische Zerwürfnis. Kritische öffentliche Kommentare an die Adresse Deutschlands mögen in Teilen der polnischen Gesellschaft populär sein, auch im Blick auf die Parlamentswahlen 2023; die westliche Einigkeit und Kohärenz, unseren stärksten Trumpf im Ukraine-Konflikt, fördern sie nicht. Auch schon vor dem russischen Angriff auf die Ukraine sah man in einer scharfen antideutschen Rhetorik ein probates Mittel, Deutschland als Strippenzieher hinter der als ungerecht empfundenen europäischen Kritik am Umbau des polnischen Rechtsstaats zu diskreditieren. In dem Moment, in dem Deutschland in einer zentralen Frage massiv gescheitert ist und Europa dabei mit auf einen falschen Weg geführt hat, sieht man eine günstige Gelegenheit für den eigenen Einflussgewinn.

Im Gegensatz zur Debatte in Deutschland, wo Bundesregierung und Fachöffentlichkeit eine stärkere Führungsrolle für Deutschland einfordern, plädiert der polnische Außenminister öffentlich für deutsche Selbstbeschränkung, in diesem Fall allerdings nicht mit der Unterstützung der Opposition. Längst überholt geglaubte Stereotypen halten wieder Einzug in die öffentliche Debatte. Die deutsch-polnischen Beziehungen stehen vor einer harten Belastungsprobe.

Folgen für die euro-atlantische Sicherheitsarchitektur

Der russische Krieg gegen die Ukraine wird Europa und das Verhältnis des Westens zu Russland fundamental verändern. Die transatlantische Gemeinschaft wird einen langjährigen, harten neuen Systemkonflikt mit Russland erleben. Viel spricht dafür, dass er machtpolitisch zwischen der NATO und Russland, ideologisch hingegen zwischen demokratischen und autokratischen Staaten ausgetragen werden wird. Dabei wird es stark darauf ankommen, diejenigen Staaten aus dem globalen Süden, die im Moment noch zögern, sich auf der Seite des Völkerrechts und des Multilateralismus zu engagieren, auf die westliche Seite zu ziehen.

Der heraufziehende neue Konflikt wird sich in vielerlei Hinsicht vom Kalten Krieg unterscheiden, weil Russland im Gegensatz zur Sowjetunion, jedenfalls im zweiten Teil des Kalten Kriegs, eine revisionistische Macht ist und stärker in das internationale System integriert ist, als es die Sowjetunion je war. Das geostrategische Zentrum der Auseinandersetzung wird sich weiter nach Osten verschieben. Polen wird als neuer Frontstaat größere militärische und politische Bedeutung erlangen. Damit macht der russische Krieg gegen die Ukraine die Auseinandersetzung um die richtige Politik des Westens gegenüber Russland und der Ukraine nicht nur zum derzeit wichtigsten Streitpunkt zwischen Berlin und Warschau und zur Achillesferse der deutsch-polnischen Beziehungen. Er berührt auch die Zukunft von EU, NATO und der euro-atlantischen Sicherheitsarchitektur der nächsten Jahrzehnte. Der Einsatz könnte kaum größer sein.

Der Krieg hat zwar den Westen oberflächlich in einer gemeinsamen Abwehrhaltung zusammengeschweißt, wie es wenige, schon gar nicht der russische Präsident erwartet haben. Die seit der Wende 1989/1990 bestehende euro-atlantische Friedensordnung, von der Deutschland stark profitiert hat, wird sich beträchtlich verändern. Ob von einer Ordnung in Zukunft überhaupt noch die Rede sein kann, ist ungewiss. Eine stabilisierende Wirkung von Rüstungskontrolle und Transparenz wird angesichts der Erosion der einschlägigen Vereinbarungen wegfallen. Russland wird – unabhängig vom Ausgang des russischen Kriegs gegen die Ukraine – zumindest in der westlichen Welt zum Paria werden. Sicherheit in Europa wird nicht mehr mit, sondern zu großen Teilen ohne oder sogar gegen Russland organisiert werden müssen. Auch wenn die Konturen dieses neuen Ost-West-Konflikts mit einer Trennlinie 800 Kilometer weiter östlich noch nicht klar sind, wird Polen als größter neuer Frontstaat eine zentrale Bedeutung erlangen, ähnlich derjenigen, die Deutschland während des Kalten Kriegs innehatte.

Man muss in diesem Kontext jedoch vorsichtig mit historischen Parallelen sein. Der Kalte Krieg hatte zwei deutlich unterscheidbare Phasen. Im ersten Teil, der in der Kubakrise und dem Blick in den nuklearen Abgrund gipfelte, glaubten die Sowjetführer, ihr Herrschaftsmodell mit hohem Risiko weltweit exportieren zu können. In der zweiten Phase unter Breschnew ging es im Wesentlichen um die Konsolidierung der Gewinne des Zweiten Weltkriegs in Europa. Insofern verteidigte die Sowjetunion vor allem den Status quo im eigenen Machtbereich – durchaus auch mit brutaler Waffengewalt, wie das Beispiel Tschechoslowakei 1968 – und vorher schon die Interventionen in der DDR und in Ungarn – zeigten.

Heute ist die Lage anders. Putin will die Friedensordnung von 1989/1990 nicht stabilisieren, sondern er versucht sie zu kippen, nicht nur in der Ukraine. Zudem ist Russland heute nicht so isoliert wie die Sowjetunion im Kalten Krieg. Das verschafft einerseits verstärkte Möglichkeiten der Beeinflussung über Sanktionen. Andererseits spielen Akteure wie China, Indien oder andere Länder des globalen Südens heute eine wichtigere Rolle. Ob sie als Zuschauer auf dem Zaun sitzen, den Westen unterstützen oder sich gar auf die Seite Russlands schlagen, wird von essentieller Bedeutung für den Ausgang des aufziehenden neuen Systemkonflikts werden. Er wird damit von anderer Natur sein als der Kalte Krieg und konsequenterweise auch andere Instrumente verlangen.

Unter diesen Umständen wird Deutschland als ehrlicher Makler mit möglichst guten Kontakten nach allen Seiten zwar weiter gebraucht. Eine Vermittlung zwischen den unterschiedlichen Interessen wird indes schwieriger, wenn nicht gar unmöglich werden. Es steht zu befürchten, dass die Geltung der regel- und wertebasierten Ordnung, für die Deutschland immer konsequent eingetreten ist, unter den Bedingungen steigender strategischer Rivalität entwertet und Deutschland seines wichtigsten ideellen Referenzrahmens beraubt wird. Diese Gefahr würde stark steigen, sollte bei den US-Wahlen 2024 ein weiteres Mal Donald Trump oder ein ihm ähnlicher Kandidat zum US-Präsidenten gewählt werden.

Im Gefolge westlicher Sanktionen und russischer Gegensanktionen wird zudem das deutsche Wirtschaftsmodell, das von der verstärkten Globalisierung nach Ende des Kalten Kriegs enorm profitiert hat, einer harten Belastungsprobe unterzogen werden. Schon im Gefolge der Covid-19-Pandemie und des Ukrainekriegs wurden wichtige Lieferketten unterbrochen.

Zudem zeichnet sich ab, dass die systemische Rivalität mit China härtere Resilienz-Maßnahmen erfordern wird. Die exportabhängige und auf Freihandel setzende deutsche Volkswirtschaft könnte hart getroffen werden, wenn sie nicht rechtzeitig durch Diversifizierung umsteuert. Die deutsche Energiewirtschaft, die zum Verteilungszentrum für Europa auf der Grundlage russischen Erdgases geworden war, wird diese Stellung zudem bis zur Reife der Erneuerbaren Energien verlieren, von den Auswirkungen des russischen Gasembargos auf die deutsche Wirtschaft ganz zu schweigen.

Diese Veränderungen werden auch nicht ohne Auswirkungen auf die internen Kräfteverhältnisse in NATO und EU bleiben. Das Gravitationszentrum der NATO wird sich nach Osten und wegen des Beitritts von Schweden und Finnland auch nach Norden verlagern. Polen wird ein kräftiges Wort in der Verteidigungsplanung mitsprechen wollen und können, nicht zuletzt wegen der Anwesenheit von US-Truppen und eines eigenen US-Hauptquartiers auf polnischem Boden. Die Bundesregierung hat verstanden, dass traditionelle deutsche ostpolitische Vorstellungen nicht mehr durchsetzbar sein werden. Unter dem Eindruck der Verleihung des EU-Kandidatenstatus an die Ukraine und Moldau, in der Perspektive auch an Georgien, wird sich die EU zu einer stärker geostrategischen Organisation weiterentwickeln. Das wird Auswirkungen auf die innere Kohärenz und die internationale Handlungsfähigkeit der EU nach sich ziehen.

Deutschlands Führungsrolle in der EU ist angeschlagen; wie tief und ob unwiederbringlich wird sich zeigen. Es gibt eine weitverbreitete Vorstellung in der polnischen Gesellschaft, nicht nur in der Regierung, Deutschland habe seine Führung verspielt, weil es wegen seiner gescheiterten Ostpolitik für den Krieg mitverantwortlich sei. Die Regierung begrüßt Deutschlands Einflussverlust und hofft auf einen eigenen Machtgewinn. Teile der Opposition und der liberalen außenpolitischen Elite fürchten hingegen nicht nur eine Schwäche Deutschlands, sondern auch ein generelles Machtvakuum in der EU, zumal auch der zentrale deutsch-französische Motor für Europa stockt.

Es bleibt zu hoffen, dass eine kluge deutsche Politik die Initiative wieder zurückgewinnen kann. Viel wird vom deutschen politischen Willen abhängen, die Bündnisfähigkeit Deutschlands durch schnelle und gute Ausrüstung der Bundeswehr zu stärken und bei der militärischen Hilfe für die Ukraine den Eindruck von Zögerlichkeit abzulegen.

Auch Polen muss aufpassen, die strategische Weggabelung nicht zu verpassen. Selten zuvor gab es in Deutschland, aber auch andernorts, so viel Bereitschaft, Polen zuzuhören und seine Besorgnisse ernst zu nehmen. Wenn Warschau indes weiterhin auf seinem Kampf gegen Berlin und Brüssel auf der Grundlage kruder Verschwörungstheorien beharrt, könnte der »polnische Moment« zu Ende sein, bevor er richtig angefangen hat.

Die polnische Regierung wird sich entscheiden müssen, welches Verhältnis sie zu Berlin und Brüssel anstrebt. Soll Russland effizient abgeschreckt werden, ist eine möglichst einheitliche westliche Linie unverzichtbar. Fühlt man sich der Zukunft Europas verpflichtet, dann wird es ohne tragfähige bilaterale Kooperation nicht abgehen. Will man hingegen von momentaner deutscher Schwäche profitieren, sollte man die Kräfteverhältnisse nicht außer Acht lassen.

Die Stellung in der NATO hängt nicht nur von einem hohen Militäranteil am Bruttoinlandsprodukt ab, zumal die polnischen Verteidigungsausgaben in absoluten Zahlen nur rund ein Viertel der deutschen ausmachen. Eine generelle politische Aufwertung Polens muss sich auf eine widerstandsfähige Volkswirtschaft stützen können, die wiederum stark von Deutschland und von den europäischen Transferzahlungen abhängig ist. Insofern haben Deutschland und Polen durchaus gemeinsame Interessen.

Es ist wahrscheinlich, dass Antworten auf diese Fragen bei den Ende 2023 anstehenden Parlamentswahlen in Polen gegeben werden.

Fünf konkrete Vorwürfe

Eine ehrliche Analyse, aber erst recht die Formulierung von Empfehlungen über den weiteren Umgang mit unserem Nachbarn, setzt eine Auseinandersetzung mit den konkret gegenüber Deutschland erhobenen Vorwürfen voraus. Während meiner Amtszeit in Polen schlug mir in vielen Gesprächen mit den unterschiedlichsten Gesprächspartnern, auch bei denen, die Sympathie gegenüber Deutschland empfinden, immer wieder Misstrauen gegenüber der deutschen Russlandpolitik entgegen. Je deutlicher die Gesprächspartner im national-konservativen Regierungslager zu verorten waren, desto tiefer saß das Misstrauen. Im Wesentlichen werden in Polen fünf Vorwürfe vorgebracht: Naivität, wirtschaftlicher Egoismus, moralische Dekadenz, Fortsetzung der geostrategischen Zusammenarbeit mit Russland und Korruption. Die Übergänge zwischen den Argumentationsmustern sind fließend, nicht alle Argumente überzeugen.

Im besten Fall unterstellt man der deutschen politischen Klasse mangelndes Verständnis beziehungsweise Naivität im Umgang mit Moskau. Deutschland habe in der Geschichte nicht die gleichen negativen Erfahrungen mit Russland gemacht wie Polen und unterschätze daher die Gefahr aus dem Osten. Deutschland sei weder 2008 durch den Georgien-Krieg noch 2014 bei der Annexion der Krim und den militärischen Auseinandersetzungen im Donbass aus seinem russlandpolitischen Dornröschenschlaf erwacht. Deutsche Politiker hätten immer wieder vergeblich versucht, politische Lösungen mit einem System zu suchen, das Kompromisse als Schwäche und Einladung zu weiteren aggressiven Handlungen begreift. Deutschland habe sich in Verkennung der Natur der russischen Gefahr zudem viel zu abhängig von russischer Energie gemacht und knabbere jetzt an den Folgen, die drohten, die Bundesregierung handlungsunfähig zu machen.

An dieser Argumentation ist im Rückblick viel Wahres. Der russische Angriffskrieg auf die Ukraine 2022, an den bis zum letzten Moment viele in Deutschland nicht geglaubt haben oder glauben wollten, hat die Schwächen der deutschen Russlandpolitik schonungslos offengelegt. Wie selbst Bundespräsident Steinmeier einräumt, hat die deutsche außenpolitische Elite zu lange an einem Konzept der Zusammenarbeit und Einbindung Russlands festgehalten, das die russische Führung selbst aufgegeben hat.

An dieser Stelle setzt dann das zweite Argumentationsmuster an. Der Vorwurf lautet nicht mehr Naivität, sondern wirtschaftlicher Egoismus. Berlin habe zu stark auf die Einflüsterungen aus der deutschen Wirtschaft gehört und habe eigene ökonomische Interessen, insbesondere im Energiebereich, rücksichtslos auf dem Rücken Polens und der Ukraine durchgesetzt. Paradebeispiel hierfür ist das inzwischen gestoppte Erdgasprojekt Nordstream 2. Es wurde erst nach der Krim-Annexion 2015 offiziell gestartet und über die Jahre hinweg von der fragwürdigen deutschen Kommunikation begleitet, es handele sich um ein »rein wirtschaftliches Projekt«.

An den Versuchen bestimmter Teile der Wirtschaft, die Russlandpolitik zu beeinflussen, ist etwas dran. Sie waren indes nicht das bestimmende Moment deutscher Russlandpolitik. Wie in jeder demokratischen Gesellschaft hat selbstverständlich auch die deutsche Wirtschaft Zugang zu den politischen Entscheidungsträgern, zumal in einem Land, dessen Einfluss zu einem großen Teil auf seiner wirtschaftlichen Leistungsfähigkeit beruht.

Aber entscheidend waren im Nachhinein falsche deutsche Vorstellungen über den Charakter des russischen Systems und die Möglichkeiten der Gestaltung einer nachhaltigen euro-atlantischen Sicherheitsordnung, in der die wirtschaftlichen Beziehungen die ihnen zugeschriebene stabilisierende Rolle spielen sollten.

Die Kommunikation zu Nordstream war demgegenüber fatal. Auch wenn Bundeskanzlerin Merkel in dem Projekt später durchaus politische Aspekte erblickte und dies auch öffentlich kundtat, haben einige viel zu lange an der »rein wirtschaftlichen These« festgehalten. Kein einzelnes Unterfangen hat einen derart großen Imageschaden für Deutschland hervorgerufen wie die von einem europäischen Firmenkonsortium zusammen mit Gasprom getragene Erdgaspipeline, nicht nur in Polen, aber gerade auch dort.

Eng verknüpft mit dem Egoismus-Vorwurf ist die These von der moralischen Dekadenz: Deutschland liebe seine Wirtschaft mehr als die Freiheit, habe die Lektionen der Geschichte nicht gelernt und sei nicht bereit für die westlichen Werte einzustehen. Der Vorwurf wird insbesondere im Zusammenhang mit der teilweise späten und zurückhaltenden Reaktion der Bundesregierung auf Unterstützungswünsche der Ukraine während des Kriegs formuliert. Diese Argumentation wird gern von denjenigen verwandt, die Deutschland eine überhebliche, moralisierende Betrachtung der internationalen Politik vorwerfen.

Auch wenn man so manche geschichtsvergessene deutsche Äußerung, die zähe Umsetzung der Ankündigungen zur Lieferung von Waffen und die Zweifel einiger Kreise in Deutschland an den westlichen Sanktionen berücksichtigt, trifft dieser Vorwurf für die Mehrheit der deutschen Russlandpolitiker nicht zu. Deutsche Politik gegenüber Moskau war lange von dem Wunsch beseelt, einer Politik des Friedens und des Ausgleichs zu dienen, die auf der deutschen Lektion »Nie wieder Krieg« aus dem Zweiten Weltkrieg beruht. Im Angesicht einer lange unterschätzten aggressionswilligen Macht stößt diese Politik allerdings an ihre Grenzen und droht in Zynismus zu entarten, wenn man dem Angegriffenen nicht die Mittel zur Verfügung stellt, die dieser braucht.

Der vierte Vorwurf, der vor allem aus dem nationalkonservativen Lager um Jarosław Kaczyński kommt, lautet Fortsetzung einer geostrategischen Zusammenarbeit mit Russland zulasten Polens. Deutschland sei durch seine Politik mitverantwortlich für den russischen Krieg gegen die Ukraine, so die These. Die Unterstellung geht davon aus, dass Deutschland trotz gemeinsamer Zugehörigkeit zu EU und NATO in Wirklichkeit nichts aus der Geschichte gelernt habe und weiter auf breiter Front mit Moskau kooperiere beziehungsweise den Interessen Polens entgegenwirke. Die rechte Presse spricht gelegentlich von einer fünften Kolonne Moskaus. Das Argument wird auch innenpolitisch benutzt, etwa wenn sich die polnische Position in EU oder NATO nicht durchgesetzt hat und ein Schuldiger gesucht wird. Dieses Argumentationsmuster reflektiert nicht die Mehrheitsmeinung in Polen, stößt aber in Teilen der polnischen Öffentlichkeit auf Resonanz und wird daher innenpolitisch benutzt.

Der fünfte Vorwurf, Korruption, gipfelt in der These von der sogenannten »Schröderisation der deutschen Russlandpolitik«, ein Terminus, den der frühere estnische Präsident Ilves mit großem Applaus aus dem Publikum auf dem Warschauer Sicherheitsforum 2021 propagierte. Gemeint ist damit die Korrumpierung der deutschen Elite durch die Kooperation mit der russischen Wirtschaft, insbesondere im Energiesektor. In einer etwas sanfteren Variante, die auch in polnischen Think-Tank-Kreisen vertreten wird, gerät auch Angela Merkel ins Fadenkreuz der Kritik. Ihre Politik sei ein »Lehrbuchbeispiel, wie Gier politische Macht im Kapitalismus dominiere«. Auch wenn es sicherlich Beispiele für eine allzu enge Verquickung zwischen persönlichem wirtschaftlichem Vorteil und enger Beziehung zu Russland gibt, so stellt diese These doch eine Verleumdung der allermeisten Vertreter der deutschen Russlandpolitik dar.

Alle fünf Vorwürfe sind in der innerpolnischen Debatte präsent und werden auch gern über die jeweiligen Netzwerke nach außen, auch nach Deutschland gespiegelt. Die bösartigeren Varianten speisen sich in einigen Fällen aus innenpolitischen Motiven, in anderen aus Stereotypen, die man für überholt hielt.

Der Kernvorwurf der nicht ausreichenden Unterstützung für die Ukraine basiert auf einem Vergleich der eigenen mit den deutschen Hilfslieferungen. Man mag sich darüber streiten, ob es Sinn macht, derartige Vergleiche anzustellen, kommt es doch am Ende auf den Erfolg der gemeinsamen Anstrengungen an. Wenn man es tut, stellt sich allerdings nach einer Studie der Universität Kiel heraus, dass Deutschland in absoluten Zahlen im Vergleich der humanitären, finanziellen und militärischen Hilfslieferungen besser dasteht als Polen.

Selbst bei der Waffen- und Ausrüstungshilfe hat Deutschland Polen inzwischen überholt, wobei die deutsche Unterstützung an die NATO-Partner, die ihrerseits im Rahmen des sogenannten Ringtauschs Waffen an die Ukraine geliefert haben, nicht einmal berücksichtigt ist. Im Rahmen einer relativen Betrachtung aller Hilfen im Verhältnis zum Bruttoinlandsprodukt hingegen schneidet Deutschland deutlich schlechter und Polen besser ab. Und bei den Zahlen handelt es sich um Verpflichtungserklärungen; vielfach dauert es (zu) lange, bis die Ankündigungen auch tatsächlich umgesetzt werden.

Die russische Bedrohung für Polen

Die russische Aggression vor Polens Haustür hat die gesamte politische Klasse und die Gesellschaft, also bei Weitem nicht nur die Regierung, in einem Maße verunsichert, wie wenige in Deutschland sich dies haben vorstellen können. Meinungsumfragen belegen eine konkrete Furcht, Polen könne das nächste Opfer des russischen Imperialismus werden.

Vor diesem Hintergrund war es noch nie so wichtig wie heute, Polen zu verstehen. Zu verstehen heißt nicht, polnische Politik widerspruchslos zu akzeptieren. Aber kennen sollte man die polnische Denkungsart schon, und ignorieren sollte man sie erst recht nicht.

Die unmittelbaren polnischen Sorgen datieren nicht vom 24. Februar 2022. Sie sind spätestens seit 2014 mit der Annexion der Krim sowie dem Angriff auf den Donbass konkret geworden. Als ich Mitte April 2014 mein Beglaubigungsschreiben beim damaligen polnischen Präsidenten Bronisław Komorowski übergab, wurde ich mit der Thematik konfrontiert. Das in solchen Fällen zwischen engen Partnern übliche Gespräch drehte sich nach dem russischen Überfall auf die Krim und den Kämpfen im ostukrainischen Donbass nahezu ausschließlich um die Bewertung der Lage in der Ukraine. Der erste Mann des polnischen Staates, ein reflektierter und freundlicher Mann aus adligem Haus, mit familiären Beziehungen zu einem der Anführer des Warschauer Aufstands 1944, und sein außenpolitischer Berater Jaromir Sokołowski, ein hochrangiger Beamter mit exzellenten Deutschkenntnissen und Deutschlanderfahrung, fragten mich interessiert nach der deutschen Haltung zu dem Konflikt. Ich erläuterte die Politik der Bundesregierung, die damals ähnlich betroffen von der aggressiven russischen Politik war wie Polen, aus der entstandenen Lage aber andere Schlüsse gezogen hatte.

Die damalige Bundeskanzlerin Angela Merkel hatte in ihrer Regierungserklärung im Deutschen Bundestag am 13. März 2014 die deutsche Position ausführlich dargelegt. Die Kernaussagen zur Lageanalyse waren deutlich: Russlands Aktionen ziehen die territoriale Integrität der Ukraine in Zweifel und verletzen brutal ihre Einheit. Russland ist kein Stabilitätspartner für seine Nachbarn. Es stellt das Recht des Stärkeren über die Stärke des Rechts und bewertet seine einseitigen geopolitischen Interessen höher als Bemühungen, Vereinbarungen und Kooperation zu erzielen.

Merkels Kernaussagen zu den Schlussfolgerungen, die aus der Lage zu ziehen waren, entsprachen demgegenüber dem damaligen Konsens der deutschen Parteien im Umgang mit Konflikten: Die gespannte und gefährliche Lage müsse entspannt und der Konflikt im Dialog politisch gelöst werden. Militärische Maßnahmen seien keine Option für Deutschland. Die Ukraine müsse durch ein Bündel europäischer Maßnahmen gestärkt werden. Wenn Russland nicht zu Kooperation und Völkerrecht zurückkehre, seien weitere Sanktionen zu gewärtigen, nachdem die Europäische Union bereits einige begrenzte Sanktionsmaßnahmen auf den Weg gebracht hatte. Letztlich ging es darum, den entstandenen Konflikt einzuhegen und einen europäischen Flächenbrand zu verhindern.

Präsident Komorowski zeigte sich im Gespräch mit mir nur halb überzeugt. Er anerkannte einerseits die klare Positionierung der Bundeskanzlerin und sprach sich für eine fortdauernde harte Haltung gegenüber Putins Russland aus. Auch wenn er dies im Gespräch nicht offen ansprach, waren durchaus Zweifel zu spüren, ob die deutsche Gesellschaft insgesamt die russische Gefahr nicht unterschätzte und im weiteren Verlauf des Konflikts unter dem Eindruck seiner wirtschaftlichen Interessen nicht wieder zu einer nachgiebigen Haltung Deutschlands gegenüber Russland tendieren würde.

Im aktuellen Kapitel des russischen Kriegs gegen die Ukraine 2022 sieht sich Polen in der Tat als engster Freund Kiews, der in EU und NATO vehement für die ukrainischen Anliegen wirbt. Polen hat über eine Million ukrainischer Kriegsflüchtlinge, die oftmals wegen schon vorhandener Kontakte ins Nachbarland geflohen waren, unbürokratisch aufgenommen. Die lokalen Verwaltungen und die Zivilgesellschaft versorgen sie in bewundernswert solidarischer Weise, ganz im Gegensatz zur Haltung gegenüber früheren Kriegsflüchtlingen aus anderen Regionen der Welt. Die polnische Gesellschaft fühlt sich auch deshalb in besonderer Weise mit Kiew verbunden, weil man Parallelen der ukrainischen Verteidigung mit dem eigenen Kampf im polnisch-sowjetischen Krieg von 1919/21 und mit der Zeit vor Ausbruch des Zweiten Weltkriegs zieht. Damals hatten die

Westmächte Hitler-Deutschland nach dem Überfall auf Polen zwar den Krieg erklärt, taten aber nichts, um Polen gegen die deutsche Wehrmacht zu verteidigen. Polen stand allein da und befürchtet Ähnliches heute, wenn der Westen Putin nicht kraftvoll genug entgegentritt.

Ein hoher polnischer Staatsfunktionär bezeichnete mir gegenüber im Sommer 2022 die Lage als »Fenster der Gelegenheit«, weil die Ukraine kämpfen wolle und Putin so auf ukrainischem Boden gebunden werde. Damit werde eine spätere Auseinandersetzung auf NATO-Territorium unwahrscheinlicher. Daher sollte jetzt kein Druck auf die Ukraine ausgeübt werden, den Konflikt schnell zu beenden, um weiteres Blutvergießen zu vermeiden. Vielmehr müsse das strategische Ziel lauten: Die Ukraine müsse diesen Krieg gewinnen. Gute Ratschläge zur Beendigung des Blutvergießens von außen seien kontraproduktiv.

Eine schwierige Geographie

Während die deutsch-polnische Grenze heute verbindet, sind die östlichen Grenzen Polens zugleich die Außengrenzen der Europäischen Union. Sie trennen einen von NATO und EU geschützten stabilen Raum von autokratisch regierten Staaten wie Russland und Belarus beziehungsweise von der Ukraine, die um ihre Freiheit und Souveränität kämpft.

Polen grenzt im Norden circa 200 Kilometer lang direkt an das Kaliningrader Gebiet, das nördliche Ostpreußen, das im Ergebnis des Zweiten Weltkriegs an die Sowjetunion fiel und seitdem als sowjetischer, später russischer Vorposten zum Westen fungiert. Das Gebiet um das frühere Königsberg ist seit dem Zerfall der Sowjetunion als Exklave auf dem Landweg nur über Litauen beziehungsweise Belarus/Polen erreichbar. Aufgrund seiner geographisch exponierten Lage ist das Gebiet stark militarisiert. Die Baltische Flotte hat ihren Stützpunkt in Kaliningrad und operiert von dort aus in der Ostsee. Sie besteht aus über hundert Kampfschiffen und einer ebenso großen Zahl von Kampfflugzeugen.

Die größte militärische Gefahr für Polen und die NATO geht von den Iskander-Raketen aus, die im Kaliningrader Gebiet stationiert sind. Sie haben eine Reichweite von bis zu 500 Kilometer und sind nuklear bestückbar. Ihre Flugbahn ist so anpassungsfähig, dass sie kaum abgefangen werden können. Sie könnten Warschau, Berlin oder Kopenhagen praktisch ohne Vorwarnzeit erreichen und stellen daher eine militärische Gefahr dar, auf die der Westen bisher keine ausreichende Antwort hat. Die Durchsetzung der Sanktionen, die die EU wegen des russischen Kriegs gegen die Ukraine beschlossen hat, zwischen dem russischen Kerngebiet und der Exklave Kaliningrad, stellt eine besondere Herausforderung dar, die leicht in eine Destabilisierung der gesamten Region münden kann. Die PiS-Regierung hatte schon einige Zeit vor dem Ausbruch des Kriegs den visumfreien Kleinen Grenzverkehr mit dem Kaliningrader Gebiet abgeschafft und baut jetzt einen Zaun, der hybride Bedrohungen, etwa durch unkontrollierte Flüchtlingsbewegungen, abwehren soll.

Südlich des Kaliningrader Gebiets bis nach Belarus verläuft der circa 65 Kilometer Luftlinie breite sogenannte Suwałki-Korridor um die polnische Grenze zu Litauen. Das Gebiet um die polnische Stadt Suwałki stellt die einzige Landverbindung zwischen den baltischen Staaten und dem Rest des NATO-Bündnisgebiets dar und ist deswegen von großer strategischer Bedeutung.

NATO-Planer sind besorgt, dass Russland und Belarus in einem möglichen Angriff auf diesen Abschnitt Estland, Lettland und Litauen vom Rest des Bündnisgebietes abtrennen könnten. Eine militärische Auseinandersetzung mit Russland und ein möglicher Einsatz von Kernwaffen wären die Folge. Hinzu kommt die Tatsache, dass in allen drei baltischen Republiken substanzielle russische Minderheiten wohnen. Nichts deutet zwar derzeit darauf hin, dass diese Minderheiten unruhig werden. Aber die Verteidigung dieser Volksgruppen ist Teil der russischen Sicherheitsdoktrin. Dementsprechend ist russisches Zündeln keineswegs ausgeschlossen.

Auch weiter südlich ist das Verhältnis zum Nachbarn alles andere als stabil. Eine über 400 Kilometer lange Grenze trennt Polen von dem autoritär regierten Belarus. Der belarussische Machthaber Lukaschenko ist durch die gefälschten Wahlen 2020 und die Sanktionspolitik der Europäischen Union in noch stärkere Abhängigkeit von Russland geraten und hat seine Schaukelpolitik zwischen West und Ost aufgegeben. Im russischen Krieg gegen die Ukraine 2022 wurde Belarus zu Putins Aufmarschgebiet.

Im Falle einer militärischen Auseinandersetzung zwischen Russland und der NATO wäre Belarus höchstwahrscheinlich ein treuer Alliierter Putins. Die Stationierung russischer Kurzstreckenraketen auf belarussischem Territorium unterstreicht die Einbindung von Belarus in die russische Militärstrategie. Im Winter 2021/2022 haben belarussische Grenzpolizisten Flüchtlinge aus Afghanistan auf die polnische Grenze zugetrieben und versucht, sie als Waffe einzusetzen. Das Manöver scheiterte am Widerstand von Polen und der EU. Im Gefolge dieser Ereignisse trennt heute ein Grenzzaun beide Staaten. Zu Anfang des Kriegs gegen die Ukraine führten russische Truppen von belarussischem Territorium aus Angriffe gegen die Ukraine. Im Oktober 2022 stationierte Russland tausende Soldaten, Panzer und gepanzerte Fahrzeuge in Belarus für einen weiteren möglichen Angriff auf die Ukraine von Norden her.

Über die circa 500 Kilometer lange polnisch-ukrainische Grenze ist Polen seit Anfang 2022 Frontstaat zum größten Territorialkonflikt seit Ende des Zweiten Weltkriegs geworden. Nachdem der Krieg 2014 sich noch auf die Ost-Ukraine konzentrierte, finden die militärischen Auseinandersetzungen jetzt direkt vor Polens Haustür statt. Die polnische Grenzstadt

Przemyśl ist zum Zentrum für die ankommenden Flüchtlinge aus der Ukraine geworden. Die grenznahe polnische Region Transkarpatien und der Flughafen Rzeszów sind zur Nachschubbasis für die wirtschaftliche und militärische Hilfe für die Ukraine geworden. Wie gefährlich die Nähe zum Schlachtfeld ist, mag man auch daran ermessen, dass Mitte November eine offenbar fehlgeleitete ukrainische Luftabwehrrakete auf polnischem Boden niederging und zwei Menschen tötete. Der Besonnenheit der handelnden Personen ist es zu danken, dass der Vorfall nicht gefährlich eskalierte.

Sicherheitspolitische Befürchtungen

Das Kräfteverhältnis zwischen der NATO und Russland im östlichen Bündnisgebiet ist nicht ausgewogen. Polen weist zu Recht daraufhin, dass die konventionelle Schwäche des Bündnisses auf der Ostflanke keine ausreichende Garantie gegenüber russischem Abenteuertum bietet. Schon nach dem russischen Angriff auf die Ukraine 2014 drängte Warschau auf eine Stärkung der konventionellen Fähigkeiten der NATO im östlichen Bündnisgebiet. Zudem weist die polnische Regierung zu Recht auf die regionalen nuklearen Disparitäten zwischen der NATO und Russland hin und bemüht sich, nukleare Fähigkeiten auf seinem Territorium zu stationieren.

Die NATO hat zwar bereits auf ihren Gipfeln in Wales und Warschau eine Reihe von Maßnahmen zum Schutz der NATO-Ostflanke ergriffen; sie gingen Warschau indes nicht weit genug. Die rotierende Stationierung von NATO-Einsatzkräften in den drei baltischen Staaten – Deutschland übernahm die Führung in Litauen – und in Polen sowie die Stärkung des Multinationalen Hauptquartiers der NATO in Stettin hat die polnische Regierung zwar begrüßt; sie hat aber immer für eine permanente Dislozierung von NATO-Kampftruppen geworben. Diese stünde im Widerspruch zur NATO-Russland-Grundakte von

1997, die vorsah, dass die NATO »im gegenwärtigen und vorhersehbaren Sicherheitsumfeld« auf eine permanente Stationierung substanzieller Kampftruppen verzichtet.

Polen argumentiert, dass die Grundakte durch den russischen Angriff obsolet geworden sei und es sich nur um ein politisches Dokument ohne völkerrechtliche Bindungswirkung handele. Sie könne nicht für Polen gelten, da Warschau bei Abschluss des Dokuments dem Bündnis noch nicht angehört hatte. Andere Bündnispartner, darunter die USA, Deutschland und Frankreich, wollen diese »Brücke nach Moskau« nicht völlig abbrechen. Auch nach dem 24. Februar 2022 hat das Bündnis die NATO-Russland-Grundakte nicht offiziell gekündigt. Es gibt hingegen unterschiedliche Interpretationen im Bündnis, welche Bindungswirkung sie heute noch entfaltet.

Die NATO hat auf ihrem Gipfel in Madrid Ende Juni 2022 angekündigt, ihre Präsenz auf der NATO-Ostflanke zu erhöhen. Aus einer begrenzten Vornepräsenz zur Abschreckung sollte durch Erhöhung der Kampftruppen eine echte Vorneverteidigung werden. Von einem Angriff auf NATO-Territorium sollte nicht nur abgeschreckt werden, sondern für den Fall eines Scheiterns der Abschreckung sollten auch genügend Truppen vor Ort sein beziehungsweise schnell zugeführt werden können, um das Staatsgebiet der östlichen Alliierten zu verteidigen und es nicht unter der russischen Drohung eines Nuklearwaffeneinsatzes zurückkämpfen zu müssen. Bisher handelt es sich indes um Ankündigungen, die in einigen Staaten erst nach größeren Verteidigungsinvestitionen umgesetzt werden können.

Auf bilateraler Basis hat Warschau circa 10 000 permanente und rotierende US-Truppen ins Land geholt, um über eine Art »politischen Stolperdraht« amerikanisches Interesse an der Sicherheit in Polen langfristig aufrechtzuerhalten. Zu diesem Zweck entsteht in Posen ein US-Korps-Hauptquartier, das 2019 dem damaligen US-Präsidenten schmeichelnd als »Fort Trump« schmackhaft gemacht werden sollte. Aus dem Namen ist nichts geworden, das Hauptquartier entsteht indes schon. In die gleiche Kategorie gehören nach polnischer Wahrnehmung auch die Anwesenheit von US-Truppen auf der Flughafenbasis Redzikowo in Nordwestpolen, obwohl die dort stationierten Streitkräfte der Abwehr von Raketenangriffen aus dem Nahen und Mittleren Osten und nicht aus Russland dienen, und der Militärflughafen Łask. Mittelfristig möchte Polen die US-Militärpräsenz im Land weiter massiv erhöhen.

Polen beklagt auch die sich weitende Lücke zwischen der konventionellen Verteidigung und der nuklearen Abschreckung der NATO und hat damit einen Punkt. Russland hat nach dem Bruch des Vertrags über landgestützte nukleare Mittelstreckenraketen (sogenannter INF-Vertrag von 1987) nuklear aufgerüstet und Raketen in Stellung gebracht, für die es auf Seiten der NATO kein Äquivalent gibt. Besonders destabilisierend sind die in Kaliningrad stationierten Iskander-Raketen mit sehr kurzer Flugzeit.

Die NATO will eine Nachrüstungsdebatte nach dem Vorbild der 1980er-Jahre vorerst nicht führen. Zeitweise Diskussionen in Deutschland über die dringend notwendige Modernisierung der nuklearen Teilhabe haben in Polen zudem stark zur Verunsicherung beigetragen. Die Entscheidung der Bundesregierung zur Anschaffung von F-35 Flugzeugen als Nachfolger für die in die Jahre gekommenen Tornados der Luftwaffe hat zumindest kurzfristig für eine gewisse Beruhigung an dieser Front gesorgt, auch wenn die polnische Regierung weiter auf eine eigene Beteiligung an der nuklearen Teilhabe und eine Stationierung von US-Nuklearwaffen auf polnischem Territorium drängt.

Demgegenüber bleibt die polnische Einschätzung zur Erfüllung des 2-Prozent-Ziels des Bruttoinlandsprodukts für die Verteidigungsausgaben durch Deutschland ambivalent. Während Berlin NATO-weit Unterstützung für die Konkretisierung des Ziels erfährt, äußern namhafte Vertreter des polnischen Regierungslagers gelegentlich Zweifel, wie das gestiegene deutsche

Verteidigungsbudget in Zukunft eingesetzt werden soll. Diese Argumentation sollte allerdings weder von Deutschland als Ausrede bemüht werden, die diesbezüglichen deutschen Bemühungen zu zügeln, noch sollten die Risiken einer einseitig nationalen deutschen Aufrüstung unterschätzt werden.

Im Hinblick auf die notwendige Weiterentwicklung der Gemeinsamen Sicherheits- und Verteidigungspolitik der EU bleibt die derzeitige polnische Regierung skeptisch. Begriffen wie strategischer Autonomie oder europäischer Souveränität bezogen auf die Verteidigung, wie sie im Westen des Kontinents, vor allem von Frankreich propagiert werden, begegnet man in Warschau mit Vorbehalten. Auch Konzepten einer europäischen Armee steht Warschau ablehnend gegenüber. Regierung und große Teile der Opposition drängen auf eine enge Kooperation von EU und NATO und sehen die NATO richtigerweise in der Hauptverantwortung für die Verteidigung Europas. Eine Anlehnung Washingtons an die sogenannte »Ständige Strukturierte Zusammenarbeit«, mit der interessierte EU-Mitglieder gemeinsame Fähigkeiten und die industriepolitische Basis für gemeinsame Rüstungsprojekte entwickeln, befürwortet Warschau nachdrücklich. Nicht immer findet Polen dabei die Unterstützung seiner Partner.

Unterschiedliche philosophische Grundlagen

Es gibt viele Gemeinsamkeiten in der Weltsicht der Menschen in beiden Staaten. Deutschland und Polen sind vergleichsweise junge Demokratien, die ihre außenpolitische Souveränität erst mit dem Ende des Kalten Kriegs erlangt haben. Der östliche Teil Deutschlands ist wie Polen ein postkommunistischer Nachfolger mit engeren Kontakten und einem besseren Verständnis des Nachbarn als viele im Westen. Mehr als andere waren die Menschen in Deutschland und Polen Profiteure der Befreiung vom real existierenden Sozialismus.

Dennoch gerieren sich Deutschland und Polen seit der Wende 1989/1990 als Antipoden europäischer Russlandpolitik. Ihre Politiken gründen sich auf verschiedene außenpolitische Denkmodelle und unterschiedliche Erfahrungen, die beide Staaten mit Moskau gemacht hatten. Deutschlands außenpolitisches Denken war und ist stark von postmodernem, konsensualem Gedankengut geprägt, das auf Immanuel Kant, den deutschen Philosophen der Aufklärung, und dessen Werk »Zum Ewigen Frieden« zurückgeht.

In Kants Kategorien sind Kriege atavistische Fehlentwicklungen, die durch eine vernünftige Politik und Prävention verhindert werden können. Wenn man die Beziehungen nur genug verrechtlicht, wie zum Beispiel innerhalb der Europäischen Union, können Beziehungen transformiert werden, und Konflikte entstehen erst gar nicht.

Hinzu kommt, dass Teile der deutschen Gesellschaft, insbesondere in den christlichen Kirchen und auf der Linken, seit dem Zweiten Weltkrieg von pazifistischem Gedankengut durchdrungen sind. Die deutsche Gesellschaft hat aus den schrecklichen Erfahrungen des Zweiten Weltkriegs die Schlussfolgerung »Nie wieder Krieg« gezogen. Der amerikanische Politologe Bob Kagan bringt es auf den Punkt, wenn er schreibt, Europa sei von der Venus, während Amerika vom Mars sei. Europa steht in diesem Kontext für das im Wesentlichen von Deutschland beeinflusste Denkmodell der Zivilmacht Europa.

Wer also Russland einzubinden versucht, so das deutsche Credo, trägt längerfristig zum Frieden bei. Was aber, wenn sich regionale Friedensstörer nicht von ihren Absichten abbringen lassen beziehungsweise die Großmacht Russland sich nicht einbinden lässt? Die rot-grüne Bundesregierung hat 1999 im Kosovo-Krieg das Dilemma dadurch aufgelöst, dass sie auf die Auschwitz-Erfahrung zurückgriff, um den ersten deutschen Kampfeinsatz nach dem Zweiten Weltkrieg zu rechtfertigen. Vor dem Hintergrund der sich abzeichnenden humanitären

Katastrophe im Kosovo hat sie dem Wahlspruch »Nie wieder Krieg« die Devise »Nie wieder Auschwitz« entgegengesetzt. Auf dem Balkan ging es damals jedoch »nur« um den regionalen »Ruhestörer« Milošević. 2022 gefährdet eine hochgerüstete revisionistische Großmacht den Frieden in Europa – mit ungleich höheren militärischen Risiken.

Das außenpolitische Denken von großen Teilen der polnischen Gesellschaft – und mehr noch der nationalkonservativen Regierung – basiert demgegenüber eher auf einem konfliktuellen Verständnis der internationalen Beziehungen, das mehr an die anarchische Welt des englischen Philosophen Thomas Hobbes als an Kant erinnert. Polen war in seiner Geschichte zumeist von Feinden umgeben und musste sich oft allein gegen eine internationale Übermacht verteidigen. Das Aufbegehren gegen fremde Mächte – heroisch, aber zumeist erfolglos – gehört zum Standardrepertoire polnischer Politik.

Stabilität, politische Lösungen, Kompromisse sind in der deutschen Politik positiv konnotiert. In Polen herrscht ein ambivalentes Verhältnis zur Stabilität. Für eine unterdrückte Gesellschaft, die Polen in seiner Geschichte oft war, ist Stabilität nicht positiv, wenn sie mit fehlender Souveränität und Fremdbestimmung einhergeht. Während einige in Deutschland noch während der letzten Phase des Kalten Kriegs einer vermeintlichen Stabilität des alten Systems das Wort redeten, bereiteten die demokratischen Kräfte in Polen bereits eine Freiheitsrevolution vor, von der auch Deutschland stark profitieren sollte. Ähnlich negativ konnotiert sind Begriffe wie politische Lösungen oder Kompromisse, die die Großmächte zulasten Polens ins Werk setzten.

Die unterschiedlichen Denkmodelle replizieren sich in der Einstellung gegenüber Russland. Deutschlands Beziehung zu Russland war in der Geschichte ambivalent, Polens Verhältnis durchgehend negativ. In Deutschland wechselten Perioden der Kooperation mit Zeiten der Konfrontation. Die Erfahrungen mit dem Ende des Zweiten Weltkriegs und der deutschen Teilung gehören in die negative Kategorie. Die Rolle Russlands bei der deutschen Einheit 1871 und 1990 ist positiv konnotiert.

Das schlechte Gewissen wegen Hitlers rassenideologischen Vernichtungskriegs im Zweiten Weltkrieg im Osten spielt auch heute noch eine wichtige Rolle in der deutschen kollektiven Einstellung gegenüber Russland, auch wenn die meisten Opfer Bürgerinnen und Bürger der Ukraine, Weißrusslands beziehungsweise Polens waren. Als besonders bedrohlich empfand Polen überraschende deutsch-russische Verbrüderungen über seine Köpfe hinweg, wie den Vertrag von Rapallo, mit dem das geschlagene Deutschland und die neu gegründete Sowjetunion 1922 sich aus ihrer politischen Isolation nach dem Ersten Weltkrieg lösten, und den Hitler-Stalin-Pakt, der den Angriff auf Polen von zwei Seiten 1939 vorbereitete.

Aufgrund seiner langen negativen Geschichte mit Russland zweifelten sukzessive polnische Regierungen nie am expansiven Charakter der russisch-sowjetischen Politik. Phasen besserer Beziehungen wurden als Ergebnis vorübergehender Moskauer Schwäche interpretiert. Die liberal-konservative Vorgängerregierung unter Ministerpräsident Donald Tusk bemühte sich noch, die bilateralen Beziehungen mit Moskau zu verbessern. Eine Kommission über schwierige Fragen wurde eingesetzt, die aber nicht zu durchschlagenden Ergebnissen führte.

Die seit 2015 amtierende national-konservative Regierung hatte schon vor 2022 am Dialog mit Moskau kaum Interesse. Nur zweimal kam es zu bilateralen Treffen auf Außenministerebene, einmal am Rande des Europaratsgipfels in Helsinki und einmal zur Vorbereitung des polnischen OSZE-Vorsitzes 2022. Inhaltlich belastete sie das Verhältnis zusätzlich mit Behauptungen über ein russisches Komplott zur Ermordung des früheren Staatspräsidenten Lech Kaczyński bei dessen tragischem Absturz nahe Smolensk 2010. Bei diesem Unglück kamen neben dem Präsidenten und seiner Ehefrau 94 weitere hochrangige

Vertreter von Staat und Gesellschaft einschließlich der Flugzeugbesatzung ums Leben.

Mentalitätsbedingte Unterschiede

Es gibt viele reale Probleme im deutsch-polnischen Verhältnis. Ihre Sprengkraft wird indes durch die psychologischen Befindlichkeiten verstärkt. Viele Polen reagieren im Alltag emotionaler als die Deutschen. Im Gespräch sind sie zumeist sehr höflich, wahren die Formen und geben sich konservativ. Sie verfügen über ein ausgeprägtes Hierarchiebewusstsein. Man schmeichelt dem Gegenüber gern, indem man ihn mit einer höheren Rangstufe anspricht, als ihm eigentlich zusteht. So werden beispielsweise Staatssekretäre und Unterstaatssekretäre als Minister angesprochen. Der frühere Vizekanzler und Außenminister Sigmar Gabriel bemerkte bei einem seiner zahlreichen Aufenthalte augenzwinkernd, dass er Polen deshalb so liebe, weil es das einzige Land sei, in dem er mit »Herr Bundeskanzler« angeredet werde. Viele deutsche Gäste wiederum sind sehr direkt, fallen mit der Tür ins Haus und verzichten oft aus Effizienzgründen lieber auf Höflichkeitsfloskeln, was wiederum viele Polen irritiert.

Wir sollten uns nichts vormachen. Viele Deutsche werden in ihrem Auftreten in Polen als arrogant wahrgenommen, auch wenn dies zumeist subtil kommuniziert wird. Auf polnischer Seite wiederum schwingt oft ein latentes Gefühl eines Lehrer/Schüler-Verhältnisses mit, das sich unterschiedlich äußern kann. Einige beklagen mangelnden Respekt des deutschen Gegenübers und halten hart dagegen. Andere gehen humorvoll damit um. Wieder andere warten auf eine gute Gelegenheit, den »Deutschen ihre Arroganz heimzuzahlen«. Jetzt, wo die deutsche Ostpolitik gescheitert ist, scheint ein solch günstiger Moment gekommen zu sein.

Der gesellschaftliche Status wird in Polen als sehr wichtig erachtet, wobei dieser eher durch intellektuelle Leistungen denn durch Geld oder politische Machtpositionen bestimmt wird. So legte zum Beispiel der inzwischen verstorbene Auschwitz-Überlebende und deutsch-polnische Brückenbauer Władysław Bartoszewski Wert darauf, als Professor angeredet zu werden, obwohl er eine beeindruckende Karriere als Außenminister und Staatssekretär in der Kanzlei des Ministerpräsidenten hinter sich hatte.

Im täglichen Umgang verfügen die Polen über ein sehr ausgeprägtes Talent zur Improvisation. Das treibt nicht nur deutsche Protokollbeamte, die offizielle Besuche weit im Vorhinein planen und organisieren wollen, oft genug in die blanke Panik. Am Ende klappt dann doch zumeist alles, auch wenn ich mehr als einmal ganz lange den Atem anhalten musste. In politischen Gesprächen habe ich es oft erlebt, dass hochrangige polnische Gesprächspartner Meinungsunterschiede oft gar nicht oder verklausuliert ansprechen, bevor sie sie in der Pressekonferenz dann doch und mit zuweilen großem Aplomb präsentieren.

Eine besondere Herausforderung, die den deutsch-polnischen Dialog nicht erleichtert, stellt der Hang zur Betrachtung der Politik in moralischen Kategorien beiderseits der Oder dar. Dabei ist der moralische Maßstab, mit dem gemessen wird, jedoch unterschiedlich. Das polnische Regierungslager leitet aus der polnischen Opferrolle in der Geschichte einen eigenständigen Exzeptionalismus ab, der Respekt vor Patriotismus und (katholischem) Sendungsbewusstsein gebietet. Deutschland wird demgegenüber ein Denken in real- und machtpolitischen Kategorien einer Großmacht zugeschrieben, das auch vor »Allianzen gegen Polen« nicht zurückschreckt, wenn es denn den deutschen ökonomischen Interessen entspricht.

Dabei liegt auch der deutschen Außenpolitik ein Denken in moralischen Dimensionen keineswegs fern, auch wenn man unter allen Umständen eine deutsche Sonderrolle unseligen Angedenkens vermeiden möchte. Daher gründet sich die moralische Dimension deutscher Außenpolitik zu einem guten Teil auf den deutschen Verfassungspatriotismus, der wiederum auf Demokratie, Menschen- und Minderheitenrechten und Rechtsstaatlichkeit beruht und für dessen Einhaltung auf europäischer Ebene man in Brüssel kämpft. Damit stehen, jedenfalls solange die Regierung in Warschau so bleibt, wie sie ist, zwei unterschiedliche moralische Perspektiven gegeneinander, die den deutsch-polnischen Dialog nicht gerade erleichtern.

8.
Polen und das Scheitern deutscher Russlandpolitik

Die harsche polnische Kritik am Scheitern der deutschen Russland-, Ukraine- und Energiepolitik ist aus heutiger Sicht in weiten Teilen berechtigt. Es war zwar Russland, das den Krieg begann, aber Fehlentwicklungen der russischen Politik waren absehbar. Sie verliefen indessen keineswegs so gradlinig, wie manche polnische Kritiker es jetzt darstellen. Diese Fehlentwicklungen wurden nicht rechtzeitig erkannt oder ignoriert. Es handelt sich um ein systemisches Versagen von aufeinanderfolgenden Bundesregierungen, der Wirtschaft und großen Teilen der deutschen Gesellschaft in Ost und West.

Alle Bundesregierungen und der allergrößte Teil der politischen Klasse in Deutschland haben spätestens seit der Wende 1989/1990, von der das vereinte Deutschland politisch und wirtschaftlich in hohem Maße profitiert hat, einer möglichst breiten und intensiven Kooperation mit Russland das Wort geredet. Es führt nicht weiter, einzelne Verantwortliche in Staat, Wirtschaft, Gesellschaft oder Verwaltung persönlich für die Fehlentwicklungen haftbar zu machen. Letztlich waren viele, einschließlich ich selbst, mitverantwortlich, weil wir an dieser Politik mitwirkten, sie verteidigten beziehungsweise die richtigen Fragen nicht oder zu spät stellten.

Die deutschen russlandpolitischen Vorstellungen sind aus vier Gründen gescheitert. Sie gingen von optimistischen Annahmen über die Entwicklung der russischen Innenpolitik aus.

Eine Reihe von politischen Entscheidungen hat Deutschland in eine fatale Abhängigkeit von russischen Energielieferungen geführt. Ein Großteil der politischen Klasse hing einem falschen sicherheitspolitischen Credo an. Und viele von uns unterschätzten die negative Tendenz russischer Außenpolitik unter Putin.

Allerdings war die Entwicklung keineswegs so linear und deterministisch, wie manche sie jetzt, gerade auch in Polen, darstellen. Polen hat die deutsche Ostpolitik an einigen Weggabelungen heftig kritisiert, aber kaum bessere, tragfähige alternative Konzepte präsentiert. Im Ergebnis ist die deutsche Russland-, Ukraine- und Energiepolitik in einem langjährigen Prozess gescheitert, bei dem nicht an jeder Weggabelung klar war, wie der Prozess insgesamt enden würde. Die Geschichte ist nach vorne offen. Andere Ausgänge als der, der im Rückblick als der einzig mögliche erscheint, wären unter bestimmten Bedingungen möglich gewesen.

Optimistische Annahmen zur russischen Innenpolitik

Die Stichworte deutscher Politik gegenüber der Sowjetunion beziehungsweise Russland lauteten schon während des Kalten Kriegs »Gemeinsames Europäisches Haus«, ein Begriff, der ursprünglich vom sowjetischen Präsidenten Michail Gorbatschow stammt, »Wandel durch Annäherung«, später »Wandel durch Verflechtung« oder »Modernisierungspartnerschaft«. Wirtschaftlich wollte Deutschland von der Zusammenarbeit zwischen den komplementären russischen und deutschen Volkswirtschaften profitieren; politisch sollte durch diese Kooperation eine Veränderung von Gesellschaft und Politik in Russland in Richtung Demokratie und Rechtsstaatlichkeit bewirkt werden.

Innenpolitisch zeichnete sich schon früh unter der Herrschaft Wladimir Putins eine immer stärkere Machtkonzentration im Präsidentenamt ab. Gleichzeitig wurden individuelle

Freiheiten systematisch zurückgedreht. Daran änderte auch die Interimspräsidentschaft Medwedews von 2008 bis 2012 wenig. Im Laufe der Zeit, spätestens aber nach der Rückkehr Putins in das Präsidentenamt 2012 wurde es immer offensichtlicher, dass ein zunehmend autoritär regiertes Russland an Modernisierung und Öffnung nicht interessiert war, weil Moskau ein Überspringen des Funkens von den Farbrevolutionen in andere frühere Sowjetrepubliken, insbesondere der Ukraine, auf Russland fürchtete.

Diese innenpolitischen Fehlentwicklungen blieben auch der deutschen Politik nicht verborgen. Auf die Ermordung eines tschetschenischen Oppositionellen im Berliner Tiergarten 2019 reagierte die Bundesregierung mit der Ausweisung von vier russischen Diplomaten, die in die Vorbereitung des Verbrechens verstrickt waren. Nach der Vergiftung des russischen Regimekritikers Alexey Nawalny 2020 erholte sich dieser auf Einladung der Bundesregierung in Deutschland und Bundeskanzlerin Angela Merkel besuchte ihn im Krankenhaus. Unter dem Einfluss wirtschaftlicher Kreise hielten dennoch alle Bundesregierungen grundsätzlich am Konzept der Einbindung Russlands fest, in der Hoffnung, in den Startlöchern zu sitzen, wenn sich in längerfristiger Perspektive eine positive Veränderung ergeben sollte. Und man scheute einen offenen Konflikt und dessen Konsequenzen.

Dabei waren Warnzeichen durchaus erkennbar. So zeigte sich bereits unter Präsident Boris Jelzin, dass die Transformation der russischen Wirtschaft einen anderen Weg nahm als die in Polen. Schon früh in den 1990er-Jahren konzentrierte sich das russische Staatsvermögen in wenigen Händen und begünstigte eine Rohstoffökonomie mit Regellosigkeit, Korruption und dem Aufblühen der organisierten Kriminalität. Einige wenige mächtige Oligarchen, die ihr beträchtliches Vermögen in zwielichtigen Geschäften beim Zerfall der Sowjetunion Anfang der 1990er-Jahre erworben hatten, verhinderten gemeinsam mit

Resten der alten Bürokratie die Entstehung einer funktionierenden Demokratie in Russland.

Präsident Jelzin kämpfte vor allem gegen die Restauration des alten Systems – nicht nur mit legalen Mitteln. Im September 1993 ließ er das Parlamentsgebäude beschießen, als ein Verfassungskonflikt zwischen ihm und seinen Widersachern im Parlament eskalierte. In der Präsidentenwahl 1996 wurde der schwerkranke Boris Jelzin, mit maßgeblicher Unterstützung der wichtigsten Oligarchen, gegen den kommunistischen Herausforderer Gennady Sjuganow wiedergewählt. Der Westen insgesamt, nicht nur Deutschland, sah über diese »Schönheitsfehler« hinweg und leistete Unterstützung, weil Boris Jelzin der Garant für die außenpolitische Kooperation blieb und eine kommunistische Restauration verhindert wurde. Der Demokratie in Russland haben derartige Manöver selbstredend stark geschadet.

Aber selbst hier zeigten sich Unterschiede in der deutschen und polnischen Bewertung. Während Deutschland, und im Übrigen auch die Clinton Administration ein Abgleiten Russlands in die Instabilität durch diverse wirtschaftliche Hilfen und Maßnahmen zur physischen Sicherung der russischen Massenvernichtungswaffen zu verhindern suchten, hatte Warschau durchaus Interesse an einem schwachen Russland, das sich den polnischen NATO-Bestrebungen nicht in den Weg stellen konnte.

Wirtschaftlich stimulierten die immensen Rohstoffvorräte Russlands schon immer die Vorstellungen der deutschen Wirtschaft. Mir sind Gespräche deutscher Wirtschaftsführer mit wichtigen deutschen Politikern in Erinnerung, in denen ein sehr rosiges Bild der *zukünftigen* Beziehungen mit Russland gezeichnet wurde.

De facto hat der Umfang der deutschen wirtschaftlichen Zusammenarbeit mit Russland nie die Dimension erreicht, die viele ihr, gerade auch in Polen, angedichtet haben. Im Gefolge der Sanktionsrunden 2015 nach der Annexion der Krim und dem Krieg im Donbass lag Russland auf Platz 12 (Importe) beziehungsweise 15 (Exporte) in der deutschen Außenhandelsstatistik für 2021. Der Anteil Polens an den Exporten war dreimal so hoch, bei den Importen doppelt so hoch.

Im Gefolge der EU-Sanktionen 2022 sind die deutschen Exporte nach Russland eingebrochen. Dem steht nach Zahlen des Statistischen Bundesamts ein wertmäßiger Anstieg bei den Importen aus Russland gegenüber. Dieser ist vor allem auf den Preisanstieg bei Öl und Gas, den deutschen Haupteinfuhrprodukten, zurückzuführen. Demgegenüber ist der deutsch-polnische Handel in den letzten Jahren trotz Corona weiter expandiert.

Abhängigkeit von russischer Energie

Polen und andere Staaten im östlichen Teil unseres Kontinents werfen Deutschland die Inkaufnahme einer verhängnisvollen Abhängigkeit von russischen Energielieferungen vor, die nach dem russischen Angriff auf den Donbass 2014 noch gesteigert wurde. Nach Zahlen des Statista-Informationsportals betrug der deutsche Anteil von Energieressourcen am Gesamtimport aus Russland 2021 mit 25 Milliarden Euro knapp 75 Prozent. Vor Beginn der Ukrainekrise 2022 bezog Deutschland über 55 Prozent seines Gases und rund 35 Prozent seines Rohöls aus Russland.

Die Abhängigkeit bei der Kohle lag bei rund der Hälfte des deutschen Verbrauchs. Die Abhängigkeit beim Gas ist durch die Inbetriebnahme der Gaspipeline Nordstream 1 im Jahr 2011 gewachsen. Gas galt lange Zeit als essenzielle Brückentechnologie zu den erneuerbaren Energien, die umso wichtiger wurden, als Deutschland nach der Reaktorkatastrophe von Fukushima sukzessive aus der Kernenergie und aus klimapolitischen Gründen aus der Kohleverstromung aussteigen will. Die Abhängigkeit von russischer fossiler Energie ist durch Einspar- und Diversifikationsmaßnahmen inzwischen signifikant gesunken.

Auch die polnische Abhängigkeit von russischen Energieressourcen war vor Kriegsbeginn beträchtlich. Nach einer Studie der polnischen Denkfabrik »Forum Energii« vom Februar 2022 hat Polen in den letzten 20 Jahren umgerechnet circa 230 Milliarden Euro für den Bezug von Energie nach Russland überwiesen. Noch im Jahr 2020 betrug die polnische Abhängigkeit von Russland bei Gasimporten 55 Prozent, bei Ölimporten 66 Prozent und bei Kohle sogar 75 Prozent, wobei der polnische Kohleimportbedarf insgesamt allerdings nur bei 20 Prozent liegt. Ministerpräsident Morawiecki hatte Ende März 2022 die Einstellung aller Importe von russischem Gas, Öl und Kohle bis Ende 2022 angekündigt. Durch die Inbetriebnahme der Baltic Pipe und von Terminals für Flüssiggas sind die Voraussetzungen geschaffen, dass die polnischen Gasimporte aus Russland ab 2023 tatsächlich ersetzt werden können. Auch der Kohleimport aus Russland ist eingestellt, mit allerdings erheblichen Preiseffekten in einem Land, in dem weite Teile der Bevölkerung noch mit Kohle heizen. Beim Öl will die Regierung mit allen Mittel ihr Versprechen einlösen. Ob dies gelingt, schien indessen im November 2022 noch nicht gesichert.

Polens Widerstand gegen Nordstream 1 und 2 richtete sich in erster Linie gegen die Umgehung der Ukraine, weil ihr Transitgebühren entgingen und weil man fälschlicherweise glaubte, die Pipeline durch die Ukraine schütze das Land vor russischer Aggression.

Die polnischen Warnungen hatten darüber hinaus auch einen betriebswirtschaftlichen Hintergrund. Durch die Inbetriebnahme von Nordstream 2 wäre Deutschland noch stärker zum zentralen Gasverteilungszentrum für Europa geworden. Dadurch wären Polen nicht nur Durchleitungsgebühren für das Gas entgangen, das über die Jamal-Pipeline von der sibirischen Halbinsel Jamal über Belarus und Polen weiter nach Deutschland fließt. Nordstream 2 hätte auch das polnische Kalkül durchkreuzt, europäisches Gasverteilungszentrum für Europa auf der Grundlage anderer als russischer Energiequellen, vor allem aus Norwegen und über Flüssiggas, zu werden.

Zunächst schien die deutsche Energieabhängigkeit von Russland wenige in Deutschland zu stören. Gas war umweltschonender als Kohle oder Öl und lange Zeit preiswert, preiswerter jedenfalls als Flüssiggas, auf das andere Partner zunehmend setzen. Das Argument, dass Deutschland nicht einseitig von russischen Gaslieferungen abhängig sei, sondern eine gegenseitige Abhängigkeit vorliege, weil Russland sein Gas verkaufen müsse und die Pipelines nun einmal von Ost nach West verliefen, gehörte zu den im Nachhinein fatalen Argumenten.

Geostrategische Überlegungen und die Absicherung strategischer Infrastruktur wurden bei der deutschen Energieversorgung sehr lange sträflich vernachlässigt. Berlin überschätzte fälschlicherweise die langfristig positiven deutschen Erfahrungen mit Energielieferungen aus der Sowjetunion, setzte die sich zuletzt als Status-quo-Macht gerierende Sowjetunion mit dem revisionistischen Russland gleich und unterschätzte Putins Willen, Erdgas als politische Waffe einzusetzen. Hinzu kam, dass die Ende der 1990er-Jahre von der EU vorangetriebene Liberalisierung der Energiemärkte die rechtlichen Eingriffsmöglichkeiten des Staates einschränkte. So führte die Bundesregierung die Diskussion um Nordstream 2 zunächst um die Erfüllung nationaler Regelungen, später um das sogenannte dritte EU-Gaspaket, das eine Trennung von Produktion und Transport von Gas vorschreibt.

Überlegungen zur Energieversorgungssicherheit spielten in Deutschland eine untergeordnete Rolle. Polen hingegen versuchte mit Unterstützung der EU-Kommission, aber erfolglos, das Projekt zu stoppen, bemühte sich frühzeitig um alternative Versorgungslinien, insbesondere aus Norwegen, und baute eigene Terminals für Flüssiggas.

Eigentlich hätten die Alarmglocken schon früh ertönen müssen. Bereits im Winter 2005/2006 hatte Russland aus politischen Gründen die Preise für Erdgas, das durch die Pipeline in der Ukraine floss, an den sehr viel höheren Weltmarktpreis angepasst. Vorausgegangen waren Wahlfälschungen in den ukrainischen Präsidentschaftswahlen zugunsten des Moskauer Kandidaten Wiktor Janukowitsch, die Massendemonstrationen, einen Generalstreik und die sogenannte »Orange Revolution« auslösten, an deren Ende der Sieg des Oppositionskandidaten Wiktor Juschtschenko stand.

Kiew lehnte höhere Preise ab und Moskau eskalierte. Anfang 2006 stoppte Putin die Gaslieferungen für die Ukraine, was diese bewog, für die EU bestimmtes Gas für den Eigenverbrauch abzuzweigen. Am Ende stand eine komplizierte Verhandlungslösung, bei der sich Russland hinsichtlich des Preises durchsetzte; die Ukraine erhielt eine Kompensation bei den Durchleitungsgebühren und konnte den Export nach Europa mit billigerem Gas aus Zentralasien verrechnen.

Der Konflikt machte deutlich, dass Russland nicht zögerte, Gas als Waffe einzusetzen, wenn es seinen eigenen politischen Bedürfnissen entsprach. Dennoch war diese Episode ein wichtiger Faktor für die deutsche Entscheidung, Nordstream 1 und damit eine direkte Erdgasleitung durch die Ostsee unter Umgehung der Ukraine zu bauen.

Noch im Jahre 2015, nach dem russischen Angriff auf den Donbass, verkaufte ein bekanntes deutsches Chemieunternehmen den größten deutschen Gasspeicher an den russischen Gasmonopolisten Gasprom im Gegenzug für eine größere Beteiligung an der Ausbeutung eines sibirischen Gasfelds. Damit waren 25 Prozent der deutschen Speicherkapazitäten in russischer Hand. Die Bundesregierung hielt dieses Geschäft damals für unbedenklich, weil sie eine Unterbrechung russischer Erdgaslieferungen für unwahrscheinlich hielt und weil genügend substituierbare Energie verfügbar schien. Die Zukunft sollte schmerzhaft zeigen, wie sehr Berlin mit dieser Einschätzung irrte.

Es zeigte sich, dass nicht nur die europäische Gasabhängigkeit per se auf dem Spiel stand, sondern Russland zudem mit einer Ersatzleitung durch die Ostsee den aus seiner Sicht unsicheren Kantonisten Ukraine umgehen wollte. So kam es 2011 zur Eröffnung der Erdgaspipeline Nordstream 1.

Für die beteiligten deutschen Unternehmen hatte die Pipeline den wirtschaftlichen Vorteil niedrigerer Preise, weil die Durchleitungsgebühren fremder Staaten wegfielen und mögliche russisch-ukrainische Konflikte – an einen Krieg dachte damals niemand – sich nicht direkt auf die Gasversorgung Europas auswirken würden. 2015, also schon nach dem russischen Krieg im Donbass, fiel die politische Entscheidung, eine zweite Gaspipeline durch die Ostsee – Nordstream 2 – mit gleicher Durchleitungskapazität wie Nordstream 1 zu bauen.

Polen, die baltischen Staaten und die Ukraine haben seit Jahren vor der europäischen Abhängigkeit und den politischen und wirtschaftlichen Folgen einer Umgehung der Ukraine gewarnt und die Schließung von Nordstream 1 und 2 gefordert. Der frühere polnische Außenminister Radek Sikorski geißelte Nordstream 1 damals stark übertrieben als »ökonomische Variante des Hitler-Stalin-Paktes«.

Deutschland hingegen hat sich mit den geopolitischen Implikationen seiner Energieabhängigkeit nur widerwillig auseinandergesetzt. Den Druck der Trump-Administration auf einen Stopp der Nordstream 2 Pipeline tat man als Konkurrenz amerikanischer Energieinteressen ab. Den Zusammenhang zwischen dem Ressourcentransfer nach Russland und der Finanzierung des Militärs hat vor Beginn der russischen Großoffensive niemand sehen wollen. Bis zuletzt hat die deutsche Bundesregierung versucht, Nordstream 2 politisch zu retten, indem sie für langfristige russische Liefergarantien für die Ukraine stritt. Russische Zusagen hatten der Ukraine tatsächlich auch bis 2023 begrenzte Durchleitungskapazitäten gesichert.

Die Ergebnisse der deutschen Vermittlungstätigkeiten über 2023 hinaus erwiesen sich indes als bescheiden. Letzten Endes war der zunehmende internationale Widerstand gegen die Gaspipeline Nordstream 2 erfolgreich. Die Ampelkoalition unter Bundeskanzler Scholz hat das Projekt kurz vor der Vollendung gestoppt, allerdings nicht wegen der berechtigten Bedenken der östlichen EU-Partner, sondern weil die USA eine Inbetriebnahme über harte Sanktionen gegen die Betreiber verhindert hätten.

Das falsche sicherheitspolitische Credo

Deutschland hat nicht nur an optimistischen Annahmen zur russischen Innenpolitik festgehalten und Warnungen über eine Energieabhängigkeit in den Wind geschlagen. Berlin hat auch ein scheinbar bequemes sicherheitspolitisches Credo verfolgt, das nach den Entbehrungen des Kalten Krieges eine saftige Friedensdividende versprach. Gemäß den deutschen Vorstellungen nach der Wende sollte Russland außenpolitisch in ein Netz gegenseitiger politischer Verpflichtungen und überwölbender Institutionen eingebunden werden.

Inhaltliche Ecksteine dieses Systems waren die Schlussakte der Konferenz über Sicherheit und Zusammenarbeit in Europa (KSZE) 1975, später die Pariser Charta über das vereinte Europa vom November 1990 im Rahmen der Organisation über Sicherheit und Zusammenarbeit in Europa (OSZE). In der Pariser Charta waren die grundlegenden sicherheitspolitischen Prinzipien der regelbasierten Ordnung festgelegt, inklusive der freien Bündniswahl für alle Teilnehmerstaaten. Wirksame Sanktionen für den Fall einer Nichtbeachtung dieser Prinzipien enthielten die Dokument indes nicht.

Daher trat als weiteres Strukturelement der Ordnung nach dem Kalten Krieg ein Geflecht von Dokumenten hinzu, mit denen Konflikte bereits im Vorfeld domestiziert werden sollten. Paradebeispiele hierfür waren die verschiedenen Rüstungskontroll- und Transparenzabkommen mit ihren Verifikationsmechanismen, die versprachen, gefährliche Konflikte erst gar nicht entstehen zu lassen.

Der Beitritt der neuen Demokratien in Mittelost-, Südost- und Nordosteuropa zu EU und NATO sollte deren Sicherheit zusätzlich im westlichen Wirtschafts- und Verteidigungssystem verankern. Die NATO-Russland-Grundakte von 1997 verband auch Russland offiziell mit diesem System. Polen hat den in diesem Dokument festgehaltenen Verzicht auf die Dislozierung von Kernwaffen und die einseitigen Zurückhaltungserklärungen der NATO zur Stationierung substanzieller Kampftruppen im Erweiterungsgebiet als Einschränkung seiner Souveränität kritisiert, konnte sie aber nicht verhindern. Der neu gegründete Nato-Russland-Rat sollte Moskau, obwohl nicht Mitglied von EU und NATO, das Gefühl vermitteln, dabei zu sein und über die Zukunft der Sicherheit in Europa mitzureden, aber letztlich nicht mitzuentscheiden. Der Konflikt war vorprogrammiert.

In grober Fehleinschätzung der realen Lage gipfelte das deutsche sicherheitspolitische Konzept in der falschen These, Sicherheit in Europa sei nicht *gegen*, sondern nur *mit* Moskau zu gewährleisten. Man berief sich dabei auf den Begriff der kooperativen Sicherheit, der neben Landesverteidigung und Krisenbewältigung zu den drei Hauptaufgaben in den Strategischen Konzepten der NATO zählte. Sein Geist durchzog bereits den Harmel-Bericht der 1960er-Jahre, die Beschlüsse zum NATO-Doppelbeschluss Anfang der 1980er-Jahre und die NATO-Russland Grundakte von 1997.

Das Problem war die isolierte Betrachtungsweise kooperativer Sicherheit in Deutschland. Sie entpuppte sich als die größte sicherheitspolitische Lebenslüge der letzten Jahrzehnte. Unsere Bündnispartner in der NATO und insbesondere Polen, ja selbst die Ostpolitik Willy Brandts dachten kooperative Sicherheit stets auf der Grundlage gesicherter Verteidigungsfähigkeit, niemals isoliert. Kooperative Sicherheit wird auch in Zukunft ihre Berechtigung haben, etwa bei der Rüstungskontrolle oder bei Transparenzmaßnahmen. Aber sie wird nur dann erfolgreich sein, wenn sie einer gesicherten Verteidigungsfähigkeit und glaubwürdiger Abschreckung untergeordnet bleibt. Das neue Strategische Konzept der NATO, das die Verbündeten Ende Juni 2022 in Madrid annahmen, weist in diese Richtung.

Die deutsche sicherheitspolitische Debatte der letzten Jahre fokussierte stark auf Krisenreaktionseinsätze etwa auf dem Balkan, in Afghanistan oder in Afrika. Die kollektive Landesverteidigung spielte lange eine untergeordnete Rolle. Das Denken in den Ministerien war geprägt von Mechanismen ziviler Krisenprävention und Rüstungskontrolle. Abschreckung wurde diesen Erwägungen bis zur Annexion der Krim und dem Konflikt im Donbass im Jahr 2014 nur allzu gern untergeordnet.

Begleitet wurde diese sicherheitspolitische Sorglosigkeit von schrumpfenden Verteidigungsausgaben, die sich zunehmend zu gravierenden Ausrüstungsmängeln der Bundeswehr auswuchsen. Während der Wehretat zu Zeiten des Kalten Kriegs zwischen 5,2 Prozent (1963) und 2,7 Prozent (1989) des deutschen Bruttoinlandprodukts (BIP) schwankte, gingen die Zahlen danach auf 1,2 Prozent des BIP (2015) zurück. Erst im Gefolge des ersten russischen Kriegs in der Ukraine kehrte sich die Tendenz um. Seit 2015 ist der Verteidigungshaushalt um 40 Prozent gestiegen und lag 2022 bei über 50 Milliarden Euro, was in etwa 1,5 Prozent des deutschen BIP ausmacht.

Mit dem geplanten Sondervermögen in Höhe von 100 Milliarden Euro über mehrere Jahre kann der Verteidigungshaushalt die Selbstverpflichtung Deutschlands erfüllen, im NATO-Rahmen 2 Prozent des BIP im Durchschnitt bis 2024 zu erreichen. Vor der Zeitenwende-Rede von Bundeskanzler Scholz vom 27. Februar wäre dieses Ziel unerreichbar geblieben. Was allerdings nach Auslaufen des Sondervermögens 2026 mit dem 2-Prozent-Ziel passiert, bleibt einstweilen unklar. Polen hat demgegenüber schon 2021 2,1 Prozent des BIP für Verteidigung aufgewendet und liegt damit hinter den USA und Großbritannien an führender Stelle unter den NATO-Ländern. In absoluten Zahlen liegt der polnische Verteidigungshaushalt allerdings nur bei etwas über 12 Milliarden Euro, während sein deutsches Pendant 50,3 Milliarden Euro für das Jahr 2022 ausweist. Für die Zukunft plant Polen einen Aufwuchs auf 3 Prozent des BIP.

Späte Einsicht in die aggressive russische Außenpolitik

Eine weitere Ebene, auf der Berlin irrte, ist die späte Einsicht in die immer aggressivere russische Außenpolitik. Dabei muss man allerdings der deutschen Politik zugutehalten, dass Wladimir Putin sich während seiner Amtszeit verändert hat, auch wenn bestimmte Verhaltensmuster immer wieder durchscheinen. Der russische Präsident des Jahres 2022 ist nicht der gleiche wie bei seinem Amtsantritt im Jahr 2000.

Wann genau der Umschwung einsetzte, ist heute schwer nachzuvollziehen. Boris Jelzin hatte den früheren KGB-Oberstleutnant in Dresden und späteren Mitarbeiter aus dem eher liberalen Petersburger Umfeld Ende der 1990er-Jahre in die Präsidialverwaltung nach Moskau geholt und ihn später zum Geheimdienstchef, zum Ministerpräsidenten und dann kommissarisch zu seinem Nachfolger ernannt. Erst im März 2000 gewann Putin die Präsidentschaftswahl gegen seinen kommunistischen Herausforderer.

Berlin sah in dem jungen, bei seiner Wahl gerade 47-jährigen Putin zunächst eine frische Alternative zu dem seit längerer Zeit kränkelnden Vorgänger Jelzin. Die Tatsache, dass Jelzins Umfeld ihn ausgesucht hatte, versprach eine wünschenswerte Kontinuität in den Beziehungen zum Westen. Dass Putin perfekt Deutsch sprach und offenbar positiv gegenüber Deutschland eingestellt war, zählte als weiterer Pluspunkt.

Sehr schnell wurde indes klar, dass Putin auf einer Mission war, die da zunächst lautete: Verhinderung der weiteren Desintegration Russlands. Dem Land sollte das Schicksal der Sowjetunion erspart bleiben. Ein solches Szenario der Desintegration war damals keineswegs unrealistisch, wie ein hochrangiger russischer Diplomat mir gegenüber Anfang des Jahrtausends erläuterte.

Indes zeigte sich, dass die Mittel, die Putin anwandte, von Anfang an von großer Brutalität gekennzeichnet waren. Der Militäreinsatz im zweiten Tschetschenienkrieg von 1999 bis 2009, der Putins Aufstieg zum Präsidenten begleitete, hatte schon früh zu scharfer internationaler Kritik Anlass gegeben. Unmittelbarer Auslöser waren Angriffe der tschetschenischen Separatisten auf die Nachbarrepublik Dagestan im August 1999 sowie mehrere nie völlig geklärte Anschläge auf Wohnhäuser in Moskau und in der russischen Provinz im September 1999, hinter denen Fachleute den russischen Inlandsgeheimdienst FSB vermuteten. Die Anschläge dienten Putin als Rechtfertigung für den Gewalteinsatz in Tschetschenien und katapultierten seine Popularität in ungeahnte Höhen.

Das brutale militärische Vorgehen, insbesondere die Bombardierung von Grosny, der Hauptstadt Tschetscheniens, bei dem viele Zivilisten umkamen, ähnelte in vielerlei Hinsicht den Angriffen auf Mariupol und Charkiw, dem Massaker in Butscha oder der Zerstörung der zivilen Infrastruktur in Cherson und anderen ukrainischen Städten, die im russischen Krieg 2022 zu Sinnbildern der Grausamkeit einer entfesselten russischen Soldateska wurden.

Die Bundesregierung kritisierte damals den unverhältnismäßigen Einsatz von Gewalt durch die russischen Sicherheitskräfte in der russischen Teilrepublik Tschetschenien von Anfang an mit deutlichen Worten. Völkerrechtlich handelte es sich indes um einen inneren Konflikt Russlands. Der Westen hatte zudem in diesen Zeiten ein gewisses Verständnis für den Kampf gegen den Terror, war er doch selbst in Aktionen verwickelt, die nicht immer dem menschenrechtlichen Lehrbuch entsprachen. Zudem existierten familiäre Bande zwischen den tschetschenischen Aufständischen und der Terrororganisation al Qaida, die für die Terroranschläge auf die Twin Towers in New York und das Pentagon am 11. September 2001 verantwortlich war.

Außenpolitisch hielt Putin zunächst an Jelzins Kurs der Zusammenarbeit mit dem Westen fest. Nachdem er schon eine Reihe anderer Auslandsbesuche absolviert hatte, kam der neu gewählte russische Präsident Mitte Juni 2000 zum Antrittsbesuch nach Berlin. Als zuständiger Referatsleiter im Bundeskanzleramt habe ich damals den Besuch inhaltlich und organisatorisch vorbereitet. Während der Gespräche, an denen ich als Protokollführer teilnahm, zeigte sich ein sehr nervöser Putin, dem zeitweise vor Aufregung die Backenmuskeln flatterten. Nach dem Abendessen sank er dem Bundeskanzler geradezu in die Arme.

Bekanntlich markierte der Besuch in Berlin den Beginn einer sehr engen persönlichen Freundschaft der beiden Politiker und der damaligen Ehefrauen. Die im Laufe der Zeit immer engere und problematische Beziehung Schröder/Putin war anfänglich umso erstaunlicher, als die Überschrift zum Antrittsbesuch des Bundeskanzlers in Moskau einige Monate zuvor noch »Raus aus der Sauna!« gelautet hatte, in offener Anspielung auf die Freundschaft von Bundeskanzler Helmut Kohl zum früheren russischen Präsidenten Boris Jelzin. Sehr bald zeigte sich indes, dass die Beziehung Schröder/Putin viel enger und folgenreicher war als die zwischen Kohl und Jelzin.

Der Höhepunkt des deutsch-russischen Honeymoons war Putins Rede im September 2001 im Deutschen Bundestag. Kurz nach dem Terroranschlag auf das World Trade Center und das Pentagon warb er – begleitet von stehendem Applaus – auf Deutsch für enge Beziehungen zu Deutschland und eine weltweite Antiterrorallianz. Die Hoffnungen auf Zusammenarbeit mit dem Westen im Antiterrorkampf zerschlugen sich jedoch bereits 2003 im Zerwürfnis mit den USA zum Irak-Krieg. Putin akzeptierte anschließend immerhin die zweite NATO-

Osterweiterung 2004, an der die drei baltischen Staaten beteiligt waren. Ja, er erwog sogar selbst den Beitritt Russlands zur NATO. Letztlich scheiterte dieser Versuch aber an dem Widerwillen Russlands, seine unabhängige Politik aufzugeben.

Danach radikalisierte sich Putins Rhetorik zusehends. Dabei dürften die orangene Revolution in der Ukraine 2004 und die Risiken, die sich aus dieser Entwicklung auf die Moskauer Machtstrukturen ergeben konnten, eine wichtige Rolle gespielt haben. Der neue Tonfall nährte Befürchtungen über einen wachsenden geschichtlichen Revisionismus Moskaus. Schon 2005 bezeichnete er den Zerfall der Sowjetunion als größte geopolitische Katastrophe des 20. Jahrhunderts. In der ersten Rede eines russischen Präsidenten auf der Münchner Sicherheitskonferenz am 14. Februar 2007 kritisierte Putin scharf die unipolare Welt und die NATO-Osterweiterung. Schon damals rügte er, dass angebliche mündliche Sicherheitsgarantien bei der deutschen Einheit Russland getäuscht hätten und die NATO bis an die Grenzen Russlands herangerückt sei. Diese Behauptungen sind falsch, wie ich bereits in Kapitel 3 ausgeführt habe.

Unabhängig davon muss allerdings festgehalten werden, dass die amerikanische Administration unter George W. Bush einige Entscheidungen traf, die aus Moskauer Sicht bedrohlich anmuteten. Dazu gehört vor allem der US-Ausstieg 2002 aus dem Vertrag über die Raketenabwehr von 1972 und der Aufbau eines Raketenabwehrsystems gegen begrenzte Bedrohungen aus dem Nahen Osten und gegenüber Nordkorea, die Moskau als Bausteine eines umfassenderen Systems und damit als Gefahr für die Zweitschlagsfähigkeit seiner Nuklearwaffen verstand. Die derzeitige russische Entwicklung schwerer Hyperschallwaffen, die praktisch nicht abgefangen werden können, stellt zumindest teilweise eine Reaktion Moskaus auf diese US-Aktivitäten dar.

Auch die Nichtratifikation des angepassten Vertrags über Konventionelle Waffen in Europa, einem Eckpfeiler der europäischen Sicherheit, durch die NATO sowie die abweisende

Reaktion auf den Medwedew-Vorschlag vom Juni 2008 über einen umfassenden Sicherheitsvertrag aller Staaten und Sicherheitsorganisationen im euro-atlantischen Raum von Vancouver bis Wladiwostok führten in Moskau zu Befürchtungen, der Westen schlüge die russischen Sicherheitsbedürfnisse in den Wind.

Während die internationalen Diskussionen um den Medwedew-Vorschlag noch andauerten, schritt Russland zur Tat. Mit dem Augustkrieg 2008 gegen Georgien war der Rubikon überschritten. Die russische Armee intervenierte in den georgischen Teilrepubliken Abchasien und Südossetien, die seit den Kämpfen Anfang der 1990er-Jahre einen Sonderstatus genossen hatten, und spaltete diese von Georgien ab.

Der damalige polnische Präsident Lech Kaczyński zog vom Konflikt in Georgien eine direkte Verbindung zu einer russischen Aggression in der Ukraine, die tatsächlich fünfeinhalb Jahre später eintrat, die er aber nicht mehr miterlebte, weil er bei einem Flugzeugabsturz ums Leben gekommen war.

So linear, wie manche meinen, war die Verbindung zwischen Georgien 2008 und der Ukraine 2014 indes nicht. Beide Konflikte wiesen doch eine Reihe von Unterschieden auf. Der französische Präsident Nicolas Sarkozy, der zu diesem Zeitpunkt den Vorsitz im Europäischen Rat führte, vermittelte schnell einen Waffenstillstand zwischen dem damaligen russischen Präsidenten Dimitry Medwedew und dem georgischen Präsidenten Michail Saakaschwili.

Hauptziel von Sarkozys sogenanntem 6-Punkte-Plan war es, einen größeren Flächenbrand im Kaukasus zu verhindern, indem er einen Gewaltverzicht und den Rückzug der russischen Truppen auf die Stellungen vor Beginn der Kampfhandlungen forderte. Dieses Ziel wurde insoweit erreicht, als die russischen Truppen sich nach einiger Zeit tatsächlich auf die Linien vor Beginn der Kampfhandlungen zurückzogen.

Nicht erreicht wurde hingegen ein russisches Bekenntnis zur territorialen Integrität Georgiens und der Zugang einer Beobachtermission zu den separatistischen Gebieten. Im Gegenteil, Ende August 2008 erkannte Russland die Unabhängigkeit der beiden abtrünnigen Republiken Südossetien und Abchasien an. So war der Preis der Vermittlung am Ende ein eingefrorener Konflikt, der wie ein Stachel im georgischen Fleisch die Annäherungsbemühungen Georgiens an den Westen torpedierte.

Die damalige Bundeskanzlerin Angela Merkel unterstützte Sarkozys Bemühungen. Um Solidarität mit dem georgischen Präsident Saakaschwili zu demonstrieren, traf Merkel am 15. August in Tiflis ein. Als stellvertretender Leiter der außen- und sicherheitspolitischen Abteilung des Bundeskanzleramtes durfte ich sie auf diesem Besuch begleiten. Die russischen Truppen standen noch immer auf georgischem Kerngebiet und blockierten die wichtige Ost-West-Verkehrsachse. Ein Marsch auf die Hauptstadt Tiflis und ein versuchter Regimewechsel waren nicht völlig auszuschließen.

Dementsprechend nervös war Präsident Saakaschwili beim Delegationsgespräch. Zur Verwunderung seiner Gäste kaute der georgische Präsident auf seiner Krawatte herum und kippte während des Mittagessens am üppig gedeckten Tisch ein volles Glas georgischen Weißweins um. Die Kanzlerin ertrug es mit Fassung. Sie sagte dem Gastgeber Unterstützung bei den politischen Lösungsbemühungen zu, die dieser freudig zur Kenntnis nahm.

Sozusagen als Gegengewicht hatte kurz zuvor eine Gruppe osteuropäischer Staats- und Regierungschefs unter Führung des damaligen polnischen Präsidenten Lech Kaczyński Tiflis besucht. Die als Solidaritätsbesuch für Saakaschwili vor Abschluss der Kampfhandlungen intendierte Stippvisite versuchte Druck auf die Vermittlungstätigkeiten Sarkozys auszuüben. Insbesondere drängte Kaczyński auf eine EU-Friedenstruppe in Südossetien und Abchasien.

Im Ergebnis kam es zwar zu einer EU-Beobachtermission an der Trennlinie zu den beiden abtrünnigen Teilrepubliken, die noch heute aktiv ist. Die russischen Behörden verweigerten der

Mission jedoch den Zugang zu den beiden strittigen Gebieten. Schon einige Tage zuvor hatte Kaczyński gemeinsam mit den baltischen Staatspräsidenten eine Erklärung veröffentlicht, in der Russland die alleinige Schuld für den Konflikt zugewiesen wurde. Den Ausbruch des Krieges führten er und seine baltischen Amtsbrüder auf die Weigerung der NATO zurück, Georgien (und der Ukraine) auf dem Bukarester Gipfel vom 2. bis 4. April 2008 den sogenannten Membership Action Plan als Vorstufe zum NATO-Beitritt zu gewähren.

Bundeskanzlerin Angela Merkel und der französische Präsident Nicolas Sarkozy hatten auf dem Gipfel den georgischen und ukrainischen Wunsch gegen starken amerikanischen und osteuropäischen Druck abgelehnt und sich damit durchgesetzt. Heraus kam ein fauler Kompromiss, der den beiden Staaten die Aufnahme in die NATO zusagte, dies aber mit keinem Zeitplan versah und damit den Beitritt auf unbestimmte Zeit verschob.

Immerhin zeigte sich die liberal-konservative polnische Regierung unter Ministerpräsident Donald Tusk im Gegensatz zum damaligen Staatspräsidenten Lech Kaczyński insgesamt zufrieden mit den Ergebnissen des Gipfels, weil die NATO den Bau eines Raketenabwehrsystems in Europa indossierte. Dieses Abwehrsystem war zwar nicht gegen Russland gerichtet, sondern gegen mögliche Angriffe aus dem Nahen und Mittleren Osten, insbesondere aus dem Iran, sicherte aber die von Polen gewünschte US-Präsenz in der Region, in einer späteren Phase auch auf polnischem Territorium.

Die Frage, inwieweit ein früher NATO-Beitritt Georgiens und der Ukraine die russische Aggression gegen die beiden Staaten verhindert hätte, wird noch immer heiß diskutiert. Polnische Politiker postulieren zumeist eine Schutzfunktion eines Membership Action Plans. Deutschland argumentierte, dass ein NATO-Beitritt ohne die militärische Infrastruktur, die erst hätte aufgebaut werden müssen, wenig wert gewesen wäre und die russische Aggression möglicherweise beschleunigt hätte.

Außerdem gab es damals zumindest in der Ukraine keine Mehrheit für einen NATO-Beitritt. Ein Meinungsumschwung trat erst unter dem Eindruck des russischen Angriffs auf die Ukraine 2014 ein. Hinzu kam, dass die Verantwortlichkeiten für den Kriegsausbruch nicht völlig eindeutig waren. Wie der Bericht der Kommission um die Schweizer Diplomatin Heidi Tagliavini, den die Europäischen Union in Auftrag gegeben hatte, am 30. September 2009 herausstellte, war der damalige georgische Präsident Michail Saakaschwili nicht ganz unschuldig am Ausbruch des militärischen Konflikts. Ermutigt von seinen jungen amerikanischen Beratern ließ sich die georgische Führung von Russland provozieren und startete in der Nacht vom 7. auf den 8. August 2008 einen Angriff auf die südossetische Hauptstadt Zchinwali.

Wie der damalige georgische Wiedervereinigungsminister Jakobaschwili öffentlich ankündigte, war es das Ziel, die konstitutionelle Ordnung, also die Befreiung der seit den 1990er-Jahren de facto abgespaltenen Territorien, wiederherzustellen. Als ob Putin nur darauf gewartet hatte, startete er am 8. August eine Gegenoffensive zur Verteidigung der in Südossetien stationierten »russischen Friedenstruppen«.

Der Tagliavini-Bericht stufte den ursprünglichen georgischen Angriff auf Südossetien, auch wenn ihm russische Provokationen vorausgegangen waren, als nicht im Einklang mit internationalem Recht ein und billigte der anfänglichen russischen Reaktion auf den georgischen Angriff eine gewisse Berechtigung zu. Die weiteren russischen Militäraktivitäten, insbesondere den russischen Übergang auf georgisches Kernterritorium, bewertete der Bericht allerdings als unverhältnismäßig und durch internationales Recht in keiner Weise gedeckt.

Krim und Donbass 2014

Für Polen stellte sich die Einverleibung der Krim und der Angriff auf den ostukrainischen Donbass 2014 als eine direkte Fortsetzung der imperialistischen russischen Politik dar. Daran änderten auch die Besuche Putins zum 70. Jahrestag des Kriegsbeginns auf der Danziger Westerplatte 2009, die Kranzniederlegung mit dem damaligen polnischen Ministerpräsidenten Donald Tusk an der Gedenkstätte für die von Russland ermordeten polnischen Offiziere im Februar 2010 in Katyn und der Besuch von Präsident Medwedew in Warschau im Dezember des gleichen Jahres nichts,

Während die deutsche Außenpolitik in Georgien 2008 noch einen Sonderfall sah, gab es fünfeinhalb Jahre später keine Ausflüchte mehr. Zum ersten Mal nach Ende des Zweiten Weltkriegs hatte ein Staat die auf den KSZE/OSZE-Prinzipien beruhende euro-atlantische Sicherheitsarchitektur brutal gebrochen und sich einen Teil eines anderen Staates gewaltsam unter den Nagel gerissen.

Russland hat immer wieder versucht, seinen Krieg in der Ukraine seit 2014 mit »Präzedenzfällen« wie Kosovo, Irak und Libyen, bei denen auch der Westen militärische Gewalt angewandt hatte, zu rechtfertigen. Alle diese Konflikte waren indes anderer Natur und können nicht als Rechtfertigung für das völkerrechtswidrige Vorgehen Russlands in der Ukraine dienen. In allen drei Fällen – Milošević, Saddam Hussein und Gaddafi – ging es zwar um einen militärisch von außen erzwungenen Regimewechsel, aber die westliche Militärkoalition hat die Gebiete weder dauerhaft besetzt noch annektiert.

In allen Fällen gab es eine lange Vorgeschichte von Verstößen gegen internationale Normen. Für den Irak und Libyen existierten Resolutionen des UN-Sicherheitsrates mit harscher Kritik an den betroffenen Staaten, die der Westen beziehungsweise die USA als Ermächtigung zur Gewaltanwendung auslegten. Im Kosovo 1999 autorisierte der Sicherheitsrat zwar nicht explizit die NATO-Luftangriffe; der lange Prozess zur friedlichen Konfliktlösung einschließlich der Vereinbarungen von Rambouillet, die Milošević nicht unterzeichnete, und die vielfältigen internationalen Beweise für eine humanitäre Katastrophe waren jedoch überwältigend. Nichts Vergleichbares – weder Beweise für die behaupteten Menschenrechtsverletzungen noch einen Gewalt legitimierenden internationalen Prozess – hat Russland im Blick auf die Ukraine vorzuweisen, weder 2014 noch 2022.

Es gab also nicht die geringste völkerrechtliche Rechtfertigung für einen russischen Angriff. Im Gegenteil, der Überfall erfolgte unter Verletzung des sogenannten Budapester Memorandums von 1994, in dem die Atommächte USA, Russland und Großbritannien im Gegenzug für den Abzug der Nuklearwaffen von ukrainischem Territorium Garantien für die Souveränität und territoriale Integrität der Ukraine abgegeben hatten. Die Vereinbarung enthielt allerdings keine Bestimmungen zur Durchsetzung der Verpflichtungen. Präsident Putin sprach daher im Blick auf die Krim von der Rückholung der Halbinsel, die die Moskauer Führung 1954 der Ukraine geschenkt hatte.

Die Besetzung durch russische Truppen ohne Hoheitsabzeichen, die sogenannten »grünen Männchen«, erfolgte zunächst ohne großen ukrainischen Widerstand. Kurze Zeit später drangen russische Kämpfer in die Ost-Ukraine ein und unterstützten die selbst geschaffenen »Separatisten« in den Gebieten Donezk und Lugansk in einem Krieg gegen die Ukraine, der bis zum Ausbruch des großen Krieges gegen die Ukraine 2022 über 15 000 Tote gefordert hatte.

Die völkerrechtswidrigen kriegerischen Aktionen ließen nunmehr die Alarmglocken in ganz Europa, einschließlich Berlin, schrillen. Allerdings dauerte es lange, bis die deutsche

Außenpolitik die Konsequenzen zog. Notwendige sicherheitspolitische Schlussfolgerungen wurden verdrängt, weil man sich weit entfernt vom Konflikt wähnte und hoffte, ihn einhegen zu können.

Immerhin unterstützte die Bundesregierung die notwendige Stärkung der NATO-Ostflanke mit konkreten Beiträgen, die in polnischen Sicherheitskreisen jenseits des öffentlichen Geplänkels positiv aufgenommen wurden. Ein hochrangiger polnischer Beamter versicherte mir damals, dass man nicht mit einem derart weitgehenden deutschen Engagement gerechnet habe.

Streitpunkt blieb die weitere Gültigkeit der NATO-Russland-Grundakte von 1997, in der das Bündnis einseitig darauf verzichtet hatte, »in der vorhersehbaren Zukunft und in dem bestehenden sicherheitspolitischen Umfeld« substanzielle Kampftruppen in den neuen NATO-Beitrittsländern permanent zu stationieren. Während die polnische Regierung dieses Dokument wegen der russischen Aggression in der Ukraine als überholt erachtete, hielt Berlin an ihm fest.

Warschau wollte eine permanente Stationierung ausländischer Truppen auf seinem Territorium; Berlin hielt an der rotierenden Präsenz ausländischer Truppen fest. Die Bundesregierung hoffte nach einer Stabilisierung der Lage den NATO-Russland-Rat, der durch die Grundakte ins Leben gerufen worden war, wieder zu aktivieren. Dessen Aktivitäten waren wegen des Konfliktes in der Ost-Ukraine ausgesetzt; Berlin versuchte aber immer wieder, ihn ins Spiel zu bringen.

Noch deutlicher wurde der Unterschied zwischen Deutschland und Polen bei den Bemühungen, einen Frieden im Donbass zu vermitteln. Vorausgegangen war eine gemeinsame Mission der Außenminister Deutschlands, Frank-Walter Steinmeier, Frankreichs, Laurent Fabius, und Polens, Radek Sikorski am 20. Februar 2014 in Kiew, mit der die Minister den Konflikt zwischen der Regierung und den Demonstranten befrieden wollten.

Proteste waren bereits Ende 2013 ausgebrochen, weil die ukrainische Führung sich weigerte, ein fertig ausgehandeltes Assoziationsabkommen mit der Europäischen Union zu unterzeichnen. Mitte Februar war es zu Gewaltaktionen der Behörden gegen die Demonstranten auf dem Kiewer Unabhängigkeitsplatz (»Euromaidan«) gekommen, bei denen Dutzende Menschen ihr Leben verloren. Die drei Außenminister vermittelten ein Abkommen zur Beilegung der Krise zwischen Präsident Janukowitsch und den Oppositionsführern. Nach der rechtlich fragwürdigen Absetzung Janukowitschs durch das ukrainische Parlament floh dieser jedoch. Damit waren die Vermittlungsaktivitäten in diesem Format erst einmal gescheitert.

Die Minsker Vereinbarungen

Während Polen auf dem Höhepunkt der Krise auf dem Euromaidan noch eine wichtige Rolle spielte, liefen die Bemühungen um die Lösung des Konfliktes in der Ost-Ukraine ohne Warschau. Die sogenannte Normandie-Vier-Gruppe, bestehend aus den Präsidenten Russlands, der Ukraine, Frankreichs und der deutschen Bundeskanzlerin, hatte sich am Rande der Feierlichkeiten zum 70. Jahrestag der Invasion der Alliierten in der Normandie im Juni 2014 konstituiert. Primäres Ziel war es wieder – wie schon in Georgien –, den Konflikt einzuhegen und eine diplomatische Lösung zu erzielen.

In den Minsker Vereinbarungen vom September 2014 (Minsk 1) einigten sich die beiden Kriegsparteien im Wesentlichen auf einen Waffenstillstand, eine Beobachtung des Waffenstillstands durch eine OSZE-Mission und auf Grundprinzipien einer politischen Lösung.

Da der Waffenstillstand immer wieder gebrochen wurde und die Dezentralisierung als Grundlage einer politischen Lösung nicht vorankam, trafen sich die Normandie-Staaten im

Februar 2015 erneut in Minsk, um einen Fahrplan für das weitere Vorgehen festzulegen (Minsk 2).

Dort wurden erneut ein Waffenstillstand, den die »Separatisten« mit direkter russischer militärischer Unterstützung kurz darauf massiv brachen, der Abzug schwerer Waffen und die Sequenz zwischen dem Abzug der Freischärler (Russland hat die Anwesenheit russischer Truppen nie offiziell zugegeben) und des geplanten ukrainischen Dezentralisierungsgesetzes vereinbart.

Geworden ist aus diesen Bemühungen wenig, obwohl der Sicherheitsrat der Vereinten Nationen die Vereinbarung in einer Resolution explizit indossierte. Für die Ukraine standen die Vereinbarungen zur Sicherheit im Vordergrund, Moskau verlangte ein Mitspracherecht bei der ukrainischen Dezentralisierung. Die USA ließen Deutschland und Frankreich gewähren und zogen es vor, sich nicht in den Prozess einzubringen.

Warschau wie Berlin bezweifelten Moskaus ehrlichen Willen zur Beendigung des Krieges. Sie zogen indes unterschiedliche Schlussfolgerungen. Aus polnischer Sicht war der Minsker Prozess völkerrechtlich fragwürdig, weil die Souveränität eines unabhängigen Staates massiv verletzt wurde. Einige haben ihn als Diktat bezeichnet, weil die beiden Abkommen von der ukrainischen Seite unter militärischem Druck schwierige Entscheidungen in der Dezentralisierungsfrage verlangten.

Kritisiert wird auch, dass Deutschland und Frankreich einseitigen russischen Interpretationen der beiden Abkommen nicht nachhaltig genug entgegengetreten seien. Man folgerte daraus, dass Minsk von Anfang an zum Scheitern verurteilt war und Verhandlungen mit Moskau sinnlos seien.

Allerdings hat Warschau zu keinem Zeitpunkt eine friedliche Alternative zum Minsker Prozess formuliert, weil man keinen Sinn darin sah, mit Moskau zu verhandeln. Berlin verweist zu Recht darauf, dass die Ukraine den Kampf um die Separatistengebiete militärisch verloren hatte und nicht in der Lage war, sie zurückzuerobern. Jenseits der Völkerrechtsverletzungen, auf die die EU mit begrenzten Sanktionen reagierte, wollte die Bundesregierung den Konflikt einhegen und dem damaligen ukrainischen Präsidenten Petro Poroschenko Zeit für die militärische Aufrüstung geben.

Heute, nach einer grundlegenden Militärreform und wesentlicher Unterstützung durch die USA und andere NATO-Staaten, ist die ukrainische Armee tatsächlich besser ausgerüstet, kampferprobt und motiviert. Westliche Unterstützung hat hierzu einen wichtigen Beitrag geleistet. Im Übrigen ist es der Bundeskanzlerin zu verdanken, dass es angesichts der Zurückhaltung einiger Staaten in der EU überhaupt zu Sanktionen kam und diese auch durchgehalten wurden.

Die deutliche Warschauer Kritik an der russischen Politik machte es schwer, das Minsker Format um Polen zu erweitern. Ernsthafte Versuche, Polen mit einzubeziehen, hat es nicht gegeben. Die bis zum Herbst 2015 amtierende liberal-konservative Regierung unter Ewa Kopacz versuchte es, konnte sich jedoch nicht durchsetzen. Die folgende national-konservative Regierung unter Führung der PiS konnte es auch nicht durchsetzen, machte aber einen innenpolitischen Streit daraus.

Der frühere diplomatische Berater des polnischen Präsidenten Krzysztof Szczerski bezeichnete die Nichtbeteiligung Polens am Minsker Prozess, für die er die Vorgängerregierung verantwortlich machte, als die größte geopolitische Katastrophe der polnischen Außenpolitik seit 1989. Auch wenn damals ein großer europäischer Flächenbrand verhindert wurde, dürfte die zurückhaltende Politik Deutschlands und Frankreichs Putin in seiner Überzeugung bestärkt haben, dass er wegen der Energieabhängigkeit Europas ein Eingreifen des Westens in der Ukraine nicht zu befürchten hatte.

Zeitenwende

Noch im Vorfeld der russischen Invasion in die Ukraine 2022 zeigten sich Deutschland und Polen einig in der Bewertung der Gefahren, die sich durch den russischen Truppenaufwuchs um die Ukraine herum ergaben. Übereinstimmend waren beide Staaten der Meinung, dass die Vorlage zweier Entwürfe für Verträge Russlands mit den USA und der NATO zum zukünftigen Erweiterungsverzicht und einer Rückabwicklung der NATO-Osterweiterung bis auf die Zeit vor 1997 unannehmbar waren. Es stand zu befürchten, dass Moskaus Revisionismus nicht in der Ukraine Halt machen würde.

Warschau war sich im Übrigen sicher, Russland würde früher oder später austesten, ob die NATO tatsächlich jeden Zentimeter NATO-Territoriums verteidigen würde, wie dies US-Präsident Joe Biden und Vertreter seiner Administration immer wieder bekräftigt hatten.

Schon kurz vor Kriegsbeginn hat die Bundesregierung das Genehmigungsverfahren für Nordstream 2 ausgesetzt. Durch die Lecks in beiden Röhren dürfte das Ende von Nordstream 1 und 2 mittlerweile besiegelt sein. Mit den Ankündigungen nach Kriegsbeginn zum Sondervermögen für die Bundeswehr, zur Verminderung der Energieabhängigkeit von Russland und zur Lieferung von Waffen an die Ukraine hat Deutschland das Steuer herumgerissen.

Die Ankündigungen sind auch in Polen und im östlichen Teil unseres Kontinents zunächst positiv aufgenommen worden. Unklarheiten bei der Kommunikation und eine langsame Implementierung der angekündigten Maßnahmen haben jedoch Zweifel an der Nachhaltigkeit der deutschen Bemühungen genährt.

Warschau sieht sich bereits in einem größeren indirekten Krieg mit Russland und wirft Berlin zögerliche Unterstützung der Kiewer Führung vor. Auch Warschau möchte zwar nicht direkt in den Krieg gezogen werden, ist aber zur Übernahme höherer Risiken bereit. Dazu gehören etwa Kaczyńskis Vorschläge zur Einrichtung einer Flugverbotszone zum Schutz der ukrainischen Zivilbevölkerung oder zu einer »Friedensmission« zur Sicherung humanitärer Korridore.

Beide Vorschläge hat die NATO abgelehnt, weil sie das Risiko einer direkten Verstrickung der NATO in den Ukrainekonflikt als zu groß erachtete. Auf eine Lieferung von MiG 29-Kampfflugzeugen an die Ukraine hat Warschau von sich aus verzichtet, nachdem Washington die notwendige Rückendeckung verweigert hatte. Warschau liefert schwere Kampfpanzer aus sowjetischer Produktion, von denen allerdings einige mehrere Jahrzehnte alt sind.

Verhandlungen mit Polen über einen sogenannten Ringtausch, also die Lieferung moderner deutscher Kampfpanzer als Ersatz für die an die Ukraine abgegebenen sowjetischen Panzer, sind gescheitert, während sie mit anderen Staaten erfolgreich waren. Auch das ist ein Indikator für das derzeit besonders schwierige deutsch-polnische Verhältnis.

Berlin tut alles, um einen Krieg der NATO mit Russland zu vermeiden, Ziel der Bundesregierung bleibt es, die Ukraine für eine starke Position am Verhandlungstisch zu rüsten. Die Bundesregierung hat immer wieder den Rückzug der russischen Truppen gefordert. Aus deutscher Sicht geht es darum, eine lebensfähige Ukraine wiederherzustellen. Ein Frieden, der nicht ukrainischen Vorstellungen entspräche – so der Bundeskanzler –, wäre für Deutschland inakzeptabel und würde Russland nicht aus dem Sanktionsregime befreien. Es müsse eine Friedensvereinbarung geben, die es der Ukraine ermögliche, sich in Zukunft selbst zu verteidigen. Und Deutschland stehe für die Absicherung einer Friedensvereinbarung zur Verfügung. Eine Formulierung von Bedingungen für einen Friedensschluss von außen lehnte der Bundeskanzler ausdrücklich ab.

Ob man es will oder nicht, die traditionelle deutsche Führungsrolle in Mittel- und Osteuropa wird derzeit primär an der Unterstützung für die Sicherheit der Ukraine gemessen. Und das gilt nicht nur kurzfristig, sondern auch mittel- und längerfristig als Element einer notwendigen Eindämmungsstrategie gegenüber Russland. Schwäche in dieser Frage kollidiert mit dem deutschen Führungsanspruch in Europa, ermutigt Putin und schwächt die EU insgesamt.

IV
Zwischen Erbfeindschaft und Aussöhnung

Jährliche Kranzniederlegung am Jahrestag des Beginns des Ghetto-Aufstandes am 19. April 1943 am Denkmal für die Helden des Warschauer Ghettos

9.
Die Last der deutschpolnischen Geschichte

Noch heute lastet auf den deutsch-polnischen Beziehungen eine lange und tragische Geschichte. Zu den Tatsachen gehört, dass Deutschland die volle Verantwortung für den rassenideologischen Vernichtungskrieg trägt, mit dem Hitler zunächst Polen und dann Resteuropa überzog. Preußen und dann Deutschland waren zudem seit dem Beginn der Teilungen Polens in der 2. Hälfte des 18. Jahrhunderts bis zum Ende des Zweiten Weltkriegs eine Gefahr für die Staatlichkeit Polens. Besonders ungemütlich wurde es für die polnische Nation, wenn Preußen und später das Deutsche Reich zum Schaden Polens mit Russland kooperierten.

Erst das Ende des Kalten Kriegs 1989/1990 schuf die Voraussetzungen für die Überwindung des historischen Erbes. Die Schlussfolgerungen, die unterschiedliche Gruppen in Polen heute aus den Fakten der Vergangenheit ziehen, sind unterschiedlicher Natur. Im Umgang mit der Geschichte, manche in Polen nennen es Geschichtspolitik, zeigt sich ein weiteres Feld beträchtlicher deutsch-polnischer Herausforderungen.

Für mich als offiziellen deutschen Vertreter in Polen stellte sich die Frage, wie das deutsche Bekenntnis zu den Gräueltaten glaubwürdig vermittelt werden kann, ohne sich in die polnische Innenpolitik ziehen zu lassen. Wie können das Gefühl einer Ritualisierung des deutschen Schuldbekenntnisses und falsche Schlüsse aus der Vergangenheit für die Politik des heutigen Deutschlands vermieden werden?

In Polen zirkulieren heute idealtypisch zwei unterschiedliche Erzählungen über die tragische deutsch-polnische Geschichte. Beide enthalten sie Elemente der Wahrheit, beide beschreiben sie aber nur einen Ausschnitt der Realität. Unterschiedliche politische Kräfte in Polen erzählen eher die eine oder die andere Version. Und sie ziehen daraus unterschiedliche Schlussfolgerungen für die Politik.

Die erste Erzählung speist sich aus tiefem Misstrauen gegenüber Deutschland. Man könnte sie als Erzählung einer Erbfeindschaft bezeichnen. Sie beschreibt die bilateralen Beziehungen als eine Abfolge negativer polnischer Erfahrungen mit Deutschland. Für die Zeit von den Teilungen Polens bis zum Ende des Kalten Kriegs stellt sie das dominante Erklärungsmuster dar. Für die Zeit nach dem Ende des Kommunismus reden ihre zeitgenössischen Vertreter die unbestreitbaren Fortschritte der deutsch-polnischen Aussöhnung klein. Sie ziehen aus der Geschichte die Schlussfolgerung, dass man auch heute den Deutschen nicht trauen könne. Die deutsche Europapolitik unterliegt dem Verdacht, wie früher, aber mit anderen Mitteln, eine Hegemonie in Europa zulasten Polens begründen zu wollen.

Die zweite Erzählung erzählt die Geschichte von den Bemühungen beider Seiten, den Aussöhnungsprozess zwischen den Menschen voranzubringen. Dabei gab es unbestreitbar große konkrete Fortschritte. Auf deutscher Seite versucht man über das Bekenntnis zur fortdauernden Verantwortung für die deutschen Verbrechen während des Dritten Reichs Vertrauen aufzubauen.

Persönlichkeiten auf der polnischen Seite wie der unvergessene Brückenbauer Władysław Bartoszewski sorgten lange Zeit dafür, dass es mit der Aussöhnung voranging. Unter der nationalkonservativen Regierung sind Rückschritte zu verzeichnen. Zweifel an der Nachhaltigkeit der deutschen Zeitenwende drohen, das Bild weiter zu verdunkeln.

Die Erzählung der »Erbfeindschaft«

Anschauliches Beispiel für die Erzählung von der Erbfeindschaft ist die Rede des früheren polnischen Botschafters in Berlin, Andrzej Przyłębski, anlässlich einer Konferenz über »Ein Jahrhundert deutscher Polenpolitik« im November 2018 im Auswärtigen Amt. Der offizielle Vertreter Polens in Deutschland sprach im Zusammenhang mit den letzten 200 Jahren von einer Katastrophe.

Diese Betrachtungsweise trifft nur dann zu, wenn man die letzten mehr als 30 Jahre, ein goldenes Zeitalter der deutsch-polnischen Beziehungen, ausklammert und damit all diejenigen vor den Kopf stößt, die sich in diesem Zeitraum erfolgreich für die Aussöhnung zwischen den Völkern eingesetzt haben.

Auch wenn der Botschafter offenbar von seinem Redemanuskript abgewichen war und die polnische Botschaft anschließend eine entschärfte Version veröffentlichte, ist der Vorgang doch symptomatisch. Der damalige Bundesaußenminister Heiko Maas, der zuvor eine werbende Rede zur Thematik gehalten hatte, war genauso schockiert wie die große Mehrzahl der anwesenden Zuhörerinnen und Zuhörer.

Diese negative Version der Geschichte ist mir in Polen in unterschiedlicher Schärfe immer wieder begegnet, mal im freundschaftlich mahnenden Unterton, mal eher aggressiv. Dahinter stand ausgesprochen oder unausgesprochen die Frage, wie man mit einem Land konstruktiv zusammenarbeiten kann, das in der Vergangenheit unsagbare Grausamkeiten begangen hat.

An allen drei Teilungen Polens, an deren Ende 1795 die polnisch-litauische Adelsrepublik von der europäischen Landkarte verschwand, wirkte Preußen tatkräftig mit. Die Polenbegeisterung unter deutschen Liberalen im Gefolge des gescheiterten polnischen Novemberaufstands von 1830 gegen die russische Okkupation, die im Hambacher Fest gipfelte, war bereits kurze Zeit später verflogen. Die inspirierenden Flaggenaufschriften der polnischen Aufständischen »Für unsere und eure Freiheit« sollten aber noch 150 bis 200 Jahre später den Freiheitskampf der Solidarność gegen den Kommunismus beziehungsweise die Verteidigung der Ukraine gegen die russischen Besatzer prägen.

In Anknüpfung an diese Geschichte fand 2001 ein Treffen des Weimarer Dreiecks zwischen Bundeskanzler Schröder, Präsident Chirac und dem polnischen Präsidenten Alexander Kwaśniewski statt. Von Schröders damaliger Hoffnung vom »harten Kern« Europas sind Deutschland, Frankreich und Polen heute weit entfernt.

Der zunehmende Nationalismus im 19. Jahrhundert forderte seinen Tribut. Im preußischen Teilungsgebiet betrieben Reichskanzler Otto von Bismarck und seine Nachfolger nach der Gründung des deutschen Kaiserreichs 1871 eine stramme Assimilierungspolitik. Nationalpolnische Bestrebungen wurden unterdrückt, die polnische Sprache zurückgedrängt und polnische Geistliche verhaftet.

Der erste Vertreter, den das neue demokratische Deutschland nach Ende des Ersten Weltkriegs in das neu entstandene Polen entsandte, war der in vielerlei Hinsicht bemerkenswerte Literat, Kunstsammler, Pazifist und Dandy Harry Graf Kessler. Mein illustrer damaliger Vorgänger brachte es indes nur auf eine knapp vierwöchige Amtszeit vor Ort. Dann musste er Warschau Hals über Kopf wieder verlassen, obwohl ihn exzellente persönliche Beziehungen mit dem damaligen polnischen Staatschef Józef Piłsudski verbanden, hatte Kessler doch mitgeholfen, den Marschall aus der Haft in Magdeburg zu befreien, und ihn bei der Rückkehr nach Polen durch das revolutionäre Deutschland begleitet. All das half indes wenig, weil die diplomatischen Beziehungen auf Druck der polnischen Nationalisten bereits am 15. Dezember 1918 wieder abgebrochen werden mussten.

Die Stimmung heizte sich in den darauffolgenden Jahren zusätzlich unter dem Eindruck der polnischen Aufstände in Großpolen und Oberschlesien zusätzlich an. Auch der Versailler Vertrag, der Polen einen Großteil Westpreußens zusprach und Volksabstimmungen für Oberschlesien und Masuren vorsah, sorgte nicht für eine Beruhigung. Ganz im Gegenteil, im Zusammenhang mit den Referenden in Oberschlesien kam es zu drei Aufständen, in denen deutsche Freikorps gegen polnische Freischärler kämpften. In nur teilweiser Implementierung der Ergebnisse der Abstimmungen wurde Oberschlesien schließlich geteilt.

Deutschland erkannte zwar den Staat Polen offiziell an. Eine Anerkennung der polnischen Westgrenze durch Berlin unterblieb jedoch. Ein solches Ost-Locarno, in Anlehnung an die Anerkennung der deutschen Westgrenzen in den Verträgen von Locarno, kam während der Weimarer Republik nicht zustande. Zu groß war die Frustration darüber, dass der neu errichtete polnische Staat zu erheblichen Teilen auf Gebieten entstanden war, die vor dem Ersten Weltkrieg zum Deutschen Reich gehört hatten.

Im Gegenteil, das böse Wort vom »Saisonstaat«, das Polen die Existenzberechtigung gänzlich absprach, machte in Deutschland und anderswo die Runde. Wenn schon die demokratische Weimarer Republik ein vernünftiges Verhältnis mit dem Nachbarn nicht herstellen konnte, wie dramatisch musste es dann unter dem Vorzeichen der NS-Diktatur kommen.

Polens traumatische Erfahrung mit dem Nationalsozialismus und seinen Schergen hat tiefe Wunden bei unseren Nachbarn geschlagen. Die Erinnerungen an die sechsjährige grausame Besatzung und an den Versuch der physischen Auslöschung und Versklavung von Millionen Menschen sind bis heute sehr präsent. Dabei paktierte die polnische Gesellschaft als eine der wenigen in Europa nie mit dem Aggressor, sondern begehrte immer wieder heldenhaft, aber leider eben auch zumeist erfolglos und unter großen Opfern gegen die deutschen Besatzer auf.

Der rassenideologische Vernichtungskrieg, der 6 Millionen Polen – Juden und Nichtjuden – das Leben kostete und praktisch jeder Familie in Polen Leid zufügte, ist noch heute, mehr als 77 Jahre nach Ende des Zweiten Weltkriegs, für viele Polen eine schreckliche Erinnerung.

Auch die Sicherheitsarchitektur der Nachkriegszeit, die als System von Jalta nach der gleichnamigen Konferenz der drei Großen, US-Präsident Franklin D. Roosevelt, dem britischen Premierminister Winston Churchill und dem Sowjetführer Josef Stalin, vom Februar 1945 in die Annalen einging, brachte keine Erleichterung. Im Gegenteil, die Entstehung zweier antagonistischer Machtblöcke zwang Europa eine widernatürliche Teilung und Polen einen verhassten Platz im sowjetischen Einflussbereich auf.

Die auf der Potsdamer Konferenz der Kriegsalliierten im Juli/August 1945 besiegelte polnische Westverschiebung trug zudem dazu bei, die Angst vor dem »revanchistischen Erbfeind« zu kultivieren. Fast 45 Jahre lang, von 1945 bis 1989, erwies sich dieses Narrativ als wirksam und zugleich fatal für die deutsch-polnischen Beziehungen. Die im Zusammenhang mit der polnischen Westverschiebung beschlossene Vertreibung von Millionen Deutschen aus ihrer angestammten Heimat in Schlesien, Hinterpommern, im südlichen Ostpreußen und in Ostbrandenburg war lange Zeit eine offene Wunde in Deutschland und eine Quelle deutsch-polnischer Irritationen während des Kalten Kriegs.

Erst mit Willy Brandts Ostpolitik, dem Warschauer Vertrag von 1970 und dem deutsch-polnischen Grenzvertrag von 1990, der die Unverletzlichkeit der polnischen Westgrenze ein für alle Mal bestätigte, sind diese Probleme heute aus der deutsch-polnischen Tagespolitik verschwunden. Während meiner Mission in Polen hat das Thema weder öffentlich noch in privaten Gesprächen eine Rolle gespielt.

Die Erzählung der deutsch-polnischen Aussöhnung

Die zweite Erzählung, die der Aussöhnung zwischen den Menschen, wurde allmählich nach der Wende 1989/1990 zum dominierenden Narrativ, zunächst in Deutschland. Der damalige Bundeskanzler Helmut Kohl definierte sie als wichtigstes strategisches Ziel seiner Polenpolitik. Mit der atemberaubend schnellen Verbesserung der deutsch-polnischen Beziehungen nach der Wende fungierte das Konzept mehr im Sinne einer Chronik der erreichten Fortschritte. Daran hatten die vielen zivilgesellschaftlichen Initiativen beiderseits der Oder einen wichtigen Anteil.

In Polen propagierte der damalige Außenminister Skubiszewski zunächst das Konzept der Interessengemeinschaft zwischen Deutschen und Polen. Berlin und Warschau zogen in der Sicherheits- und Wirtschaftspolitik am gleichen Strang. Warschau wollte in die EU und in die NATO, Berlin unterstützte diese Bestrebungen. Berlin würdigte die bemerkenswerten Fortschritte der demokratischen und wirtschaftlichen Entwicklung in Polen als Erfolge auch der eigenen Politik. Man förderte den gesellschaftlichen und wirtschaftlichen Umbruch durch europäische und nationale Hilfsmaßnahmen. Die deutsche Geschäftswelt profitierte massiv von der Integration der polnischen Wirtschaft in die EU und in die internationalen Lieferketten.

Später wirkten die vielgestaltigen zwischenmenschlichen Kontakte, die regionale Kooperation über die Grenze hinweg und die stürmische wirtschaftliche Verflechtung zugleich als Katalysatoren und als Gradmesser der Verflechtung beider Gesellschaften. Abgeschlossen ist dieser Prozess noch lange nicht. Inwieweit die Aussöhnung durch die unterschiedlichen Perspektiven auf den russischen Krieg gegen die Ukraine und seine Folgen für die euro-atlantische Sicherheitsarchitektur dauerhaften Schaden nimmt, bleibt einstweilen offen.

»Ikonen der Aussöhnung«

Gesellschaften mit gebrochener Geschichte wie die deutsche und die polnische brauchen positive emotionale Symbole, die sich in das kollektive Gedächtnis einprägen. In diesem Sinne drängen sich im deutsch-polnischen Verhältnis drei große Wegmarken auf. Es begann mit den Initiativen der beiden großen christlichen Kirchen 1965 und setzte sich fort über den Kniefall Willy Brandts 1970 bis zur Versöhnungsmesse zwischen Bundeskanzler Helmut Kohl und dem damaligen polnischen Ministerpräsidenten Tadeusz Mazowiecki im niederschlesischen Kreisau im November 1989.

In gewisser Weise gehört auch der Besuch von Bundespräsident Steinmeier in Wieluń aus Anlass des 80. Jahrestags des Beginns des Zweiten Weltkriegs 2019 in diese Kategorie. Die deutsch-polnischen Beziehungen werden auch in Zukunft derartige Symbole brauchen, nicht nur auf der hohen staatlichen Ebene, gerade auch zwischen den Menschen.

Über die frühen Initiativen der Kirchen war schon im 6. Kapitel die Rede. Einen weiteren bedeutsamen, frühen Meilenstein auf dem Weg zur Aussöhnung markierte der Besuch Willy Brandts in Warschau Anfang Dezember 1970 und sein Kniefall vor dem Mahnmal für die Helden des Warschauer Ghettos. Willy Brandt hat die Initiative später in seinen Erinnerungen als das bezeichnet, »was Menschen tun, wenn ihnen die Sprache versagt«. Die Geste war Anerkennung der Schuld und Bitte um Vergebung angesichts von Millionen Ermordeten zugleich. Sie sei nicht geplant gewesen, schreibt Brandt. Viele waren überrascht, einschließlich der deutschen Delegation. Das Bild ging um die Welt. Die polnische Propaganda hat die Geste lange verschwiegen, weil die Sühnebereitschaft des deutschen Kanzlers nicht ins revanchistische Weltbild passte.

Der damalige Bundeskanzler war Anfang Dezember 1970 nach Polen gereist, um den Warschauer Vertrag abzuschließen. Mit seiner Unterschrift unter diese völkerrechtlich bindende Vereinbarung bestätigte die Bundesrepublik Deutschland die Unverletzlichkeit der polnischen Westgrenze. Der Vertrag repräsentierte ein Kernstück von Brandts Ostpolitik, die der Kanzler damals gegen starken innenpolitischen Gegenwind in Deutschland durchsetzte und die ihn beinahe die Kanzlerschaft gekostet hätte.

Auch wenn Willy Brandt seine Vertragspolitik gegenüber Deutschlands östlichen Nachbarn mit dem Moskauer Vertrag vier Monate früher begonnen hatte, so stellte der Warschauer Vertrag doch einen wichtigen Schritt auf dem Weg zur Überwindung der Feindschaft und zur Korrektur des polnischen Bildes vom deutschen Revanchismus dar.

Die politischen Kräfte in Deutschland, die hinter der Vertragspolitik standen, entzogen damit dem Narrativ der Erbfeindschaft eine wichtige Grundlage seiner Legitimation. Brandts symbolische Geste ist auch heute noch ein positiver Referenzpunkt, gerade auch vor dem Hintergrund der in Polen in Verruf geratenen »Stabilitätspolitik« von Teilen der deutschen Politik vor der Wende 1989.

Der dritte Akt in der »Ikonographie der deutsch-polnischen Aussöhnung vollzog sich bei einer Messe im niederschlesischen Kreisau im November 1989. Der damalige Bundeskanzler Kohl war nach Polen gereist, um den ersten demokratisch legitimierten polnischen Ministerpräsidenten nach dem Zweiten Weltkrieg, Tadeusz Mazowiecki, zu treffen. Ich durfte als junger Diplomat im Bundeskanzleramt mitwirken, die Reise vorzubereiten. Als sich der Bundeskanzler am Morgen des 9. November 1989 auf den Weg gemacht hatte, fiel noch am selben Abend die Berliner Mauer, was den Kanzler zu einer Unterbrechung seiner Reise veranlasste. Er versprach aber, schnellstmöglich wieder zurückzukommen und den Besuch fortzusetzen. Und das tat er dann auch.

Als studiertem Historiker lag Helmut Kohl an einer sichtbaren Versöhnungsgeste mit Polen. Dabei wollte er auch die Kritiker seiner Politik mit ins Boot holen. Die Heimatvertriebenen selbst kamen aus vielerlei Gründen nicht in Betracht. Die deutsche Minderheit in Polen, deren kulturelle und vor allem sprachliche Entfaltung unter dem Kommunismus in Polen stark gelitten hatte, schien aber geeignet. Der deutschstämmige Bischof von Oppeln, Alfons Nossol, hatte den Bundeskanzler und den polnischen Ministerpräsidenten Mazowiecki zunächst zu einer Versöhnungsmesse auf den oberschlesischen Sankt Annaberg eingeladen, was im Gefolge zu einer größeren deutsch-polnischen Kontroverse führte.

Der geschichtsträchtige Sankt Annaberg ist der wichtigste katholische Wallfahrtsort Oberschlesiens. Jedes Jahr an Pfingsten findet vor der sogenannten Lourdes-Grotte zumeist in brütender Hitze eine Minderheitenmesse in deutscher und polnischer Sprache statt. Für die Angehörigen der deutschen Minderheit in Polen ist diese Freiluftmesse einschließlich des Volksfestes, das sich um den Gottesdienst rankt, der Höhepunkt des Jahres. In ihm verbindet sich schlesische Frömmigkeit mit dem Wunsch, die deutsche Kultur und Sprache zu pflegen. Meine Frau und ich waren jedes Jahr überwältigt von der Gastfreundschaft, mit der uns die Angehörigen der deutschen Minderheit in Polen empfingen. Politische Untertöne gibt es bei derartigen Veranstaltungen schon lange nicht mehr.

Für die polnische Mehrheitsgesellschaft symbolisiert der Sankt Annaberg hingegen den polnischen Widerstand gegen die als ungerecht empfundene Teilung Oberschlesiens nach dem Ersten Weltkrieg. Am Hang, der zur Lourdes-Grotte hinabführt, befinden sich Gräber polnischer Kämpfer, die bei den sogenannten oberschlesischen Aufständen ums Leben kamen.

Deutsche und Polen hatten 1921 verlustreich um den strategisch wichtigen Annaberg gekämpft. Polen erkannte die vom Versailler Vertrag vorgesehene Volksabstimmung, bei der sich insgesamt eine deutliche Mehrheit für den Verbleib Oberschlesiens bei Deutschland entschieden hatte, nicht an. Polnische Freischärler unter ihrem Führer Wojciech Korfanty versuchten daraufhin, die Teile Oberschlesiens, in denen Polen eine Mehrheit hatte, militärisch in das polnische Staatsgebiet zurückzuholen, was jedoch misslang. Im Ergebnis verblieb der Sankt Annaberg zwar zunächst bei Deutschland, ein Drittel Oberschlesiens schlugen die Alliierten aber auf Empfehlung des Völkerbunds Polen zu.

Da der Besuchswunsch des Kanzlers heftige Proteste in Polen verursachte, zog Bischof Nossol schließlich die Einladung zurück. Stattdessen fand die gemeinsame Messe auf dem Gut der Familie des Widerstandskämpfers Helmut James Graf von Moltke in Kreisau in Niederschlesien statt. Einige Oberschlesier waren mit Transparenten angereist, auf denen zu lesen war: »Helmut, Du bist auch unser Kanzler«. So persönlich nachvollziehbar es auch erscheinen mag, dass Angehörige der deutschen Minderheit ihren Unmut über die Modalitäten der deutschen Einheit so zum Ausdruck brachten, so traurig ist es doch, dass sie auf diese Weise die Bedeutung der Aussöhnungsgeste entwerteten.

Die gemeinsame Messe war den immer noch kommunistisch dominierten Sicherheitskräften ein Dorn im Auge. Insbesondere den liturgischen Friedensgruß am Ende der katholischen Messe, bei dem sich beide Politiker umarmten, wollten sie unbedingt verhindern. Am Ende scheiterten sie mit ihrem Ansinnen an der Standhaftigkeit Kohls und Mazowieckis.

Der inzwischen zum Erzbischof aufgestiegene, hochbetagte Alfons Nossol erläuterte mir anlässlich eines Besuchs auf seinem schlesischen Altersruhesitz in Groß-Stein detailreich, humorvoll und verschmitzt, wie er sich am Ende durchsetzte: Die Gegner der Versöhnungsgeste wollten zunächst überhaupt nichts von einer gemeinsamen Messe wissen. Als die Strategie der totalen Verhinderung fehlschlug, forderten sie, den Friedensgruß wegzulassen.

Nossol erwiderte, dass ein Abweichen von dieser jahrhundertealten Tradition nur mit dem ausdrücklichen Einverständnis des Vatikans erfolgen könne. Dabei war jedem klar, dass der damalige Hausherr im Vatikan, der polnische Papst Johannes Paul II., einem solchen Ansinnen niemals zustimmen würde. Die Anekdote dokumentiert nicht nur den persönlichen Mut von Bischof Nossol, sondern vor allem die Schwäche der alten Kräfte, die sich nicht mehr gegen die Katholische Kirche durchsetzen konnten. De jure befand sich Polen noch in einem Übergangsstadium, in dem theoretisch die kommunistischen Innen- und Verteidigungsminister die Fäden für die Sicherheit noch in der Hand hielten. De facto war ihnen die Macht entglitten.

Auch die Begegnung zwischen Bundespräsident Steinmeier und Präsident Duda zum 80. Jahrestag des Beginns des Zweiten Weltkriegs am 1. September 2019 in Wieluń kann man unter diese Kategorie fassen, jedenfalls so Staatssekretär Szczerski aus dem polnischen Präsidialamt zum Ende meiner Mission in Polen. Dass ein hoher PiS-Funktionär dies so sieht, ist bemerkenswert und dokumentiert, dass die deutsch-polnische Aussöhnung auch innerhalb der PiS nicht völlig einheitlich beurteilt wird.

Obwohl die kleine Stadt Wieluń südlich von Łódź keinerlei militärische Bedeutung hatte, zerstörten dort deutsche Bomber am 1. September 1939 circa 70 Prozent der Stadt. Es handelte sich um das erste deutsche Kriegsverbrechen im Zweiten Weltkrieg und ging dem international bekannteren deutschen Angriff auf der Westerplatte bei Danzig um einige Minuten voraus.

In einer sehr bewegenden, teilweise in Polnisch gehaltenen Rede just zum Zeitpunkt des Angriffs um 4.40 Uhr früh dankte Bundespräsident Steinmeier für die keineswegs selbstverständliche Einladung und forderte, »die Spur der Barbarei« von Wieluń, die in Deutschland viel zu wenig bekannt sei, »in unseren Köpfen und Herzen« zu verankern. Er wiederholte die andauernde deutsche Verantwortung und bat um Vergebung.

An die Reden schloss sich ein Frühstück mit Überlebenden aus der damaligen Zeit an, bei der die Anwesenden ihre Wertschätzung für die Teilnahme des höchsten deutschen Repräsentanten an der Zeremonie zum Ausdruck brachten. Die Veranstaltung stieß vor Ort auf lebhaftes Interesse. Der Bürgermeister des Ortes sondierte anschließend, ob der Bundespräsident sich eine Ehrenbürgerschaft in Wieluń vorstellen könnte. Eine solche Auszeichnung des Bundespräsidenten hätte zweifelsohne ein mächtiges Symbol deutsch-polnischer Aussöhnung sein können. Dass aus dieser lokalen polnischen Initiative am Ende nichts wurde, ist dann auch schon wieder bezeichnend. Offenbar ging einigen auf polnischer Seite so viel Aussöhnung dann doch zu weit.

Deutsche Unterstützung für die Freiheitsbewegung

Mehr noch als diese Ereignisse mit hohem Symbolwert trugen die humanitären und politischen Entwicklungen gegen Ende des Kalten Kriegs und danach dazu bei, die deutsch-polnische Aussöhnung voranzubringen. Die von den deutschen Kirchen und Gewerkschaften organisierten Paketaktionen stellten eine wichtige Unterstützung für die Mitglieder der verbotenen Gewerkschaft Solidarität und deren Angehörige in Zeiten des Kriegsrechts dar. Auch ich selbst habe damals Pakete für eine Familie in Oberschlesien gepackt und verschickt. Die Anteilnahme wichtiger Teile der deutschen Gesellschaft an den Opfern des Kriegsrechts in Polen Anfang der 1980er-Jahre und die Paketaktion hatte einen nicht unwesentlichen Anteil an der Verbesserung der Beziehungen zwischen den Gesellschaften. Tatsache ist allerdings auch, dass der damalige Bundeskanzler Helmut Schmidt am Tag der Einführung des Kriegsrechts in Polen am 13. Dezember 1981 den DDR-Staatsratsvorsitzenden Erich Honecker traf und bei seinem Besuch in Warschau 1985 ein Treffen mit dem Chef der polnischen Gewerkschaft Solidarität, Lech Wałęsa, ablehnte.

Das Scheitern des real existierenden Sozialismus und die friedliche Revolution von 1989, in der sich die Gewerkschaft Solidarität und die sie tragenden politischen Kräfte in Polen und die Bürgerbewegung der DDR die Freiheit erkämpften, schufen dann die entscheidenden Voraussetzungen für eine grundlegende Verbesserung der Beziehungen und für die konkrete Ausformung der deutsch-polnischen Aussöhnung.

Die Freiheitsbewegung war zu großen Teilen mutigen Polen zu verdanken, die sich der kommunistischen Diktatur entgegenstellten, allen voran dem polnischen Papst Johannes Paul II., ohne dessen geistliche Unterstützung diese Revolution kaum zustande gekommen wäre. Viele andere haben ihren Einsatz für Demokratie und Menschenrechte mit Folter und Gefängnis bezahlt.

Schon bald danach konstituierte sich die Gewerkschaft Solidarität, die den gesellschaftlichen Forderungen mit Streiks und anderen Maßnahmen des zivilen Ungehorsams Nachdruck verlieh. Auch wenn es danach noch fast ein ganzes Jahrzehnt mit Kriegsrecht und Internierungen dauerte, bis die Freiheit sich endgültig Bahn brach, so war die Saat gesät, die auch andernorts die Herrschenden zu Fall bringen sollte. Die Etappen dieser Bewegung sind im Solidarność-Zentrum in Danzig unter der fachkundigen Leitung seines deutsch-polnischen Direktors Basil Kerski gut nachzuvollziehen.

Die politischen Auswirkungen dieses polnischen Drangs zur Freiheit waren auch ein Glücksfall für Deutschland. Die demokratischen Kräfte in Polen haben die Bürgerbewegung in der DDR über die Jahre hinweg maßgeblich inspiriert und unterstützt. Zudem setzten die im Frühjahr 1989 an die Macht gelangten demokratischen Kräfte in Polen mit der Erlaubnis zur Ausreise für DDR-Bürger in die Bundesrepublik Deutschland den letzten Sargnagel in das SED-Regime.

Die wichtige Rolle, die die polnische Gesellschaft und die demokratischen Kräfte in der damaligen polnischen Regierung für das Schicksal der damaligen DDR-Flüchtlinge spielten, ist in Deutschland weniger bekannt als die ungarischen oder tschechoslowakischen Entscheidungen. Viele Ältere kennen die bewegende Balkonszene, bei der der frühere Außenminister Hans-Dietrich Genscher den DDR-Flüchtlingen in der bundesdeutschen Botschaft in Prag ihre Ausreise ankündigte. Ebenso sind das Paneuropäische Picknick im ungarischen Sopron, bei dem die ungarischen Grenzpolizisten einfach in die andere Richtung schauten, und die offizielle Ankündigung der Grenzöffnung durch die ungarische Regierung am 10. September 1989 tief im deutschen kollektiven Bewusstsein verankert. Dass Polen damals mindestens genauso vielen DDR-Bürgern die Flucht ermöglichte, ist weniger bekannt.

In Polen herrschte damals die erste aus freien Wahlen hervorgegangene Regierung im Ostblock, deren Machtministerien aber noch mit alten Kadern besetzt waren. Unter den obwaltenden geopolitischen Umständen zogen es die polnischen Behörden vor, sich nach außen nicht allzu sehr zu exponieren. Nach innen unterstützten sie aber die Ausreisebemühungen der Geflüchteten nach Kräften.

Viele Polen halfen mit, den Betroffenen eine Unterkunft zur Verfügung zu stellen und sie mit Lebensmitteln zu versorgen. Die deutsche Botschaft Warschau hat den Akteuren dieser epochalen Veränderungen an den Jahrestagen der Ereignisse von 1989 mit Veranstaltungen zum Dank an die Helferinnen und Helfer von damals gedacht. Am 19. September 2014 enthüllte ich am ehemaligen Gelände der deutschen Botschaft Warschau in der Dąbrowiecka-Straße im Warschauer Stadtteil Saska Kępa eine Erinnerungsplakette, auf der den vielen bekannten und unbekannten Warschauerinnen und Warschauern für ihre Unterstützung in der Not gedacht wurde.

Erinnerungskultur in der diplomatischen Arbeit

In kaum einem anderen Land ist die leidvolle gemeinsame Geschichte heute noch so konkret präsent wie bei unserem größten östlichen Nachbarn. Warschau und viele andere Orte in Polen sind voller Denkmäler und Reminiszenzen an geschichtliche Ereignisse und Persönlichkeiten, die für ihre Freiheit kämpften. Und kaum anderswo steht der deutsche Botschafter in geschichtspolitischer Hinsicht so sehr unter kritischer Beobachtung wie in Warschau.

Polen ist voll authentischer Orte, in denen Zeugnisse der deutschen Menschheitsverbrechen durch das nationalsozialistische Terrorregime persönlich erfahrbar sind. Die heutigen Gedenkstätten für die Konzentrations- und Vernichtungslager des nationalsozialistischen Deutschlands sind wichtige Erinnerungsorte. Kein Wunder, dass die polnische Gesellschaft heute zu Recht empört reagiert, wenn unaufmerksame Journalisten von »polnischen Konzentrationslagern« anstatt von deutschen Konzentrationslagern auf besetztem polnischem Boden sprechen. Der Umgang mit dieser Situation erfordert allerhöchste Sensibilität, gerade von deutscher Seite. Wenn ein früherer deutscher Staatsmann den Ghettoaufstand von 1943 mit dem Warschauer Aufstand 1944 verwechselt, dann sorgt das für mehr als nur Verwirrung.

Unter diesen Umständen verwundert es nicht, dass die Erinnerungskultur einen wichtigen Platz in meinem Diplomatenalltag einnahm. Besucher aus Deutschland schienen zuweilen überrascht, wieviel Zeit und Energie ich in diesen Teil meiner Arbeit stecken musste. Dennoch hat es sich zumindest zum damaligen Zeitpunkt gelohnt. Meine Besuche, meine Gesten und meine Reden erwiesen sich als wichtige Vehikel, Vertrauen zwischen unseren Völkern aufzubauen oder zu vertiefen. 75 plus x

Jahre nach Ende des Zweiten Weltkriegs waren die Wunden in vielen Familien eben noch nicht verheilt.

Die prägnanteste Neuerung, die ich während meiner Warschauer Zeit eingeführt habe, ist die regelmäßige Trauerbeflaggung an wichtigen Gedenktagen – zunächst nur auf dem Botschaftsgelände, später an allen deutschen Auslandsvertretungen in Polen. Die Reaktionen aus Staat und Gesellschaft waren überwältigend positiv. Da ein Bild mehr sagen kann als tausend Worte, gedieh diese kleine visuelle Geste, die wir auf den sozialen Medienkanälen begleiteten, zur erfolgreichsten öffentlichkeitswirksamen Aktion meiner Amtszeit. In der Sache drückte sie nicht mehr aus als die vielen ehrlich emotionalen Reden deutscher Politiker bei deren Besuchen in Polen.

In allen erinnerungskulturellen Fragen war stets großes Fingerspitzengefühl vonnöten. Schnell konnte man selbst und damit Deutschland zwischen alle Stühle geraten. Zwar haben alle deutschen Politiker ein klares Bekenntnis zur deutschen Verantwortung für die Verbrechen der Nationalsozialisten abgelegt. Einige unserer polnischen Partner monierten jedoch die angebliche Konzentration auf Polinnen und Polen jüdischer Abstammung.

Gerade um einer solchen falschen Denkweise entgegenzutreten, hat der damalige Außenminister Heiko Maas in einer viel beachteten Rede aus Anlass des 75. Jahrestags des Ausbruchs des Warschauer Aufstands gegen die deutschen Besatzer am 1. August 2019 das »polnische Volk« um Vergebung gebeten.

Dass die diplomatische Arbeit selbst in einem derart sensiblen Bereich auch seine ungewollt humorvollen Seiten haben konnte, habe ich anlässlich einer Wochenendveranstaltung erlebt, bei der ich in einem bayrischen Janker aufgetreten bin. Schnell hatte ein rechter Publizist auf Twitter das Gerücht verbreitet, der deutsche Botschafter bewege sich in Polen in einer deutschen Uniform. Ich hatte allergrößte Mühe, die anschließende Twitter-Debatte, die sich zu verselbständigen und zu den wüstesten Beschimpfungen auszuarten drohte, wieder einzufangen. Selbst der fotografische Beweis und der Hinweis, dass es sich bei dem Janker um ein Geschenk meiner Ehefrau, einer gebürtigen Münchnerin, handelte, konnte den einen oder anderen Heißsporn nicht besänftigen.

Der Umgang mit den deutschen Vernichtungslagern

Das Gebiet Polens war während der nationalsozialistischen Besatzung mit deutschen Konzentrations- und Vernichtungslagern übersät. Ich habe fast alle, teilweise mehrfach aus offiziellen und nicht-offiziellen Anlässen besucht. Nie konnte ich mich – weder persönlich noch als offizieller Vertreter Deutschlands – dem Grauen dieser Orte entziehen.

Die deutsche Politik kümmert sich um die Erhaltung der Gedenkstätte Auschwitz. Die Hälfte der Kosten für die Restaurierung der Gedenkstätte in Höhe von 60 Millionen Euro hat Deutschland übernommen, Bund und Länder teilen sich mit je 30 Millionen die Hälfte dieser Ausgaben. Hochrangige deutsche Politiker besuchen die Gedenkstätte des KZ Auschwitz und die internationale Jugendbegegnungsstätte regelmäßig.

Nie habe ich einen deutschen Besucher erlebt, der angesichts der unfassbaren Verbrechen, die Deutsche hier verübt hatten, nicht innerlich aufgewühlt wurde. Nie konnten sich auch bei mir trotz der vielen Besuche auch nur Anzeichen von Routine einstellen. Der Gedanke, dass hier circa 1,1 Millionen Menschen, Männer, Frauen und Kinder, vor allem Jüdinnen und Juden industriell vergast worden waren, war so unfassbar, dass es mir jedes Mal wie Schüttelfrost unter die Haut ging.

Das galt insbesondere für die jährlichen Gedenkfeiern zum Jahrestag der Befreiung des Lagers durch die Rote Armee am 27. Januar 1945 in der sogenannten »Sauna«, dem restaurierten Ort, wo die Opfer vor dem Gang in die Gaskammern entkleidet wurden. Von den Gaskammern selbst sind nur noch Überreste übrig. Auch die Sammlungen von Erinnerungsstücken wie Koffern, Haaren oder Brillen von Opfern können niemanden kalt lassen.

Zum 75. Jahrestag der Befreiung 2020 reiste Bundespräsident Steinmeier an. Die Gedenkrede hielt der Überlebende der Konzentrationslager Auschwitz und Buchenwald und Präsident des Internationalen Auschwitz-Komitees Marian Turski. Dieser war zum Zeitpunkt der Zeremonie schon 93 Jahre alt und immer noch mit einem bestechend klaren Verstand ausgezeichnet. Marian Turski ist seit 2013 nicht nur Träger des Großen Bundesverdienstkreuzes, sondern mit seiner Familie ein guter persönlicher Freund.

Meine Frau und ich hatten Marian nach unserer Ankunft zunächst als Spiritus Rector des Warschauer POLIN-Museums, das neben dem Mahnmal für die Helden des Ghetto entstanden war, kennengelernt. In dem wuchtigen Gebäude, dessen Architektur an das Wunder Gottes der Teilung des Roten Meeres bei der Flucht des Volkes Israel aus Ägypten erinnert, wird jetzt die tausendjährige Geschichte der Juden in Polen anschaulich erzählt. »Mein Museum«, wie Marian Turski es durchaus selbstbewusst nennt, wurde Ende 2014 offiziell eröffnet und zwei Jahre später als europäisches Museum des Jahres ausgezeichnet. Für jeden offiziellen Besucher gehört das Museum zum Pflichtprogramm. Die höherrangigen Gäste begleitete Marian Turski zumeist selbst. Die Bundesregierung hat den Bau mit einer Summe von 5 Millionen Euro gefördert und war damit nach dem polnischen Kulturministerium der zweitgrößte Geber.

Anfangs mussten sich Marian Turski und seine Mitstreiter gegen starken inhaltlichen Widerstand durchsetzen. Ziel war es, nicht ein weiteres Holocaust-Gedenkmuseum zu schaffen, obwohl das Museum auch diese Thematik abhandelt, sondern die Geschichte der Juden in Polen in ihrer Vielgestaltigkeit, also auch in ihren Blütezeiten, zu erzählen. Ebenso war Marian Turski die Botschaft wichtig, dass jüdisches Leben in Polen auch nach dem Holocaust weiter existierte und bei allen späteren Schwierigkeiten gedeihen konnte. »Mir seynen do«, so lautete Turskis jiddisches Bekenntnis zur Eröffnung des Museums. Aus heutiger Sicht kann man nur sagen: Mission erfüllt!

Immer wieder eckte das Museum mit seinen Wechselausstellungen bei den PiS-Kulturfunktionären in der Regierung an, weil seine Führung auch die schwierigen Themen im polnisch-jüdischen Verhältnis nicht aussparte. Insbesondere den Antisemitismus nahmen die Verantwortlichen aufs Korn. So führte die Ausstellung »Fremd zu Hause« im Jahr 2018, dem 50. Jahrestag antisemitischer Umtriebe im kommunistischen Polen, zu heftigen Auseinandersetzungen mit dem polnischen Kulturministerium, in deren Gefolge auch ein Streit um die Nachbesetzung des Direktorenpostens entbrannte. Im Gegensatz zu vielen anderen Museen, deren Direktoren ohne weiteres ausgetauscht werden konnten und oftmals auch wurden, war die Eigentümerstruktur des POLIN-Museums indes so gestaltet, dass der Direktor nur im Benehmen zwischen dem polnischen Kulturministerium, der Stadt Warschau und dem Jüdischen Historischen Institut ausgewechselt werden konnte.

Zurück zur Rede von Marian Turski aus Anlass des 75. Jahrestags der Befreiung des Konzentrationslagers Auschwitz. Vor circa 200 Überlebenden und vielen hochrangigen Teilnehmern aus aller Welt beschrieb Marian Turski zunächst in bewegenden Worten sein Schicksal. Unter tosendem Beifall rief er dazu auf, gegenüber dem modernen Antisemitismus nicht gleichgültig zu bleiben. Auschwitz sei nicht vom Himmel gefallen, so zitierte er den österreichischen Bundespräsidenten Alexander van der Bellen.

Die anwesende polnische Staatsspitze zollte dem Redner nur verhaltenen Applaus. Sie verstand die Äußerungen wohl nicht ganz zu Unrecht als Anspielung auf ihre eigene Politik, die es aus innenpolitischen Gründen zuweilen an Klarheit gegenüber antisemitischen Auswüchsen fehlen ließ. Es wäre allerdings falsch, wollte man der polnischen Regierung oder der Gesellschaft pauschal Antisemitismus unterstellen. Der Warschauer Oberrabbiner Michael Schudrich ist der Auffassung, dass antisemitische Auswüchse in Polen insgesamt begrenzter Natur seien.

In Auschwitz ermordeten die Nationalsozialisten circa 1,1 Millionen Menschen. Weniger bekannt in Deutschland ist die Tatsache, dass mehr Menschen in Treblinka und den ostpolnischen Konzentrationslagern, Sobibór, Bełzec und Majdanek ermordet wurden. Im Rahmen der sogenannten Aktion Reinhardt wurden damals innerhalb von wenigen Monaten 1942/43 rund 1,8 Millionen Juden sowie Sinti und Roma aus dem damaligen Generalgouvernement, dem von Deutschland besetzten, jedoch nicht ins Reichsgebiet integrierten Teil Polens, buchstäblich ausgelöscht.

Im Gegensatz zu Auschwitz mit vergleichsweise viel erhaltener Bausubstanz zerstörte die SS Treblinka und die ostpolnischen Vernichtungslager Majdanek, Sobibór und Bełzec, um die Spuren zu verwischen. So existieren heute zwar Gedenkstätten in allen Lagern, die musealen Teile sind jedoch viel kleiner als in Auschwitz beziehungsweise existieren überhaupt nicht. Die Verantwortlichen für die Gedenkstätten in Sobibór und Bełzec beklagen daher nicht ganz zu Unrecht, wie wenig Aufmerksamkeit und finanzielle Ressourcen ihnen zufließen.

Auch die Bundesregierung muss sich zurechnen lassen, dass sie sich erst viel zu spät ihrer Verantwortung für den Massenmord an diesen Orten gestellt hat. Lange Zeit verschanzte sie sich hinter dem Argument, dass niemand um einen deutschen Beitrag gebeten habe. Erst Ende 2018 durfte ich endlich in meiner Residenz in Warschau eine Vereinbarung über die Bereitstellung von einer Million Euro für eine Dauerausstellung in Sobibór unterzeichnen. Nicht alle waren überzeugt, dass diese vergleichsweise bescheidene Summe angemessen war.

Späte Würdigung

Bei meinen vielen Besuchen mit erinnerungskulturellem Schwerpunkt war es mir wichtig, mit den anwesenden Überlebenden zu sprechen oder ihnen zumindest durch Gesten mein Mitgefühl auszudrücken, wenn die Worte im Hals steckenblieben. Aus einigen dieser Begegnungen haben sich freundschaftliche Beziehungen entwickelt. Mehr als einmal war ich überwältigt, dass diese Menschen, die persönlich unfassbar Schreckliches erlebt hatten, dem offiziellen Vertreter der Nachfahren des Tätervolks die Hand zur Versöhnung reichten.

Eine solche freundschaftliche Beziehung entwickelte sich auch zu überlebenden Kämpferinnen und Kämpfern des Warschauer Aufstands 1944, die ich regelmäßig zum Mittagessen in der Residenz zu Gast hatte. Zustande gekommen waren diese Kontakte im Zusammenhang mit dem Besuch des damaligen polnischen Staatspräsidenten Bronisław Komorowski Ende Juli 2014 in Berlin.

Komorowski war aus Anlass der Eröffnung einer Ausstellung zum 70. Jahrestag des Warschauer Aufstands in der »Topographie des Terrors« mit einer Delegation von Veteraninnen und Veteranen der polnischen Heimatarmee in die deutsche Hauptstadt gekommen. Am Ausstellungsort befand sich während des Dritten Reichs das Herzstück des nationalsozialistischen Unterdrückungsapparats, das Hauptquartier von Gestapo und SS sowie das Reichssicherheitshauptamt.

Das polnische Protokoll hatte freundlicherweise angeboten, mich in der Präsidentenmaschine von Warschau nach Berlin mitzunehmen. Nur knapp vier Monate nach dem Beginn meiner Mission in Polen war dies nicht nur eine ungewöhnlich freundschaftliche persönliche Geste. Sie spiegelte auch den ausgezeichneten Stand der bilateralen Beziehungen zu diesem Zeitpunkt wider.

Im Anschluss an diesen Besuch verlieh der Bundespräsident 25 Veteraninnen und Veteranen des Warschauer Aufstands für ihr Engagement für die Aussöhnung zwischen unseren Völkern das Bundesverdienstkreuz. Ich hatte die Ehre, die hohe Auszeichnung einige Wochen später im Namen des Bundespräsidenten in meiner Residenz in Warschau zu überreichen. Es war eine bewegende Zeremonie, bei der einige Beteiligten die Tränen der Rührung nur schwer unterdrücken konnten.

In meiner Laudatio wies ich darauf hin, dass eine deutsche Auszeichnung niemals auch nur ansatzweise das immense Leid kompensieren könne, das den Bewohnern Warschaus damals widerfahren war. Die nahezu völlige physische Zerstörung der polnischen Hauptstadt nach der Niederschlagung des 63-tägigen Aufstands wird auf ewig in unseren Herzen eingebrannt bleiben. Dessen ungeachtet ist die Auszeichnung nicht nur ein Zeichen für die moralische und politische Notwendigkeit, sich den deutschen Verbrechen ehrlich zu stellen. Der ehrliche Umgang mit der Vergangenheit kann zudem Sympathie für unser Land schaffen. Für mich waren die regelmäßigen Treffen mit diesen Menschen, die sich an diese Zeremonie anschlossen, konkreter Ausfluss für die Hoffnung, dass die Aussöhnung mit Polen letzten Endes gelingen kann.

Ganz besonders erinnere ich mich an ein Essen in der Residenz aus Anlass des 90. Geburtstags von Halina Szpilman, einer Fachärztin für Hämatologie, die 50 Jahre mit dem weltbekannten Pianisten und Überlebenden des Warschauer Ghettos, Władysław Szpilman, bis zu dessen Tod im Jahre 2000 verheiratet war. Roman Polański hat ihm in dem preisgekrönten Spielfilm »Der Pianist« 2002 ein Denkmal gesetzt.

Bei dem Essen, an dem auch Teile von Halinas großer Familie, die heute zum Teil in Deutschland wohnt, teilnahmen, entspann sich eine lange Diskussion, warum es nicht möglich sei, dem deutschen Offizier Wim Hosenfeld, der Władysław Szpilman während seiner Flucht aus dem Ghetto das Leben gerettet hatte, posthum das Bundesverdienstkreuz zu verleihen.

Hier setzte sich eine polnische Familie, die unter dem NS-Terror Schreckliches erlitten hatte, für die Ehrung eines deutschen Besatzungsoffiziers ein. Es zeugt von hoher moralischer Kraft, dass diese Familie unisono den individuellen Charakter des Einzelnen höher bewertete als seine Zugehörigkeit zu einer mörderischen Soldateska. Sicher ist die Humanität und persönliche Integrität Wim Hosenfelds, der übrigens einige Jahre später in einem sowjetischen Strafgefangenenlager verstarb, nicht symptomatisch für das Verhalten der allermeisten deutschen Soldaten in Polen während des Zweiten Weltkriegs. Dennoch weckt auch dieser Vorgang Hoffnungen, dass die deutsch-polnische Aussöhnung gelingen kann.

Eine Stadt stellt sich ihrer Verantwortung

Der Ghettoaufstand von 1943 und der Warschauer Aufstand 1944 sind zu Kristallisationspunkten der Erinnerung für die dritte polnische Republik geworden, jenes Staatswesens also, das 1989 aus der Volksrepublik Polen hervorgegangen ist.

Während der kommunistischen Zeit nach dem Zweiten Weltkrieg war die Erinnerung an den Warschauer Aufstand zwar nicht verboten, aber für die damaligen Machthaber von Moskaus Gnaden doch problematisch. Heute ist der Warschauer Aufstand für die Identität des modernen demokratischen Polens von sehr hoher Bedeutung. In der kollektiven Erinnerung an ihn spiegeln sich die sprichwörtliche Freiheitsliebe und der Kampfeswillen des polnischen Volks.

Als der Warschauer Aufstand am 1. August 1944 ausbrach, stand die Rote Armee schon auf der anderen Seite der Weichsel. Radio Moskau rief die polnische Heimatarmee zum Aufstand auf, tat dann jedoch nichts, um den Aufständischen zur Hilfe zu eilen. Die Kämpferinnen und Kämpfer der Heimatarmee leisteten mit geringen Mitteln 64 Tage lang erbittert Widerstand, bevor sie kapitulierten. Zur Vergeltung legte die Wehrmacht die polnische Hauptstadt in Schutt und Asche. 90 Prozent des Warschauer Stadtgebiets links der Weichsel wurden zerstört und unzählige Massaker an der Zivilbevölkerung verübt.

SS und Wehrmacht hatten bereits fünf Tage nach Beginn des Aufstands am 5. August 1944 in einem berüchtigten Massaker den Warschauer Stadtteil Wola zerstört und circa 50 000 Zivilisten ermordet. Das Kriegsverbrechen zeigt nicht nur die extreme menschenverachtende Grausamkeit, mit der deutsche Truppen vorgingen, sondern steht leider auch exemplarisch für die ungenügende spätere Aufarbeitung dieser Vorgänge in Deutschland. Auch daran knüpft sich die Erzählung von den systematischen Mängeln der deutsch-polnischen Aussöhnung.

Der damalige deutsche Befehlshaber und damit Verantwortliche für das Massaker, SS-Gruppenführer und Generalleutnant der Waffen-SS, Heinz Reinefarth, der sogenannte »Schlächter von Wola«, ist nie für seine Untaten zur Rechenschaft gezogen worden. Schlimmer noch, er war schleswig-holsteinischer Landtagsabgeordneter und von 1952 bis 1963 Bürgermeister der Gemeinde Westerland auf Sylt, wo er 1979 verstarb.

Es dauerte satte 35 Jahre, bis der schleswig-holsteinische Landtag im Sommer 2014 den Opfern sein Mitgefühl ausdrückte. Die Stadtverwaltung von Westerland stellte im gleichen Jahr eine Tafel vor dem Rathaus auf, mit der sie die maßgebliche Verantwortung Reinefarths offiziell bestätigte. Der Schriftzug auf der Plakette verwies zudem darauf, dass die Stadt sich beschämt vor den Opfern verneige und auf Versöhnung hoffe.

Seit dieser Zeit kommen Verantwortliche der Stadt Westerland bei runden Jahrestagen des Warschauer Aufstands nach Warschau und legen an der Gedenkstätte für das Massaker von Wola einen Kranz nieder. Die Emotion ist den deutschen Besuchern bei dieser Gelegenheit deutlich anzumerken. Aus der späten Anerkennung der Schuld ist inzwischen ein freundschaftlicher Kontakt entstanden. Anlässlich des Aufenthalts des Bürgermeisters von Westerland 2019 hat die Botschaft Warschau ein Gespräch mit Überlebenden des Warschauer Aufstands organisiert. Man würde sich noch mehr solcher Kontakte wünschen.

10.
Ort des Erinnerns und der Begegnung mit Polen

In seiner Rede zum 75. Jahrestag des Warschauer Aufstands am 1. August 2019 kündigte der damalige Außenminister Heiko Maas an, sich für ein Denkmal für alle ermordeten Polen in Deutschland einzusetzen. Der SPD-Politiker, der wegen Auschwitz in die Politik gegangen war und früh in seiner Amtszeit die Gedenkstätte für das Vernichtungslager Auschwitz-Birkenau besichtigt hatte, wollte nicht nur der ermordeten Jüdinnen und Juden, sondern aller Polinnen und Polen gedenken, die den Nazi-Schergen zum Opfer gefallen waren. Wie ich aus berufenem Mund erfuhr, war der polnische Außenminister Jacek Czaputowicz intern für die Einladung an den deutschen Außenminister kritisiert worden, weil einigen im PiS-Lager eine derartige Versöhnungsveranstaltung zu weit ging. In seiner bewegenden Rede bekannte sich Heiko Maas uneingeschränkt zur deutschen Verantwortung für die Gräuel und bat Polen um Vergebung. Im Bewusstsein um das fehlende Wissen über die polnischen Opfer des Krieges in Deutschland kündigte er die Schaffung eines Gedenkorts in Berlin für die polnischen Opfer des Kriegs und der Besatzung an.

Damit nahm er das Petitum einer zivilgesellschaftlichen Initiative um den früheren Direktor des Deutschen Polen-Instituts, Dieter Bingen, und den früheren Präsidenten des Bundesamts für Bauwesen und Raumordnung, Florian Mausbach, auf, die sich seit 2017 für ein Denkmal für alle polnischen Opfer der NS-Gewaltherrschaft in Berlin eingesetzt hatten.

Ziel war es, einen Beschluss des Deutschen Bundestags zur Errichtung eines solchen Polen-Denkmals zu erwirken. Trotz großem Zuspruch in allen Partien gelang es der Initiative jedoch nicht, eine Mehrheit der Abgeordneten des Deutschen Bundestags hinter dem Projekt zu versammeln. Vielmehr formierte sich aus unterschiedlichen Gründen Widerstand gegen den Gedenkort in Teilen des Parlaments und in der Öffentlichkeit.

Eine Gruppe störte sich an der nationalen Ausrichtung der Gedenkort-Idee. Ihre Mitglieder plädierten stattdessen für ein Dokumentationszentrum, das an alle Opfer des Nationalsozialismus erinnert. Sie befürchteten eine Kaskade weiterer Wünsche nach nationalen Erinnerungsorten, etwa aus der Ukraine oder Belarus. Und tatsächlich forderte der Berliner Botschafter der Ukraine ein solches Denkmal auch für die Ukraine.

Eine andere Gruppierung stieß sich an dem zunächst ins Auge gefassten Ort vor der Bahnhofsruine des Anhalter Bahnhofs am Askanischen Platz unweit der Topographie des Terrors, dem früheren Hauptquartier des NS-Repressionsapparates, aber eben auch nahe dem »Dokumentationszentrum Flucht, Vertreibung, Versöhnung«, in dem seit seiner Eröffnung im Juni 2021 unter anderem auch an die deutsche Vertreibung erinnert wird.

Eine weitere Gruppe wollte Dokumentationszentrum und Gedenkort an einem Platz des 1. Septembers 1939 zusammenführen und so beiden Ideen Rechnung tragen.

Nicht unüblich für die deutsche Politik, entschied der Deutsche Bundestag dann in zwei unterschiedlichen Entschließungen im Oktober 2020, beide Projekte separat auf den Weg zu bringen. Die Entschließung vom 7. Oktober forderte die Errichtung eines »Dokumentationszentrums Zweiter Weltkrieg«; die Resolution vom 30. Oktober mandatierte die Schaffung eines »Ortes des Erinnerns und der Begegnung mit Polen«.

Die Erarbeitung eines Konzepts für das Dokumentationszentrum übernahm die Bundesbeauftragte für Kultur und Medien, die den Auftrag ihrerseits an das Deutsche Historische

Museum weitergab. Das Auswärtige Amt kümmerte sich um den »Ort des Erinnerns und der Begegnung« und rief im Januar 2021 eine Expertenkommission unter meiner Leitung und einen Politischen Beirat unter Leitung von Minister Maas ins Leben. Noch vor den Bundestagswahlen im Herbst 2021 sollten konkrete Ergebnisse vorliegen.

Die Konstituierung der Gremien

Der Auftrag zur Erarbeitung des Konzepts erwies sich als große Herausforderung und der Zeitrahmen war ambitioniert. Die Gremien mussten schnell besetzt werden, von der Größe her arbeitsfähig bleiben und dennoch alle relevanten Gruppen aus Deutschland und Polen berücksichtigen. Unter den deutschen Mitgliedern der Expertenkommission mussten geschichtswissenschaftliche, erinnerungskulturelle und polenspezifische Kompetenzen gebündelt werden. Bei der Erfüllung dieser Aufgabe erwies sich die Zusammenarbeit mit dem Deutschen Polen-Institut in Darmstadt (DPI), der einzigen Institution, die in der einschlägigen Entschließung des Deutschen Bundestags explizit genannt wird, als seltener Glücksfall.

Das Team um den sehr erfahrenen Direktor Professor Peter Oliver Loew und seinen Mitarbeiterinnen, insbesondere seine engagierte Berliner Büroleiterin Emilie Mansfeld, traf sich einmal wöchentlich zu Abstimmungssitzungen mit den Kolleginnen aus dem Auswärtigen Amt. Dort hatte sich ein Arbeitsstab unter der Leitung der aus gemeinsamen Warschauer Zeiten geschätzten Polenspezialistin Friederike Steglich und unserer Expertin für alle scheinbar unlösbaren technischen Fragen Nicole Linke konstituiert, auf den ich jederzeit zurückgreifen konnte. Die herausragende Kompetenz des DPI in allen polenpolitischen Fragen und die vertrauensvolle Zusammenarbeit mit dem Auswärtigen Amt sehe ich als zentrale Faktoren für den erfolgreichen Abschluss der Arbeiten am Konzept.

Oberstes Ziel der Bemühungen war es, das Projekt in Deutschland und Polen als einen Schritt zur Vertrauensbildung zu konzipieren und zu präsentieren. Es handelte sich zwar um eine deutsche Initiative unter deutscher Verantwortung und mit deutschen finanziellen Mitteln. Geeignete polnische Vertreter in der Expertenkommission waren jedoch unabdingbar, damit das Konzept auch in Polen die notwendige Unterstützung fand. Die Auswahl der polnischen Mitglieder, ihre inhaltliche Qualifikation und ihre Vermittelbarkeit in alle politischen Lager hinein stellten indes am Anfang hohe Hürden dar.

Das polnische Außenministerium wollte zunächst ausschließlich ihm genehme Vertreter in die Expertenkommission entsenden. Diese waren aber in Teilen in Deutschland nicht vermittelbar. Außerdem drängte die polnische Seite darauf, die Kommission paritätisch beziehungsweise zu mindestens einem Drittel mit Polen zu besetzen. Wir einigten uns schließlich auf vier polnische Experten (von 16), deren Reputation in beiden Staaten niemand in Zweifel zog.

Diese Episode belastete das Klima der Expertenkommission anfangs beträchtlich, zumal die Corona-Restriktionen keine persönlichen Treffen zuließen. Bei der ersten virtuellen Sitzung Anfang Februar waren wir nicht einmal sicher, ob die polnischen Vertreter überhaupt teilnehmen würden. Dass dieser Fall nicht eintrat, mag auch damit zusammenhängen, dass wir informelle Konsultationen mit denjenigen polnischen Vertreterinnen und Vertreter anboten, die in der offiziellen Zusammensetzung der Kommission nicht zum Zuge gekommen waren. Überhaupt wurden diese informellen Gespräche, in denen wir die Petita von Individuen und Gruppen aufnahmen, die in den Gremien nicht berücksichtigt werden konnten, zu einem Stilmerkmal der Expertenkommission.

Unter den deutschen Experten hatten wir mit den Professorinnen Claudia Weber von der deutsch-polnischen Universität Viadrina und Ruth Leiserowitz vom Deutschen Historischen Institut Warschau sowie Jochen Böhler, damals noch an der Friedrich-Schiller-Universität Jena, exzellente geschichtliche Expertise, sowie mit Uwe Neumärker von der Stiftung »Denkmal für die ermordeten Juden Europas«, Ulrike Kretzschmar vom Deutschen Historischen Museum und Thomas Krüger von der Bundeszentrale für politische Bildung starke geschichtliche, praktische und erinnerungskulturelle Kompetenz an Bord. Vertreter wichtiger im Austausch engagierter Organisationen wie Stephan Erb vom Deutsch-Polnischen Jugendwerk, Cornelius Ochmann von der Stiftung für deutsch-polnische Zusammenarbeit und Witold Gnauck von der Deutsch-Polnischen Wissenschaftsstiftung trugen mit ihrer praktischen Erfahrung sehr zum Gelingen der Arbeiten bei. Schließlich komplettierten Vertreter des Innenministeriums und des Berliner Senats das Tableau. Die Vertreter des Senats erwiesen sich in der Standortfrage als sehr hilfreich.

Die Zusammensetzung des rein deutschen Politischen Beirats unter Vorsitz von Minister Heiko Maas gestaltete sich einfacher. Um die parlamentarische Unterstützung für das Vorhaben aufrechtzuerhalten, mussten primär Vertreter der Parteien beteiligt werden, die die Resolution des Deutschen Bundestags vom 30. Oktober 2020 gemeinsam eingebracht hatten.

Besonders hilfreich waren in diesem Zusammenhang der SPD-Schatzmeister, Vorsitzender des Bundesverbands der Deutsch-Polnischen Gesellschaften und jetziger Koordinator für die deutsch-polnische zivilgesellschaftliche und grenznahe Zusammenarbeit im Auswärtigen Amt, Dietmar Nietan, und der damalige Sprecher für Osteuropapolitik von Bündnis 90/Die Grünen, Manuel Sarrazin. Hinzu kam der in Stettin geborene, perfekt polnisch sprechende damalige CDU-Generalsekretär Paul Ziemiak, der heute Ko-Vorsitzender der deutsch-polnischen Parlamentariergruppe ist. Für die FDP konnten wir die Abgeordnete Renata Alt gewinnen, die im 19. Bundestag als Berichterstatterin für unter anderem Mittel- und Osteuropa im Auswärtigen Ausschuss fungierte.

Darüber hinaus wurden diejenigen Vertreter der Zivilgesellschaft berufen, die das Projekt in der Vergangenheit vorangebracht hatten, also die frühere Bundestagspräsidentin Rita Süßmuth, der frühere Bundestagspräsident Wolfgang Thierse, der frühere Direktor des Deutschen Polen-Instituts, Dieter Bingen, sowie der frühere Präsident des Bundesamts für Bauwesen und Raumordnung, Florian Mausbach. Auch der damalige Koordinator für die deutsch-polnische zivilgesellschaftliche und grenznahe Zusammenarbeit, der Ministerpräsident des Landes Brandenburg, Dietmar Woidke, sowie Vertreter der beiden großen Kirchen und des Zentralrats der Juden waren gesetzt.

Erfreulicherweise konnten wir auch den in deutsch-polnischen und erinnerungskulturellen Fragen erfahrenen Staatssekretär im Bundespräsidialamt, Stephan Steinlein, für eine Mitwirkung im Politischen Beirat gewinnen. Diese Verbindung zum Bundespräsidenten, der das Thema des Erinnerungsortes auch mit seinem polnischen Amtskollegen thematisierte, sollte sich als wichtig erweisen. Schließlich kam noch der frühere Direktor der Stiftung Topographie des Terrors, Professor Andreas Nachama hinzu, von dessen langer Erfahrung und klugen Kommentaren der Politische Beirat stark profitierte.

Die wesentlichen Ergebnisse der Arbeit

Die Arbeiten der beiden Gremien und der Abschlussbericht haben die deutsche Diskussion zum »Ort des Erinnerns und der Begegnung« in vier wichtigen Punkten vorangebracht. Der im September 2021 vorgelegte Bericht interpretiert die Resolution des Deutschen Bundestags als Auftrag zur Errichtung eines Denkmals, postuliert die Notwendigkeit einer Ausstellung als Ergänzung zu Denkmal und Begegnungselement, reduziert die leidige Standortfrage auf zwei Optionen und schlägt ein institutionelles Konzept für das weitere Vorgehen vor.

10. Ort des Erinnerns und der Begegnung mit Polen

Die Resolution des Deutschen Bundestags vom 30. Oktober 2020 hatte zwei gleichwertige Wesenskerne für die Erarbeitung des Konzepts vorgegeben. Es sollten ein Gedenkelement und ein Ort für deutsch-polnische Begegnungen, insbesondere der jüngeren Generation, geschaffen werden. Die Resolution enthielt indes kein explizites Bekenntnis zu einem Denkmal, obwohl die ursprüngliche zivilgesellschaftliche Initiative genau diesen Zweck verfolgt hatte. Der Bundestag wollte ein wichtiges kontroverses Thema befrieden und indossierte daher das Projekt um den Preis einer terminologischen Unschärfe. Die Formulierung »Ort des Erinnerns« schloss ein solches Ergebnis allerdings auch nicht ausdrücklich aus. Dass die Expertenkommission in ihrem Abschlussbericht schließlich ausdrücklich ein solches Denkmal fordert, ist daher als Erfolg zu verbuchen.

Zum Zweiten hat die Expertenkommission das Zusammenspiel der beiden Wesenskerne »Erinnerung« und »Begegnung« geklärt. Sie hat deutlich gemacht, dass sowohl ein würdiges Gedenken als auch substantielle deutsch-polnische Begegnungen Wissen über den Zweiten Weltkrieg und seine geschichtlichen Bezüge voraussetzen. In ihrer diesbezüglichen Empfehlung fordert sie daher die Vermittlung einer deutsch-polnischen Beziehungsgeschichte in einer Dauer- und in Wechselausstellungen.

Die Diskussion um ein überzeugendes geschichtswissenschaftliches Narrativ nahm in der Diskussion unter den Historikern innerhalb der Kommission und darüber hinaus breiten Raum ein. Man einigte sich schließlich darauf, dass der Zweite Weltkrieg die zentrale Rolle einnehmen, jedoch in eine Vor- und Nachgeschichte eingebettet werden sollte. Die Besucher der Ausstellungen und der Begegnungen sollen sich aktiv mit Vergangenheit, Gegenwart und Zukunft der deutsch-polnischen Beziehungen auseinandersetzen können. Allen Beteiligten war klar, dass sich gewisse Überschneidungen mit dem separaten

Projekt »Dokumentationszentrum Zweiter Weltkrieg« nicht vermeiden ließen. Das Verhältnis beider Projekte zueinander muss indes weiter geklärt werden.

Die dritte Front, an der der Bericht der Expertenkommission Entspannung signalisierte, war die Standortfrage. Da verschiedene Personen und Gruppen unterschiedliche Vorstellungen in der Diskussion mit großem Nachdruck propagierten, gestaltete sich dieser Teil der Debatte insbesondere unter den deutschen Teilnehmern von Expertenkommission und Beirat zunächst sehr kontrovers.

Im Laufe der Beratungen beider Gremien kristallisierten sich der frühere Ort der Kroll-Oper im Tiergarten südlich des Bundeskanzleramts und das Grundstück neben der Portalruine des Anhalter Bahnhofs am Askanischen Platz als mögliche Standorte heraus. Beide entsprachen den Kriterien des »zentralen Ortes in Berlin«, den die Entschließung des Deutschen Bundestags formuliert hatte. An beiden Orten existieren Anknüpfungspunkte zur deutsch-polnischen Geschichte beziehungsweise zum nationalsozialistischen Unterdrückungsapparat.

In der Kroll-Oper, die nach dem Reichstagsbrand als Ausweichort für das gleichgeschaltete Parlament diente, versuchte Hitler in einer berüchtigten Rede im September 1939, den deutschen Überfall auf Polen als Defensivkrieg umzudeuten. Vor der Portalruine des Anhalter Bahnhofs am Askanischen Platz in Berlin-Kreuzberg sind mit dem unweit gelegenen Gelände der »Topographie des Terrors« und der »Ausstellung Flucht, Vertreibung, Versöhnung« ebenfalls geschichtliche Anknüpfungspunkte gegeben. Das aufgrund einer Privatinitiative hinter der Portalruine entstehende Exilmuseum sieht einer eventuellen Ankunft des »Ortes des Erinnerns und der Begegnung« am Askanischen Platz allerdings mit gemischten Gefühlen entgegen, weil der dort vorhandene Platz ziemlich beengt ist und die Verantwortlichen eine Konkurrenz befürchten.

Schließlich hat die Kommission weitreichende Vorschläge für die zukünftige Organisation des Projektes unterbreitet. Sie hofft, dass diese Vorschläge Zustimmung seitens des Deutschen Bundestags erfahren. Im Mittelpunkt steht dabei die Empfehlung zur Errichtung einer Stiftung des öffentlichen Rechts als Träger der Institution. Dabei obliegt es dem Deutschen Bundestag zu entscheiden, ob eine Stiftung neu gegründet oder mit einer anderen Stiftung zusammengelegt werden soll. Diese muss im Geschäftsbereich eines Ministeriums angesiedelt werden.

Die neue Bundesbeauftragte für Kultur und Medien der Ampelkoalition, Claudia Roth, hat inzwischen das Projekt in ihre Zuständigkeit übernommen. Sie hat zu erkennen gegeben, dass aus ihrer Sicht das Dokumentationszentrum Zweiter Weltkrieg Vorrang habe. Sollte dadurch die Verwirklichung des »Ortes des Erinnerns und der Begegnung mit Polen« verzögert werden, würde dies die Gefahr heraufbeschwören, dass die angestrebte Grundsteinlegung noch in dieser Legislaturperiode scheitert und Enttäuschung auf polnischer Seite Raum greift.

Erfreulich ist die Tatsache, dass das Auswärtige Amt eine Anschubfinanzierung für 2022 zur Verfügung gestellt hat, um bereits vor dem Bau Begegnungs- und Bildungsmaßnahmen im Blick auf die Errichtung zu finanzieren. Das Deutsche Polen-Institut hat hierzu konkrete Vorschläge erarbeitet und ist der Hauptnutznießer dieser Gelder. Eine Fortsetzung dieser Finanzierung in den nächsten Jahren durch die jetzt zuständige Bundesbeauftragte für Kultur und Medien wäre höchst wünschenswert, auch im Blick auf die Wahrnehmung in Polen. Eine klare Bezifferung der finanziellen Gesamtkosten des Projekts im Konzept der Expertenkommission musste aus Gründen der haushaltsmäßigen Zuständigkeit unterbleiben. Mit einem mittleren zweistelligen Millionenbetrag ist indes zu rechnen.

Der Abschlussbericht der Expertenkommission ist überwiegend positiv aufgenommen worden. Die polnischen Gesprächspartner aus der Regierung waren angetan von den Ideen. Bei der offiziellen Vorstellung des Berichts im Rahmen einer feierlichen Zeremonie im Auswärtigen Amt wurde ein bewegender Film gezeigt, der die positive Resonanz des Projekts gerade unter den überlebenden Opfern deutlich macht. Damit bestätigte sich der positive Eindruck, den wir aus vielfältigen Gesprächen und Kontakten der Kommission mit Überlebenden und Zeitzeugen mitgenommen hatten.

Die Zukunft des Projekts

Im Rückblick auf die insgesamt erfolgreiche Arbeit kann die Schlussfolgerung gezogen werden, dass eine vernünftige Zusammenarbeit mit der deutschen und der polnischen Zivilgesellschaft weiter zentral bleibt. Das erfordert Kompromisse auf beiden Seiten. Unabhängig vom letztlichen Standort wird es kein authentischer Ort sein, an dem Vernichtungen geplant oder ausgeführt wurden.

Es liegt im Interesse aller Beteiligten, dass der Ort nicht als isoliertes Projekt wahrgenommen wird. Vielmehr sollte er sich organisch in die bestehende Gedenkstättenkonzeption und Museumslandschaft einfügen. Wenn sich das Projekt als Schaufenster für Gedenkstätten und andere Einrichtungen der Erinnerungskultur begreift, wie es die Expertenkommission vorschlägt, wird eine Konkurrenzsituation nicht entstehen. Ob dann die Formulierung aus der Entschließung des Deutschen Bundestags vom 30. Oktober 2020, wonach der »Ort des Erinnerns und der Begegnung mit Polen« außerhalb der Gedenkstättenkonzeption des Bundes entstehen soll, noch haltbar ist, wird sich erweisen.

Nach Vorlage des Konzepts für das Dokumentationszentrum Zweiter Weltkrieg durch den Direktor des Deutschen Historischen Museums stellt sich die Frage nach der räumlichen und institutionellen Verbindung beider Projekte. Die Expertenkommission hat eine enge Abstimmung empfohlen. Tatsächlich wurde dies zumindest partiell durch eine personelle Verknüpfung der Gremien erreicht, indem je eine Vertreterin des einen Projekts an den Beratungen des anderen teilnahm. Das System hat sich bewährt.

Ein Zusammendenken beider Projekte hätte sicherlich viele Vorteile. Allerdings sollte in diesem Prozess darauf geachtet werden, dass das Konzept nicht verwässert wird. Ein Wiederaufbrechen mühsam erreichter Kompromisse und eine weitere Verzögerung sollten tunlichst vermieden werden.

Die Expertenkommission hat gute Grundlagen für die weitere Arbeit gelegt. Jetzt sind schnell weitere Schritte notwendig, um das Projekt erfolgreich abzuschließen. Die Dynamik, die die Entschließung des Deutschen Bundestags vom Oktober 2020 losgetreten hat, muss aufrechterhalten bleiben. Die Bundesbeauftragte für Kultur und Medien, Claudia Roth, hat die Stiftung Denkmal für die ermordeten Juden Europas mit den weiteren Arbeiten zur Implementierung des Konzepts betraut. Finanzielle Vorsorge für entsprechende Stellen im Bundeshaushalt 2023 wurde getroffen. Trotz aller sonstigen Herausforderungen, denen sich die deutsche Politik gegenübersieht, ist schnelles Handeln gefragt. Die polnische Regierung, die das Projekt durchaus als Erfolg ihrer eigenen Politik betrachtet, drängt auf schnelle Errichtung. Vor dem Hintergrund der angespannten deutsch-polnischen Beziehungen im Gefolge von Russlands Krieg gegen die Ukraine gewinnt das Thema noch größere Bedeutung.

Die Zivilgesellschaft in Deutschland hat das Projekt von Anfang an wesentlich vorangetrieben. Es erscheint daher sinnvoll, deren Vertreter, wie in der Vergangenheit, eng in die Gremien der zweiten Phase einzubinden. Dabei muss allerdings gewährleistet sein, dass alle Beteiligten mit der notwendigen Kompromissbereitschaft zu Werke gehen. Das gilt vor allem auch deshalb, weil bei der Entscheidung zum Standort möglicherweise nicht alle Blütenträume reifen werden. Auch die weitere inhaltliche Kooperation mit Polen in dieser Frage darf nicht aus den Augen verloren werden. Erinnerungskulturelle Zusammenarbeit schafft Vertrauen und kann möglicherweise helfen, das Klima für Fortschritte in anderen Fragen zu verbessern.

Konkret sollten Historiker, Architekten und zivilgesellschaftliche Akteure, vor allem auch Opfer und Zeitzeugen aus Polen, in die zweite Phase der Bemühungen, bei denen es unter anderem um die Ausschreibung eines Architekturwettbewerbs geht, einbezogen werden. Eine Politisierung der Gremien wäre kontraproduktiv und sollte daher weiterhin vermieden werden.

Ebenso wäre es den Bemühungen abträglich, wenn versucht würde, andere Fragen wie Reparationen oder finanzielle Forderungen mit dem Projekt zu verknüpfen. Der gesellschaftliche Spielraum für derartige Forderungen ist begrenzt und könnte das gesamte Projekt zum Scheitern bringen. Wie sehr sich die Akteure dieser Tatsache bewusst sind, mag man auch daran ablesen, dass es derartige Versuche bei den bisherigen Arbeiten nicht gegeben hat.

Epilog: Empfehlungen für die Zukunft

Empfehlungen für die Zukunft

Nach 30 Jahren gut nachbarschaftlicher Zusammenarbeit droht heute ein tiefgreifendes deutsch-polnisches Zerwürfnis. Das Scheitern der deutschen Russland-, Ukraine- und Energiepolitik und die als zögerlich wahrgenommene Unterstützung der Ukraine haben einen tiefen Glaubwürdigkeits- und Vertrauensverlust bei unseren östlichen Partnern, insbesondere in Polen, verursacht. Ob dieser Sachverhalt zu einem bleibenden Schaden auf staatlicher Ebene beziehungsweise mittelfristig sogar zu einer Entfremdung der Menschen in beiden Staaten zueinander führen wird, ist noch nicht ausgemacht. Kluge deutsche Politik kann indes den Gang der Dinge durchaus beeinflussen, auch wenn nicht wenige Vertreter der derzeitigen polnischen Regierung und mit ihr die regierungstreuen Medien Öl ins Feuer gießen.

Welche Strategie sollte Deutschland unter diesen Umständen gegenüber unserem größten östlichen Nachbarn verfolgen? Einige Stimmen in Deutschland fordern vor dem Hintergrund der fundamentalen Deutschlandkritik der PiS »strategische Geduld«, weil man mit dieser Regierung sowieso nicht auf einen grünen Zweig kommen könne.

Dagegen steht eine Strategie des ruhigen konstruktiven Engagements, die sich durch die tagesaktuelle Kritik nicht aus dem Konzept bringen lässt. Mögliche deutsche Vorschläge oder Initiativen sollten allerdings in Hinblick auf ihre Auswirkungen auf das gesamte politische Spektrum und die Gesellschaft in

Polen abgeklopft werden, nicht nur im Hinblick auf die Regierung und ihr gesellschaftliches Biotop.

Ich bin zutiefst davon überzeugt, dass es sich trotz aller Widrigkeiten lohnt, Zeit, Energie und Ressourcen in das Verhältnis zu investieren. Die neue geopolitische Lage verlangt von Deutschland sowieso neues Denken, unabhängig davon, was die polnische Regierung denkt oder propagiert. Wenn die grundsätzliche Diskussion also auch die polnischen Perspektiven reflektiert, dann ist das eher nützlich.

Viele Polen weit über das Regierungslager hinaus fordern von Deutschland einen Dialog auf Augenhöhe, der die Interessen unseres größten östlichen Nachbarn berücksichtigt. Das ist nicht nur eine Frage der Inhalte. Es geht auch darum, Respekt, ehrliches Interesse an den Positionen und die Bereitschaft zuzuhören zu zeigen. Dabei dürfen wir uns weder von der eskalierenden Sprache einiger PiS-Vertreter anstecken lassen noch in die Falle tappen, Respekt mit ungeprüfter Übernahme polnischer Positionen zu verwechseln. In zentralen Fragen wie den Grundwerten der EU dürfen wir uns nicht auf faule Kompromisse einlassen, auch wenn nicht jede familienpolitische Frage in diese Kategorie gehört. Paradoxerweise könnte das Scheitern der deutschen Russland-, Ukraine- und Energiepolitik sogar die Chancen für einen Dialog mit Polen auf Augenhöhe erhöhen, vorausgesetzt, die polnische Regierung lässt den »polnischen Moment« nicht durch überzogene Deutschlandkritik vorüberziehen.

Deutsche Führungsrolle

Viele im In- und Ausland fordern eine aktive deutsche Führungsrolle in Europa schon seit Jahren ein, ohne dass Deutschland tatsächlich »schneller, entschiedener und substanzieller«, wie von Bundespräsident Joachim Gauck schon 2014 auf der Münchner Sicherheitskonferenz gefordert, gehandelt hätte. Bundeskanzler Olaf Scholz hatte in seinem Artikel in der Januar/Februar-

Ausgabe von *Foreign Affairs* in Bezug auf Deutschland sogar von einem Garanten für die europäische Sicherheit gesprochen. Deutsche Außen- und Sicherheitspolitik war in den letzten Jahren zwar auch durch Strategiedefizite, mehr noch aber durch Mängel in der Umsetzung, vor allem beim Aufbau militärischer Fähigkeiten, gekennzeichnet.

Der entstandene Vertrauensverlust im Osten der EU betrifft einen Teil Europas, in dem deutsche Führung in der Vergangenheit im Guten wie im Schlechten von großer Bedeutung war. Vollmundige Ankündigungen allein werden nicht ausreichen, Vertrauen zurückzugewinnen. Sich durch konkrete Leistungen an die Spitze einer umfassenden Unterstützung der Ukraine – politisch, wirtschaftlich, humanitär und auch militärisch – zu setzen, könnte ein wichtiger Ansatzpunkt sein. Dazu bedarf es einer glasklaren Kommunikation und eines langen Atems, vor allem der Bereitschaft, die Ausrüstung der Bundeswehr auch über die Dauer des Sondervermögens hinaus zu einem Schwerpunkt zu machen.

Viele verlangen deutsche Führung und meinen damit sehr unterschiedliche Dinge. Eines ist aber aufgrund unserer Geschichte und des internationalen Gewichts unseres Landes klar: Deutsche Führung wird nur dann akzeptiert, wenn sie kooperativ und im Verbund mit anderen ausgeübt wird. Alleingänge und Sonderrollen haben uns in unserer Geschichte noch nie gutgetan. Bundespräsident Steinmeier hat 2015 noch als Außenminister hierfür das Stichwort vom deutschen »Chief Facilitation Officer« geprägt, der seine Kraft aus der Vermittlung unterschiedlicher Positionen schöpft. Genau diese Vermittlerrolle, Brückenbauer wie Olaf Scholz sie nennt, wird aber in einem Europa, das zwar eine stärkere geostrategische Rolle einnehmen will, ja muss, in dem die zentrifugalen Kräfte aber stärker werden, zunehmend schwierig.

Der frühere polnische Außenminister Radek Sikorski hat Deutschland schon 2011 als unabdingbare Nation (»indispensable nation«) bezeichnet. Das gilt im Prinzip auch heute noch. Deutsche Führung darf sich weder nur auf zivile oder wirtschaftliche Aspekte konzentrieren noch sollte sie sich hinter einer kritischen Masse anderer Staaten verstecken. Sie muss vielmehr breiter, strategischer und, ja, auch risikobereiter werden. Ein »Führen von hinten« (Obama) oder aus der Mitte heraus wird nicht ausreichen.

Europa steht heute vor einer Weggabelung, wie wir sie seit 1990 nicht mehr erlebt haben. Strategische Souveränität wird es in Europa ohne die Übernahme größerer militärischer und finanzieller Verantwortung seitens Deutschlands nicht geben. Und Führung muss sich in nachhaltiger Umsetzung von Ankündigungen erweisen. Unter anderen innenpolitischen Vorzeichen in Polen könnte mit Warschau und zusammen mit Paris sogar eine Partnerschaft in der Führung in der EU angestrebt werden, wie sie US-Präsident G.H.W. Bush Helmut Kohl nach Ende des Kalten Kriegs angeboten hat.

Konkrete bilaterale Maßnahmen

Der Dialog mit Polen auf allen Ebenen bleibt weiter wichtig – bilateral, in EU und NATO. In einigen Fragen könnte es wichtig sein, eine dritte Partei »als Schmiermittel« mit ins Boot zu holen. Die US-Administration und starke Kräfte in beiden politischen Lagern der Vereinigen Staaten sind gewillt, dazu beizutragen, die deutsch-polnischen Beziehungen zu verbessern, um westliche Kohäsion im Angesicht des russischen Angriffskriegs auf die Ukraine zu stärken. Denkfabriken und die Zivilgesellschaft können hierbei wichtige Anstöße geben.

Bundesregierung und deutsche Zivilgesellschaft sollten fortfahren, sich unzweideutig zu den deutschen Verbrechen aus der Zeit des Zweiten Weltkriegs zu bekennen Die Reden von Bundespräsident Steinmeier in Wieluń zum 80. Jahrestag des Beginns des Zweiten Weltkriegs am 1. September 2019 und des früheren Bundesaußenministers Heiko Maas am 1. August 2019 zum 75. Jahrestag des Warschauer Aufstands weisen in die richtige Richtung.

Allerdings dürfen diese Gesten nicht als ritualisierter Ersatz für eine enge Kooperation in der Sicherheitspolitik betrachtet werden. Wichtiger als Reden sind deswegen konkrete sichtbare Zeichen, gerade auch in Deutschland, dass wir die Erinnerungskultur in den Beziehungen wirklich ernst nehmen. Es ist dringend erforderlich, das wichtige Projekt des »Ortes des Erinnerns und der Begegnung mit Polen« schnell voranzubringen, damit sich nicht auch auf diesem Feld polnische Enttäuschung breitmacht. Auch eine hochrangige deutsche Teilnahme an den anstehenden Jahrestagen zur 80-jährigen Wiederkehr des Ghettoaufstands 1943 und des Warschauer Aufstands 1944 wären wirkungsvolle Zeichen.

Beim Thema Wiedergutmachung sollten Bundesregierung und die Zivilgesellschaft ruhig und gelassen bleiben. Vielen Polinnen und Polen geht es nicht so sehr um die astronomischen finanziellen Forderungen, sondern um die Anerkennung deutscher Verantwortung. Diese haben deutsche Politiker immer wieder in Wort und Tat bekräftigt.

Rechtlich gesehen stehen die polnischen finanziellen Forderungen auf schwachen Füßen. Politisch dürfen wir nicht in die Eskalationsfalle tappen und etwa eine Gegenrechnung für den Verlust der deutschen Ostgebiete präsentieren. Dessen ungeachtet sollte *intern* über freiwillige Gesten nach den Vorbildern der Jahre 1991 und 2000 nachgedacht werden. Die Einrichtung eines Zukunftsfonds, eine Rückgabe weiterer Kulturgüter oder eine Beteiligung am Wiederaufbau des Sächsischen Palais, das die deutschen Besatzer während des Zweiten Weltkriegs zerstört haben, käme dabei ebenso in Betracht wie Einmalzahlungen an damals junge Bewohner der Ghettos. Eine Realisierung dieser Ideen kann jedoch nicht mit der »Pistole an der Schläfe« erfolgen.

Auch bei der Rückgabe von Beutekunst aus Polen beziehungsweise kriegsbedingt verlagerter Sammlungen aus Deutschland könnte versucht werden, einen neuen Anfang zu wagen. Die Verhandlungen wurden vor einigen Jahren abgebrochen, weil sie sich an Rechtsfragen festgefahren hatten. Möglicherweise könnten kreative Lösungen, bei denen weniger der Eigentumsaspekt als der Zugang zu Kunstwerken und Archivalien im Vordergrund steht, helfen, die Dinge voranzubringen. Diesbezügliche Überlegungen hat es schon früher gegeben. Aber auch derartige Fortschritte sind eigentlich nur in einem Klima denkbar, in dem Polen nicht unerfüllbare Wiedergutmachungsforderungen stellt.

Im Blick auf die polnischstämmigen Bürgerinnen und Bürger in Deutschland sollten weitere Überlegungen angestellt werden, wie der Bund trotz Länderzuständigkeiten in der Bildungspolitik eine angemessene Sprachförderung für diese Gruppe sicherstellen kann. Im Gegenzug sollten die polnischen Kürzungen für den Sprachunterricht der deutschen Minderheit zurückgenommen werden.

Im wirtschaftlichen Bereich besteht weiterhin großes Potenzial für die Zusammenarbeit. Das gilt insbesondere für die erneuerbaren Energien, deren schneller Ausbau nach Beginn des russischen Kriegs gegen die Ukraine umso notwendiger ist und deren Ausbau die Europäische Union massiv fördert.

Viele deutsche Firmen sind bereits engagiert. Andere sitzen in den Startlöchern und warten auf die versprochene Flexibilisierung der Regelungen für den Ausbau der Windkraft an Land. Ebenso bieten sich Möglichkeiten der Kooperation für die Lieferungen von Öl und Flüssiggas von polnischen Häfen nach Deutschland als Ersatz für die ausbleibenden russischen Exporte.

Ob die europäischen Solidaritätsmechanismen im Verhältnis zu Polen allerdings greifen, wird nicht zuletzt davon abhängen, wie knapp die Energie insgesamt wird und ob Polen Deutschland für seine Russland- und Energiepolitik »bestrafen« will. Auch die Abhaltung von Regierungskonsultationen, wie sie nach dem Nachbarschaftsvertrag von 1991 eigentlich jedes Jahr stattfinden sollten, wäre eine gute Gelegenheit, den Dialog auf breiter Ebene wieder anzuknüpfen. Das würde allerdings ein Mindestmaß an polnischer Zurückhaltung in der öffentlichen Kritik an Deutschland voraussetzen.

Auch beim Gas besteht Handlungsspielraum. Bisher ist die Erdgaspipeline Nordstream 2 nur auf Eis gelegt. Eine Reparatur der Lecks an Nordstream 1 und 2 sowie eine Aufnahme des Betriebs bliebe also theoretisch möglich. Warum also nicht Nägel mit Köpfen machen und die Investitionsruine zurückbauen beziehungsweise anderweitig klar kommunizieren, dass das Kapitel Nordstream endgültig abgeschlossen ist?

Die Übernahme der Ölraffinerie im brandenburgischen Schwedt, die sich im Besitz des russischen Konzerns Rosneft befindet, in eine deutsche Treuhandverwaltung weist in die richtige Richtung. Unter den gegebenen Bedingungen macht auch der ursprünglich polnische Vorschlag eines gemeinsamen europäischen Einkaufskartells für Gas Sinn. So kann der hohe Gaspreis stabilisiert werden, weil die einzelnen europäischen Einkäufer ihn nicht gegenseitig hochtreiben. Der Europäische Rat hat sich inzwischen grundsätzlich auf eine derartige Lösung verständigt.

Auch ein Dialog mit den Kirchen in Polen ist wichtig. Deutsche Politiker sollten bei ihren Besuchen in Polen regelmäßig hochrangige Kirchenvertreter aufsuchen. Es lohnt sich. Katholischen Kirchenführern wie dem Primas von Polen oder dem Warschauer Metropoliten liegt eine gedeihliche Zukunft des deutsch-polnischen Verhältnis genauso am Herzen wie uns, von den Vertretern der Evangelisch-Augsburgischen Kirche ganz zu schweigen.

Sicherheitspolitik

Die Sicherheitspolitik ist der kritischste, möglicherweise aber auch erfolgsträchtigste Bereich für eine glaubwürdige neue

Kooperation. Den in Polen und andernorts aufgekommenen Zweifel an der deutschen Unterstützung für die Verteidigung der Staaten auf der NATO-Ostflanke kann am besten mit der konsequenten Umsetzung der Maßnahmen zur Stärkung der Bundeswehr, die der Deutsche Bundestag beschlossen hat, begegnet werden.

Der Ausspruch von Außenministerin Annalena Baerbock »Die Sicherheit Osteuropas ist auch die Sicherheit Deutschlands« in Warschau im Oktober 2022 sollte noch mehr durch konkrete Maßnahmen unterlegt werden. Die dauerhafte Einhaltung des Zwei-Prozent-Ziels und eine schon jetzt kommunizierte Ankündigung einer dauerhaften Erhöhung der Verteidigungsausgaben über 2026 hinaus könnten das Vertrauen in die Nachhaltigkeit der Zeitenwende stärken. Auch die schnelle Umsetzung der deutschen Entscheidung, die militärische Präsenz in Litauen im Rahmen der auf dem NATO-Gipfel in Madrid Ende Juni 2022 beschlossenen verstärkten Bündnisverteidigung zu erhöhen, kann hierbei eine wichtige Rolle spielen.

Das Eis ist dünn. Die deutsche Entscheidung, ein Sondervermögen in Höhe von 100 Milliarden Euro aufzulegen, wird den deutschen Verteidigungshaushalt zum größten in Europa machen. So sehr unsere Partner diese Entscheidung grundsätzlich begrüßt haben, so wenig können wir darauf vertrauen, dass dieser nationale militärische Aufwuchs nicht mittelfristig zu neuem Misstrauen bei unseren Partnern führt. Bisher ist die Kritik noch auf einige wenige beschränkt. Das muss aber nicht so bleiben.

Der frühere Außenminister Sigmar Gabriel und der frühere polnische Botschafter in Deutschland Janusz Reiter haben schon 2018 den Vorschlag unterbreitet, Teile des deutschen Verteidigungsetats in einen Fonds der NATO zum Schutz der NATO-Ostflanke einzuzahlen. Die Grundidee ist richtig. Es muss aber nicht unbedingt die NATO sein. Auch eine Stärkung des europäischen Pfeilers der NATO beziehungsweise der Gemeinsamen Sicherheits- und Verteidigungspolitik könnte helfen.

Die sogenannte *European Sky Shield Initiative*, in der sich bisher 15 EU-Mitgliedsstaaten zu einer gemeinsamen Luftverteidigung zusammengefunden haben, weist in die richtige Richtung. Mit dieser deutschen Initiative sollen Fähigkeitslücken bei der Abwehr ballistischer Raketen, von Drohnen und Marschflugkörpern geschlossen werden. Polen beteiligt sich zunächst nicht an dieser Initiative, weil es mit den USA und Großbritannien bereits eigene Systeme aufbaut und sich offensichtlich in dieser Frage nicht von Deutschland abhängig machen will.

Unabhängig davon gilt: Je mehr deutsche Gelder in gemeinsame NATO- oder europäische Projekte fließen, desto besser. Das ist auch eine Frage der öffentlichen Darstellung.

Die dringendste gemeinsame westliche Aufgabe besteht derzeit darin, den russischen Krieg gegen die Ukraine auf der Grundlage des Völkerrechts und der Prinzipien der euro-atlantischen Sicherheitsordnung zu beenden. Nachdem Präsident Putin den Einsatz durch die Mobilisierung seiner Armee und die Annexion der besetzten ukrainischen Gebiete in die Höhe getrieben hat, ist mit einem langen blutigen Konflikt zu rechnen.

Die sicherheitspolitischen Kreise in Polen, die uns noch zuhören, müssen davon überzeugt werden, dass die Zeitenwende real ist. Die Bundesregierung steht in der Bringschuld, konkret zu dokumentieren, dass die Versprechungen, die Ukraine durch ausreichende Waffenlieferungen in eine starke Position für mögliche Friedensverhandlungen zu bringen, tatsächlich eingelöst werden.

Die zuweilen in Deutschland zu hörende Empfehlung, die Ukraine solle jetzt schnell eine Vereinbarung zum Schweigen der Waffen ohne die notwendigen Voraussetzungen schließen, ist gefährlich, da Russlands militärischer Landraub sanktioniert und Anreize zur Fortsetzung von Putins Politik gesetzt würden. Weder eine erneute Vereinbarung nach dem Minsker Modell noch eine Rücknahme der Sanktionen gegenüber Russland ist möglich, solange Russland an seinem völkerrechtswidrigen Verhalten festhält.

Die Bundesregierung sollte sich an die Spitze der wirtschaftlichen, finanziellen und humanitären Unterstützung für die Ukraine setzen. Niemand weiß derzeit, wieviel eine solche Unterstützung letztlich kosten würde. Der German Marshall Fund hat einen »Marshall Plan für die Ukraine« ausgearbeitet. Die Weltbank taxierte im September 2022 den Bedarf für den Wiederaufbau auf circa 350 Milliarden Euro. Die Ukraine beziffert die Kosten auf 750 Milliarden Dollar. Sicher ist nur, dass der Wiederaufbau sich über Jahrzehnte hinziehen wird.

Die Ukraine beziffert den Fehlbetrag in ihrem Budget für 2023 allein auf 38 Milliarden Dollar, den die EU, die USA und die internationalen Finanzinstitutionen gemeinsam stemmen sollen. Die G7-Staaten und die EU stehen in der primären Verantwortung, diesen Prozess zu steuern, an dessen Ende der Beitritt zur EU steht. Deutschland hat mit der Ausrichtung einer Wiederaufbaukonferenz Ende Oktober 2022 in Berlin ein wichtiges Zeichen gesetzt.

Darüber hinaus sollte die Bundesregierung noch klarer signalisieren, dass Deutschland sich nach Ende des Konflikts auch an der Sicherheit der Ukraine beteiligt. Ein NATO-Beitritt und damit die Beistandsgarantie des Artikels 5 des NATO-Vertrags, wie von der Ukraine gewünscht, wird auf absehbare Zeit kaum durchsetzbar sein. Aber die Bereitschaft, einen vereinbarten Friedensschluss auch militärisch vor Ort gemeinsam mit anderen wichtigen Nationen, allen voran den USA, abzusichern, stünde Deutschland gut zu Gesicht und könnte helfen, verlorenes Vertrauen wieder zurückzugewinnen.

Im Gefolge des russischen Kriegs gegen die Ukraine wird sich die euro-atlantische Sicherheitsarchitektur fundamental wandeln. Hauptziel dieses Systems muss es aus europäischer Sicht sein, Russland politisch und militärisch einzudämmen und die russische Wirtschaft weiter durch Sanktionen unter Druck zu setzen, ohne seine Bevölkerung völlig zu isolieren. Das wird schwierige Diskussionen mit Polen und anderen Bündnispartnern, die nicht nur das Regime, sondern auch die russische Bevölkerung isolieren wollen, hervorrufen.

Auf der Seite des Westens wird die NATO die Hauptrolle in diesem »Kalten Krieg 2.0« spielen. Das Bündnis wird durch den avisierten Beitritt Schwedens und Finnlands gestärkt werden. Weitere Erweiterungsrunden beziehungsweise eine Rolle der NATO in einem Prozess der militärischen Absicherung der Ukraine erscheinen derzeit indes eher unwahrscheinlich. Ohne ein starkes US-Engagement in Europa, innerhalb und außerhalb der NATO, wird es aber in Zukunft gewiss nicht abgehen, auch wenn sich die US-Interessen geographisch in den Indopazifik verlagern werden.

Ob die Organisation für Sicherheit und Zusammenarbeit in Europa (OSZE) in ihrer derzeitigen Form überleben wird, steht in den Sternen. Sich *intern* Gedanken über die Zukunft der euro-atlantischen und globalen Sicherheitsarchitektur zu machen, ist nicht nur legitim, sondern sinnvoll. Hierbei sind aber Zeitpunkt und Sequenzierung wichtig. Solange die militärische Auseinandersetzung in der Ukraine andauert, ist der Zeitpunkt für eine zielführende öffentliche Debatte über die Zukunft der euro-atlantischen Sicherheitsarchitektur nicht gekommen. Vorher sind weder die Rolle der Ukraine und die damit zusammenhängenden Sicherheitsfragen noch die Stellung Russlands klar.

Vereinbarungen mit der aktuellen politischen Führung Russlands sind derzeit sowieso nur schwer vorstellbar. Auf jeden Fall sollte über derartige wichtige Fragen zunächst mit unseren engsten Partnern einschließlich Polen geredet werden, bevor man auch nur den Anschein erweckt, bilateral gegenüber Russland vorzupreschen.

Wegen der transatlantischen Unsicherheiten muss auch die EU ihre sicherheitspolitische Rolle überdenken. Dabei geht es primär um die Weiterentwicklung der Gemeinsamen Sicherheits- und Verteidigungspolitik. Dieses Feld war in der Vergangenheit zumeist durch vollmundige Ankündigungen charakterisiert. Eine reale Stärkung der sicherheitspolitischen Komponente der EU erfordert demgegenüber die Schaffung konkreter Fähigkeiten, etwa in den strategischen Bereichen Lufttransport, Weltraum und Nachrichtenwesen. Die geplante Europäische Schnelle Eingreiftruppe muss schnellstmöglich auf die Beine gestellt werden. Und die bescheidenen finanziellen Instrumente der EU sollten aufgestockt werden.

Polen wird bei der Neudefinition der Beziehungen gen Osten eine wichtige Rolle spielen. Auch wenn Warschau in der Sicherheitspolitik auf die USA setzt – und am besten bilateral und nicht über die NATO –, dürfte eine zweite Säule der Verteidigung innerhalb der EU auch für Polen Sinn machen. Gemeinsame Initiativen wie die gegenseitige Unterordnung von militärischen Verbänden sollten weiterhin auf dem Tisch bleiben, auch wenn die derzeitige polnische Regierung daran derzeit kein größeres Interesse erkennen lässt.

Insgesamt dürfen europäische Initiativen in der Gemeinsamen Sicherheits- und Verteidigungspolitik nicht gegen die USA gerichtet werden, um keinen Vorwand für eine Reduzierung des US-Engagements in Europa zu liefern.

Polen ist sehr an einer wirtschaftlichen Stärkung des östlichen Teils der EU interessiert. Die Dreimeeresinitiative spielt in der Warschauer Optik hierfür eine wichtige Rolle. Seitdem der US-Präsident nicht mehr Donald Trump heißt, sind die Gefahren für den europäischen Zusammenhalt, die von dieser Initiative ausgehen können, reduziert. Deutschland sollte daher das Unternehmen durch einen eigenen finanziellen Beitrag unterstützen und dadurch größeren Einfluss auf das Gesamtkonzept nehmen.

Solange der russische Krieg gegen die Ukraine andauert, dürfen die NATO und ihre Mitgliedsstaaten sich nicht durch russische Nukleardrohungen selbst blockieren und müssen konventionelle und nukleare Angriffe auf das eigene Territorium abschrecken. Nach Beendigung des Konflikts darf das Verhältnis politisch nicht nur auf eine systemische Konfrontation zwischen der NATO und Russland beziehungsweise zwischen demokratischen und autokratischen Systemen reduziert werden.

Der Westen muss vielmehr mit den Staaten kooperieren, die bereit sind, die regelbasierte und völkerrechtskonforme Weltordnung zu verteidigen, ohne die russische Aggression, aus welchen Gründen auch immer, zu verdammen. Dabei können mit den Staaten der südlichen Hemisphäre, auf die Russland seinerseits setzt, breitere Allianzen geschmiedet werden, als dies bei einer rein machtpolitischen Konfrontation der Fall wäre. Der Hinweis von Olaf Scholz in seinem *Foreign Affairs*-Artikel zum »Anwalt für multilaterale Lösungen« weist in die richtige Richtung.

Daneben müssen Eskalationsdynamiken vermieden werden. Damit wären wir bei Transparenz und Rüstungskontrolle. So wichtig diese Themen mir als früherem Abrüstungsbeauftragten der Bundesregierung auch sind und so sehr Eskalation verhindert werden muss, so unterschiedlich ist das Sicherheitsumfeld heute im Vergleich zu früher.

Abrüstung, Rüstungskontrolle und Nichtverbreitung sind auch schon vor dem Ukrainekrieg massiv erodiert. Das Strategische Konzept der NATO subsumiert Abrüstung und Rüstungskontrolle nicht mehr wie früher unter die Bündnisaufgabe der kooperativen Sicherheit, sondern ordnet sie dem Teil »Abschreckung und Verteidigung« zu, ohne die sie unter den gegenwärtigen Umständen nicht funktionieren kann.

Die klassische Rüstungskontrolle zu Zeiten des Kalten Kriegs ging davon aus, dass die Sowjetunion im Wesentlichen auf die Absicherung des Status quo aus war. Das heutige Russland ist demgegenüber eine revisionistische Macht, mit der es fraglich ist, ob man überhaupt irgendwelche Abmachungen treffen kann.

Und Russland ist auch keineswegs so isoliert wie die Sowjetunion von 1947 bis 1989. Allerdings hält der Kalte Krieg jenseits der aufgezeichneten Unterschiede immerhin die Lehre bereit, dass eine Eskalation, wie sie die Welt etwa in der Kubakrise 1962 erlebte, als ein Atomkrieg zwischen den Supermächten konkret drohte, vermieden werden muss. Die NATO sollte daher – zunächst intern – auch über Maßnahmen zur Rüstungskontrolle und zur Verhinderung nuklearer Proliferation nachdenken.

Eine besondere Herausforderung für die westliche Sicherheit stellen derzeit die russischen Drohungen mit dem Einsatz taktischer Nuklearwaffen dar. Das Einschüchterungspotenzial dieser Drohungen im Blick auf westliches Engagement gegenüber der Ukraine ist hoch. Die Wirkung wird dadurch verstärkt, dass die NATO gegenwärtig nicht über ein ausreichendes Abschreckungspotenzial, weder konventionell auf der Ostflanke noch bei den taktischen Nuklearwaffen, verfügt.

Die nuklear bestückbaren russischen Iskander-Kurzstreckenraketen im Kaliningrader Gebiet und die nuklearen Mittelstreckenmarschflugkörper im Westen Russlands können in wenigen Minuten nicht nur Polen, sondern Westeuropa erreichen. Auf der nukleartaktischen Ebene hat der Westen auch nach der Modernisierung des amerikanischen Nukleardispositivs in Europa nichts Vergleichbares entgegenzusetzen. Die russischen taktischen Nuklearwaffen sind von hoch destabilisierender Wirkung.

Einige bezweifeln, dass das vorhandene nukleartaktische Abschreckungspotenzial der NATO in Europa Russland abschreckt. Ob die Abschreckung mit dem amerikanischen strategischen Nuklearpotenzial funktionieren würde, hängt davon ab, für wie glaubwürdig der russische Präsident eine nuklearstrategische Antwort der USA auf einen begrenzten russischen Atomschlag hält, insbesondere wenn der amerikanische Präsident nach den Wahlen 2024 Donald Trump hieße.

Es besteht in mehrfacher Hinsicht Handlungsbedarf. Von der Stärkung der europäischen Luftverteidigung war schon weiter oben die Rede. Darüber hinaus sollten Russland Abrüstungsverhandlungen über alle nuklearen Kurz- und Mittelstreckenraketen angeboten werden. Falls es trotz Suspendierung der Verifikationsmechanismen im derzeit gültigen Abkommen zu einer Aufnahme von Verhandlungen zwischen den USA und Russland über ein neues START-Abkommen über die Begrenzung der strategischen Nuklearwaffen kommt, könnten diese substrategischen Nuklearwaffen in ein solches Abkommen inkorporiert werden.

Sollte die russische Führung nicht darauf eingehen, muss über Alternativen nachgedacht werden, eventuell auch über eine Nachrüstung mit konventionellen Präzisionswaffen, ja vielleicht sogar mit Nuklearwaffen. Eine Verlegung des in Europa stationierten landgestützten US-Nuklearpotenzials auf die NATO-Ostflanke, wie von Kaczyński gefordert, würde hingegen keinen Gewinn an konventioneller oder nuklearer Abschreckung bringen, sondern die Lage eher zusätzlich destabilisieren.

Der Westen braucht insgesamt eine neue realistische Ostpolitik, die sich von gemeinsamen geostrategischen Überlegungen und nicht von einzelstaatlichen wirtschaftlichen Interessen leiten lässt. Ein »business as usual« mit Russland ist auf absehbare Zeit nicht möglich. Die verhängten Wirtschaftssanktionen müssen durchgehalten werden, solange die Gründe für ihre Verhängung fortbestehen. Das ist gerade dann wichtig, wenn Putin die Leidensfähigkeit unserer Bevölkerungen testet. Deutsche ostpolitische Alleingänge darf es in Zukunft nicht mehr geben. In längerfristiger Perspektive muss Russland abgeschreckt und die Ukraine militärisch, finanziell und humanitär nachhaltig unterstützt werden. Europa muss resilienter werden und seine Handlungsfähigkeit stärken, in die Nachbarschaft investieren und die russische Zivilgesellschaft sowie die demokratische Opposition innerhalb und außerhalb Russlands stärken.

Nicht nur aus polenpolitischen, sondern vor allem auch aus allgemeinpolitischen Gründen erscheint eine schonungslose Aufarbeitung der deutschen Russlandpolitik der letzten 30 Jahre erforderlich. Hierbei geht es nicht primär um die Frage individueller Verantwortung für unter anderen Umständen getroffene Entscheidungen. Einige Politiker und Politikerinnen haben dazu aus ihrer Perspektive inzwischen Stellung genommen. Vielmehr geht es um einen strukturierten Prozess, etwa in Form eine Enquête-Kommission, die die Verkettung der Ereignisse und das systemische Versagen weit über die Politik hinaus ins Visier nimmt, sowie Schlussfolgerungen, etwa für unsere zukünftige Chinapolitik oder auch zur organisatorischen Verbesserung des außen- und sicherheitspolitischen Entscheidungsprozesses, zieht.

Bezüglich China dürfen wir die gleichen Fehler einseitiger Abhängigkeiten nicht noch einmal machen. Auch wenn der Einsatz gegenüber China ungleich größer ist als gegenüber Russland, bleibt keine andere Wahl, als unsere wirtschaftlichen Beziehungen gegenüber China auf der Angebot- und der Nachfrageseite zu diversifizieren und die Resilienz unseres Systems, nicht nur der Volkswirtschaft, zu stärken.

Europapolitik

Die immer schneller aufeinanderfolgenden Herausforderungen der letzten Jahren um die Frage von Solidarität und Reform in der Finanzkrise, um die Aufnahme von Flüchtlingen, die Wertegrundlagen, die Pandemie und den Ukrainekrieg haben die EU kräftig durcheinandergewirbelt. Nicht nur im deutsch-polnischen Verhältnis, auch in Europa ist eine Vertrauenskrise entstanden, die von Deutschland ein Umdenken erfordert.

Das schwierigere Umfeld fordert eine innere Konsolidierung genauso wie eine stärkere geostrategische Aufstellung. Sowohl die anstehenden Erweiterungen als auch die Beziehungen zu den Staaten der östlichen Partnerschaft bedürfen neuer Konzepte. Die EU-Erweiterung um den Westbalkan, die Ukraine und Moldau, später Georgien hat sich mit Macht auf die Tagesordnung gedrängt.

Das wirft Fragen zur Beitrittsfähigkeit der Kandidaten und zur Aufnahmefähigkeit der EU auf. Beides ist derzeit kaum gegeben, muss aber schnell angegangen werden, will die EU tatsächlich eine stärkere geopolitische Rolle spielen. Inwieweit die in Prag im Oktober 2022 aus der Taufe gehobene Europäische Politische Gemeinschaft, eine Idee des französischen Präsidenten Macron, eine ausreichende politische Klammer setzen kann, muss vor dem Hintergrund der unterschiedlichen Interessen der Teilnehmer und des Risikos der Duplizierung bereits vorhandener Institutionen einstweilen offenbleiben.

Deutschland könnte zusammen mit Polen eine wichtige Rolle bei der konkreten Umsetzung der europäischen Perspektive der Ukraine spielen und das Land damit im Krieg gegen Russland nachhaltig unterstützen. Wenn die Bundesregierung sich an die Spitze der Bewegung setzte, könnte Vertrauen nicht nur gegenüber Polen zurückgewonnen werden.

Polen und andere Skeptiker müssten im Gegenzug akzeptieren, dass die EU sich intern entweder ausreichend vertieft, damit eine solche Aufnahme machbar wird, oder dass sie sich flexibilisiert, damit eine Union mit möglicherweise 35 Mitgliedern handlungsfähig bleibt. Die Einführung der Entscheidung mit qualifizierter Mehrheit etwa in der Außenpolitik oder in der Steuerpolitik ist ein rotes Tuch für Polen und andere. Nicht nur die polnische Regierung, sondern auch die Opposition sehen die Gefahr ihrer europapolitischen Marginalisierung.

Deutschland sollte daher sehr vorsichtig vorgehen. Die EU-Verträge sehen bereits jetzt Möglichkeiten wie die konstruktive Enthaltung eines Mitgliedsstaats oder die Brückenklausel vor, mit denen langwierige Diskussionen über wenig erfolgsträchtige Vertragsänderungen vermieden werden können.

In diesem Zusammenhang könnte auch das Weimarer Dreieck zwischen Deutschland, Frankreich und Polen, ein Kooperationsformat, das die früheren Außenminister Genscher, Dumas und Skubiszewski 1991 aus der Taufe hoben, eine wichtigere Rolle als in der Vergangenheit spielen. Polen hatte an diesem Format in der Vergangenheit großes Interesse gezeigt, während Frankreich eher auf der Bremse stand und es als Druckmittel für die Durchsetzung seiner wirtschaftlichen Interessen einsetzte. Deutschland versuchte zu vermitteln.

Jetzt, wo es um die Zukunft der EU, der NATO und der euro-atlantischen Sicherheitsarchitektur geht, könnte eine Renaissance Sinn machen, zumal auf der hohen Ebene, die seit 2011 nicht mehr getagt hat, und auf polnischer Seite Präsident Duda und nicht die Regierung Polen vertritt. Dabei darf die Weimarer Kooperation aber nicht auf Kosten unseres Verhältnisses zu Frankreich gehen, wo sich auf hoher politischer Ebene zunehmend Enttäuschung über den Mangel an gemeinsamen Initiativen breitmacht. Die Kooperation mit Frankreich ist zwar keine hinreichende Bedingung für Fortschritt in Europa, wohl aber eine notwendige.

Sinn könnte es machen, das Weimarer Dreieck in Fragen, die die Ukraine betreffen, systematisch auf Kiew auszudehnen. Damit könnten die drei EU- Schwergewichte Fragen vordiskutieren, die eher früher als später sowieso auf der europäischen Agenda landen würden. Auch wenn es für solche Treffen Präzedenzfälle gibt, ist es keineswegs sicher, dass sich die derzeitige polnische Regierung auf eine solche Entwicklung einlassen würde. Warschau glaubt, allein der bessere EU-Torwächter für die Ukraine zu sein, zumal damit bilaterale Gravamina wie die ukrainische Anerkennung historischer Verantwortung für die Massaker an der polnischen Bevölkerung während des Zweiten Weltkriegs verbunden werden könnten. In Kiew dürfte indes großes Interesse an einem solchen Mechanismus bestehen.

In der Europapolitik sollte Deutschland weiter pragmatisch und mit Geduld vorgehen. Das bedeutet zunächst, weiterhin eine klare Linie zur Einhaltung der europäischen Grundwerte durch alle Mitgliedsstaaten zu vertreten. Auch wenn die geostrategische Lage im Osten die EU in vielerlei Hinsicht herausfordert, kann es keinen Kriegsrabatt für die Einschränkungen von Rechtsstaatlichkeit und Demokratie geben. Das ist Deutschland auch den vielen Organisationen der polnischen Zivilgesellschaft, die sich für diese Rechte einsetzen, schuldig. Auch ein fauler Kompromiss, der nicht alle Forderungen des Europäischen Gerichtshofs erfüllt, wäre kaum geeignet, die Wogen zu glätten.

Insofern ist die Haltung der Kommission in der Frage der Konditionierung finanzieller Hilfen folgerichtig. Die europäischen Institutionen werden indes den Umbau des polnischen Rechtssystems nicht vollständig stoppen können, solange die polnische Regierung auf ihrer Haltung beharrt. Schließlich hat das polnische Parlament eine Vielzahl von Gesetzen beschlossen, die nicht alle auf europäischer Ebene angegriffen werden können.

Am Ende werden der Ausgang der Parlamentswahlen 2023 und die Haltung der polnischen Gesellschaft darüber entscheiden, wie es mit dem Umbau des polnischen Rechtsstaats weitergehen wird. Im Übrigen verletzt nicht alles, was aus liberaler Sicht wie ein Rückschritt anmutet, einen europäischen Grundwert. Nicht jede Frage der Familienpolitik muss einheitlich geregelt werden, solange dadurch kein Diskriminationstatbestand geschaffen wird. Schon eine gelegentliche Reduzierung des europäischen Geräuschpegels erschiene in diesem Kontext nicht völlig abwegig.

In der Migrationspolitik gilt es bei aller Kritik an Polen und anderen Staaten zu akzeptieren, dass das System der Zwangsquoten gescheitert ist und daher freiwillige Lösungen gesucht werden müssen. Dabei muss allerdings darauf geachtet werden, dass am Ende alle Mitgliedsstaaten Solidarität zeigen, in welcher Form auch immer das geschieht.

Die Zukunft der Europäischen Union, der NATO und der euro-atlantischen Sicherheitsarchitektur werden letztlich nur erfolgreich sein, wenn Deutschland und Polen am gleichen Strang ziehen. Der Erfolg oder gegebenenfalls auch der Misserfolg dieser Arbeiten wiederum wird auch für die Zukunft des deutsch-polnischen Verhältnisses von entscheidender Bedeutung sein.

Dank

Denjenigen, die mich bei der Entstehung dieses Buches mit Rat und Tat begleitet haben, möchte ich herzlich danken. Mein Dank gilt insbesondere dem Langen Müller Verlag, Michael Fleissner, Christian Raap, Sissi Klauser und Sabine Sternagel sowie meinem Lektor Achim Gralke für ihr großes Engagement und die wertvollen Ratschläge.

Ich danke den ehemaligen Kolleginnen und Kollegen im Auswärtigen Amt und im Bundeskanzleramt sowie den Mitarbeiterinnen und Mitarbeitern der Deutschen Gesellschaft für Auswärtige Politik, für den intellektuellen Austausch, der meine Arbeit immer wieder befruchtet hat. Der Präsident der DGAP Tom Enders, ihre sukzessiven Direktorinnen Daniela Schwarzer und Cathryn Clüver-Ashbrook und ihr jetziger Direktor Guntram Wolff haben mir den notwendigen Freiraum gegeben, damit dieses Buch entstehen konnte. Clemens Weißflog und Dennis Eden haben mich bei meinen Recherchen unterstützt.

Thomas Bagger, Thomas Lenk, Holger Krämer, Andreas Peschke, Friederike Steglich, Silja Waibel, Peter Oliver Loew, Agnieszka Łada und Stefan Meister haben Teile des Manuskripts begutachtet und wertvolle Ratschläge gegeben. Susanne Baumann, Sibylle Sorg, Wolfgang Ischinger, Jacek Czaputowicz, Janusz Reiter, Marek Prawda, Piotr Buras, Michał Baranowski, Jarosław Kurski, Bartek Wieliński, Jędrzej Bielecki, Günther Sautter, Arndt Freytag von Loringhoven, Alexander Wallau, Heinrich Brauß, Milan Nič und Markus Meckel danke ich für wichtige Rückkopplungen zu meinen Ideen. Auch dem Austausch mit der langjährigen deutschen Generalkonsulin in Danzig, Cornelia Pieper, und dem derzeitigen Generalkonsul in Breslau, Martin Kremer, verdanke ich viele wertvolle Erkenntnisse. Bedanken möchte ich mich auch bei den deutschen Honorarkonsulinnen und Honorarkonsuln sowie den Vertretern der deutschen Minderheit in Polen, vor allem Bernhard Gaida, Rafał Bartek und Ryszard Galla, die in schwierigen Zeiten klug an der Brückenfunktion zu Deutschland festhalten. Die Verantwortung für den Inhalt des Buches verbleibt nichtsdestotrotz voll in meiner Verantwortung.

Mein Dank geht auch an alle früheren deutschen und polnischen Kolleginnen und Kollegen an der Botschaft Warschau, insbesondere an meine Stellvertreter Michael Groß, Manfred Huterer und Knut Abraham, die mich nacheinander über sechs Jahre hinweg unter nicht ganz einfachen Umständen in dem Versuch unterstützt haben, die deutsch-polnische Aussöhnung voranzubringen.

Den Bundespräsidenten Joachim Gauck und Frank-Walter Steinmeier, der früheren Bundeskanzlerin Angela Merkel, dem früheren Bundeskanzler Gerhard Schröder, den Bundesministern Sigmar Gabriel, Heiko Maas, Thomas de Maizière und Ronald Pofalla danke ich für das Vertrauen, das sie mir in verschiedenen Phasen meiner Laufbahn entgegengebracht haben. Den früheren außenpolitischen Beratern der Bundeskanzlerin und zweier Bundeskanzler, Christoph Heusgen, Michael Steiner, Bernd Mützelburg, Horst Teltschik, Peter Hartmann und Joachim Bitterlich sowie meinem ersten Referatsleiter im Bundeskanzleramt, Uwe Kaestner, danke ich für insgesamt vierzehn gute Jahre der Zusammenarbeit, in denen ich sehr viel gelernt habe.

Mein ganz besonderer Dank gilt meiner Ehefrau Olivia, die mich immer wieder inspiriert, unterstützt und angespornt hat. Ohne sie wäre dieses Buch nie entstanden.

Personenregister

Adalbert von Prag 142
Alt, Renata 249

Bach, Johann
  Sebastian 107
Baerbock, Annalena
  266
Baker, James 79
Balcerowicz, Leszek
  130f.
Bandera, Stepan 90f.
Bartek, Rafał 104,
  279f.
Bartoszewski,
  Władysław 110,
  186, 220
Beethoven, Ludwig
  van 110
Bellen, Alexander van
  der 238
Biden, Joe 33, 87, 214
Bingen, Dieter 245,
  250
Bismarck, Otto von
  222
Böhler, Jochen 248
Bolesław I., Herzog
  und später König
  von Polen 142
Brandt, Willy 137,
  198, 224, 226f.
Breschnew, Leonid
  Iljitsch 164
Bühler, Pierre 34
Bush, George H. W.
  77, 79, 262
Bush, Georges W. 203

Chirac, Jacques 222

Churchill, Winston
  224
Clinton, Bill 77, 191
Czarnek, Przemysław
  33
Czaputowicz, Jacek
  87, 245, 279

Duda, Andrzej 26, 29,
  32ff., 39, 48f., 63,
  80, 87, 91, 113f.,
  141, 148, 151, 230,
  276

Erb, Stephan 249

Fabius, Laurent 210
Fabritius, Bernd 101
Franziskus, Papst
  (Jorge Mario
  Bergoglio) 145,
  147f.

Gabriel, Sigmar 185,
  266, 280
Gaddafi, Muammar
  al- 208
Gądecki, Stanisław,
  Erzbischof 146
Gauck, Joachim 82,
  113f., 138, 260, 280
Genscher, Hans-
  Dietrich 79, 101,
  233, 275
Geremek, Bronisław
  77
Gnauck, Witold 249
Goethe, Johann
  Wolfgang von 107

Gorbatschow, Michail
  Sergejewitsch 43,
  78f., 98, 189

Hitler, Adolf 161,
  175, 184, 196, 219,
  252
Hobbes, Thomas 183
Honecker, Erich 231
Hosenfeld, Wim
  241f.
Hussein, Saddam
  208
Ilves, Toomas Hendrik
  171

Jakobaschwili, Dawid
  Michailowitsch 207
Jan III. Sobieski,
  polnischer König
  141
Janukowytsch, Wiktor
  195, 211
Jaruzelski, Wojciech
  99
Jelzin, Boris 43, 79,
  190f., 200, 202
Johannes Paul II.,
  Papst (Karol
  Wojtyła) 143f., 147,
  150ff., 230, 232
Jong-un, Kim 142
Juschtschenko, Wiktor
  195

Kabsa, Harald 34
Kaczyński, Jarosław
  8, 10, 28ff., 32f.,
  36ff., 41ff., 52f., 55,

283

80, 89, 112, 114, 117, 119ff., 145, 150, 171, 215, 273
Kaczyński, Lech 33, 37, 149f., 184, 204ff.
Kagan, Robert »Bob« 182
Kant, Immanuel 182f.
Kerski, Basil 232
Kessler, Harry, Graf 222
Kohl, Helmut 7, 18, 78f., 98, 100ff., 122, 128, 202, 225ff., 262
Komorowski, Bronisław 29ff., 34, 173f., 240
Kopacz, Ewa 213
Kopernikus, Nikolaus 150
Korczago, Adrian, Bischof 153
Korfanty, Wojciech 229
Kornhauser-Duda, Agata 114
Kretzschmar, Ulrike 249
Krüger, Thomas 249
Kuropatwinski, Jarosław 150
Kurski, Jacek 49, 279
Kwaśniewski, Aleksander 222

Le Pen, Marine 88f.
Leiserowitz, Ruth 248
Linke, Nicole 247
Loew, Peter Oliver 247, 279

Lukaschenko, Alexander 70, 177
Luther, Martin 107, 153

Maas, Heiko 19, 221, 235, 245, 247, 249, 262, 280
Machiavelli, Niccolò 53
Macron, Emmanuel 89, 275
Mansfeld, Emilie 247
Mausbach, Florian 245, 250
Mazowiecki, Tadeusz 43, 99, 226ff.
Medwedew, Dmitri 190, 203f., 208
Melnyk, Andrij 91
Merkel, Angela 27, 37, 102, 112, 123, 170f., 173, 190, 205f., 280
Mickiewicz, Adam 140
Mieszko I., erster Herzog aus der Dynastie der Piasten 140
Milošević, Slobodan 183, 208f.
Moltke, Helmut James, Graf von 229
Morawiecki, Mateusz 37, 89f., 127, 152, 193
Mosbacher, Georgette 84
Mozart, Wolfgang Amadeus 107

Mutter, Anne-Sophie 110

Nachama, Andreas 250
Nawalny, Alexei 190
Neumärker, Uwe 249
Nietan, Dietmar 111, 249
Nikel, Karl 154
Nossol, Alfons, Bischof 228ff.
Nycz, Kazimierz, Kardinal 138, 145, 152

Ochmann, Cornelius 249
Orbán, Viktor 28, 41f., 88f.
Otto III., Kaiser 142f.

Pence, Mike 87
Penderecka, Elżbieta 110
Penderecki, Krzysztof 110
Pieper, Cornelia 112, 279
Piłsudski, Józef 143, 222
Polak, Wojciech 144
Polański, Roman 241
Poroschenko, Petro 213
Przyłębski, Andrzej 221
Putin, Wladimir 12, 23, 87, 159, 161f., 165, 174f.,

177, 189f., 194f., 200ff., 207ff., 213, 216, 267, 273

Rau, Zbigniew 81
Reinefarth, Heinz 243
Reiter, Janusz 266, 279
Roosevelt, Franklin D. 224
Roth, Claudia 253
Rühe, Volker 77
Rydzyk, Tadeusz 149ff.

Saakaschwili, Micheil 204f., 207
Samiec, Jerzy, Bischof 138, 153f.
Sarkozy, Nicolas 204ff.
Sarrazin, Manuel 249
Scheel, Walter 137
Schiller, Friedrich von 107
Schmidt, Helmut 231
Schmitt, Carl 53
Scholz, Olaf 10, 67, 159, 197, 199
Schröder, Gerhard 122f., 202, 222, 280
Schudrich, Michael 239
Schulz, Martin 23, 25
Sikorski, Radosław »Radek« 68, 81f., 196, 210, 261
Sjuganow, Gennadi Andrejewitsch 191
Skubiejska, Iza 117
Skubiszewski, Krzysztof 225, 275
Sokołowski, Jaromir 34, 173
Stalin, Josef 161, 184, 196, 224
Steglich, Friederike 247, 279
Steinbach, Erika 101
Steinlein, Stephan 250
Steinmeier, Frank-Walter 84, 110, 113ff., 142, 154, 169, 210, 226, 230, 237, 261f., 280
Süßmuth, Rita 250
Szczerski, Krzysztof 35, 113, 213, 230
Szpilman, Halina 241

Szpilman, Władysław 241
Szydło, Beata 39

Tagliavini, Heidi 207
Teltschik, Horst 98, 280
Thierse, Wolfgang 250
Trump, Donald 13, 33, 84, 87, 93, 165, 180, 196, 270, 272
Turski, Marian 237f.
Tusk, Donald 29f., 112, 184, 206, 208

Wałęsa, Lech 43, 231
Waszczykowski, Witold 23, 25f., 34f., 117
Weber, Claudia 248
Wilson, Woodrow 86
Woidke, Dietmar 111f., 250
Wyszyński, Stefan, Kardinal 151f.

Ziemiak, Paul 249

Bildnachweis

alle Bilder Olivia Nikel

Was ist mit Deutschlands Eliten los?

Wir tun noch immer so, als seien wir die Besten der Welt. Doch unser Land und seine Eliten werden von Tag zu Tag nachlässiger und schwächer. Wie überfordert unsere Politiker sind, wurde uns im Krisen-Dreiklang des Jahres 2021 durch Corona, die Flutkatastrophe und Afghanistan dramatisch vor Augen geführt. Warum ist es so weit gekommen? Sollen Gesinnungsethiker tatsächlich das Wort führen und darf die zunehmende »Cancel Culture« immer mehr Kritiker zum Schweigen bringen?

Sigmund Gottlieb
SO NICHT! – KLARTEXT ZUR LAGE DER NATION
352 Seiten · ISBN 978-3-7844-3598-5

langenmueller.de

Beeindruckendes Comeback eines Ausnahmepolitikers

Er hat glühende Fans und leidenschaftliche Gegner: Kein anderer deutscher Politiker polarisiert so sehr wie Friedrich Merz. Jutta Falke-Ischinger und Daniel Goffart ist ein einzigartiges politisches Porträt gelungen, das eine lange Linie zieht zwischen den Ursprüngen des jungen Friedrich Merz und den Motiven für sein spektakuläres und hart erkämpftes Comeback. Ein kenntnisreiches und thesenstarkes Buch über einen der wichtigsten deutschen Politiker der kommenden Jahre.

Jutta Falke-Ischinger, Daniel Goffart
DER UNBEUGSAME
320 Seiten · ISBN 978-3-7844-3642-5

langenmueller.de